中国地质大学(武汉)珠宝学院 GIC 系列丛书

珠宝企业管理

ZHUBAO QIYE GUANLI

包德清　郭孝明　周琦深　任　敏　蔡善武　编著

中国地质大学出版社
ZHONGGUO DIZHI DAXUE CHUBANSHE

图书在版编目(CIP)数据

珠宝企业管理/包德清等编著.—武汉:中国地质大学出版社,2019.10
ISBN 978-7-5625-4504-0

Ⅰ.①珠…
Ⅱ.①包…
Ⅲ.①宝石-工商企业-企业管理-中国
Ⅳ.①F426.89

中国版本图书馆 CIP 数据核字(2019)第 158733 号

珠宝企业管理	包德清　郭孝明　周琦深 任　敏　蔡善武	编著

责任编辑:李应争	选题策划:张 琰	责任校对:徐蕾蕾

出版发行:中国地质大学出版社(武汉市洪山区鲁磨路388号)　邮政编码:430074
电　　话:(027)67883511　　传真:67883580　　E-mail:cbb@cug.edu.cn
经　　销:全国新华书店　　　　　　　　　　　　　　http://cugp.cug.edu.cn

开本:787 毫米×960 毫米 1/16　　　　　　字数:348 千字　　印张:17.75
版次:2019 年 10 月第 1 版　　　　　　　　印次:2019 年 10 月第 1 次印刷
印刷:武汉市籍缘印刷厂　　　　　　　　　印数:1—1500 册
ISBN 978-7-5625-4504-0　　　　　　　　　定价:48.00 元

如有印装质量问题请与印刷厂联系调换

序

在我国,珠宝行业既古老又新兴。从中华人民共和国成立到20世纪80年代,我国珠宝市场几乎是一片空白。伴随着改革开放的进程,我国珠宝行业走过了一个从无到有、从少到多、从弱到强的发展历程,经济的高速增长推动了珠宝行业的快速复兴,以民营企业为主导的珠宝产业迅速在中华大地上崛起。尤其是进入21世纪以来,中国珠宝行业引入连锁经营的商业模式,多数珠宝品牌以加盟连锁的方式快速扩张,使珠宝行业进入一个暴发式增长的时期,无论是珠宝企业数量还是珠宝零售总额都不断创新高。到了2013年,中国珠宝行业的发展进入瓶颈期,珠宝产品的同质化使珠宝企业的市场竞争局限在价格层面,激烈的价格竞争使企业的利润被无限压缩,企业的获利能力大幅度降低;此时个性化工作室的出现满足了消费者的个性化需求,瓜分了传统品牌的市场份额;同时信息技术的发展和珠宝电子商务的快速崛起使珠宝首饰的成本价格越来越透明,珠宝终端零售业务遭受前所未有的冲击,销售业绩直线下滑。在这种背景下,珠宝企业不得不思考未来的发展问题:珠宝企业如果不从战略的高度正视当前的市场竞争态势,强化企业经营管理,从管理上创效益、树形象,未来将会处于非常尴尬的被动境地。

与珠宝行业的发展相适应的是宝石学教育产业。至2017年,从事宝石学教育的大中专、中职院校超过120家,从专业设置来看,主要有两个专业方向:宝石及材料工艺学专业下的宝石鉴定方向和产品设计专业下的首饰设计方向。但是，珠宝行业更需要的是懂珠宝知识的管理人才，也就是说，多数珠宝专业的毕业生走上工作岗位后从事的是珠宝营销管理。为了满足珠宝行业对管理人才的需求，让学生掌握基本的企业管理知识，各大院校开设了相应的珠宝营销管理课程，在一定程度上拓宽了学生的知识面，增加了管理学理论知识，解决了他们走上工作岗位之前对管理学一无所知的问题。

珠宝行业是一个特殊行业，珠宝企业管理虽然也涉及到人、财、物、产、供、销的管理，但管理思路、管理方法不同于一般企业的管理。这是由珠宝的商品属性、营销方式和珠宝行业的特征所决定的。从珠宝的商品属性来讲，珠宝首饰是贵重商品，从原材料到成品的生产过程就是一个精细化管理过程；每件珠宝首饰成品的特征、价值、用途、工艺特征等都可能不同，需要进行单件管理。从珠宝首饰的营销方式来讲，需要企业从业人员具有良好的专业素质，同时，需要企业建立良好的值得消费者信任的品牌形象。从珠宝行业的特征来讲，珠宝行业是以家族式民营企业为主体组成的中小企业，如何引导企业摆脱传统家族式企业的管理观念，建立现代企业管理制度，是研究珠宝企业管理的核心内容之一。

基于此，我们编撰了此教材，试图将理论与实践相结合，密切贴近珠宝行业，从中国珠宝企业管理的实际出发，使珠宝企业管理理论更具可操作性，便于读者结合企业的实际学习珠宝企业管理的原理与方法。客观地说，中国企业管理界并不缺少雄韬伟略的战略家，也不缺少企业管理的系统理论，缺的是如何将管理理论与行业管理特点相结合的实战家和精益求精的执行者。每个行业的特点不同，管理思路和管理方法也不同，珠宝企业管理更需要独特的管理艺术。珠宝企业管理课程的教学只有密切贴近珠宝行业实际，才能让学生更好地理解珠宝企业管理的真谛。本教材将企业管理理论与珠宝企业管理的实践相结合，可作为国内宝石学院校珠宝营销管理课程的教材，也可作为珠宝企业管理从业人员的参考书。

本教材的编写是中国地质大学(武汉)珠宝学院奢侈品管理方向全体教师智慧的结晶,凝聚了他们多年来从事珠宝企业管理教学和科研的心血。深圳市松柏珠宝有限公司的郭孝明总经理、深圳市博伦职业技术学校的任敏校长、蔡善武老师亲自参与相关章节的编撰,郭孝明总经理对全书进行了系统的审阅。珠宝行业的许多同仁也为本教材的编撰提供了大量案例,在此一并表示感谢!

由于时间仓促,加之作者理论水平有限,对中国珠宝市场研究不够深入,一定存在诸多不足,恳请诸位读者提出宝贵意见,以便再版时修正。

编著者
2019 年 10 月

目 录

第一章　珠宝企业管理概述 …………………………………………… (1)
　　第一节　珠宝企业管理的特征 …………………………………… (2)
　　第二节　珠宝企业类型 …………………………………………… (5)
　　第三节　管理者的管理思维 ……………………………………… (9)
　　第四节　珠宝企业管理的几个关键问题 ………………………… (16)

第二章　企业经营决策管理 …………………………………………… (24)
　　第一节　决策的一般原理 ………………………………………… (24)
　　第二节　珠宝企业战略决策的内容 ……………………………… (30)
　　第三节　珠宝企业战略决策的方法和步骤 ……………………… (37)
　　第四节　珠宝企业战略决策的原则 ……………………………… (42)

第三章　经营过程中的决策 …………………………………………… (48)
　　第一节　进入珠宝行业 …………………………………………… (48)
　　第二节　提炼竞争优势 …………………………………………… (55)
　　第三节　形成经营特色 …………………………………………… (58)
　　第四节　营销组合决策 …………………………………………… (64)
　　第五节　执行开业计划 …………………………………………… (76)

第四章　珠宝企业生产运营管理 ……………………………………… (82)
　　第一节　珠宝企业生产运营管理的关键要素 …………………… (82)
　　第二节　珠宝企业生产流程与规划 ……………………………… (83)
　　第三节　珠宝企业生产过程管理 ………………………………… (90)

第四节　珠宝生产企业的物料管理 …………………………………… (99)
　　第五节　珠宝生产企业的产品质量管理 ………………………………… (104)
　　第六节　珠宝企业生产的安全管理 ……………………………………… (108)

第五章　珠宝品牌运营管理 ………………………………………………… (111)
　　第一节　珠宝品牌与品牌运营 …………………………………………… (111)
　　第二节　珠宝品牌运营容易出现的问题 ………………………………… (115)
　　第三节　品牌定位与管理 ………………………………………………… (120)

第六章　珠宝产品设计与创新管理 ………………………………………… (134)
　　第一节　珠宝企业创新的意义和作用 …………………………………… (134)
　　第二节　产品设计和创新的灵感来源与途径 …………………………… (136)
　　第三节　产品创新与珠宝设计理念的突破 ……………………………… (139)
　　第四节　产品的开发与创新 ……………………………………………… (144)
　　第五节　珠宝企业产品设计开发部的组织架构 ………………………… (153)
　　第六节　新产品开发流程 ………………………………………………… (156)

第七章　仓储与物流管理 …………………………………………………… (163)
　　第一节　现代珠宝企业仓储与物流管理的主要特征 …………………… (163)
　　第二节　现代珠宝企业仓储与物流管理目标 …………………………… (166)
　　第三节　现代珠宝企业仓储与物流管理的趋势——计算机网络信息化
　　　　　　………………………………………………………………… (171)

第八章　企业危机与冲突管理 ……………………………………………… (175)
　　第一节　危机和冲突的概念及其产生原因 ……………………………… (175)
　　第二节　危机和冲突对珠宝企业的影响 ………………………………… (186)
　　第三节　危机与冲突的管理 ……………………………………………… (190)

第九章　绩效考评与薪酬管理 ……………………………………………… (197)
　　第一节　绩效考评 ………………………………………………………… (197)
　　第二节　绩效考评与薪酬激励 …………………………………………… (213)
　　第三节　薪酬体系的设计与管理 ………………………………………… (217)

第十章　企业理财管理 ……………………………………（230）
第一节　做一名重视理财管理者 ………………………（230）
第二节　企业成立之初的理财 …………………………（237）
第三节　企业运营中的理财 ……………………………（240）
第四节　企业发展时期的理财 …………………………（247）

第十一章　客户关系管理 ……………………………………（253）
第一节　概述 ……………………………………………（253）
第二节　珠宝企业对客户关系管理的反思 ……………（257）
第三节　珠宝企业应该关注什么样的客户 ……………（262）
第四节　如何做好客户关系管理 ………………………（265）

主要参考文献 ……………………………………………………（273）

第一章　珠宝企业管理概述

企业的生产经营活动需要管理的支持，而且管理活动都是针对特定的企业进行并为之服务的。任何组织都有其使命和目标，企业的使命和目标是提供满足消费者物质或精神需求的产品或服务，企业的使命和目标说明了企业存在的理由。而为了完成其使命和目标，一方面，企业需要开展各种生产经营活动来达到目标。生产经营活动的开展离不开人力、物力和财力等资源的支持，否则，企业的生产经营活动就只能成为"无米之炊"。另一方面，为了确保企业生产经营活动健康、有序、高效地运作，还需要开展另一项活动——管理活动。同时，还必须综合利用各种信息资源，结合行业的特征才能开展有效的管理活动。

本书探讨的是珠宝企业的管理。珠宝企业是市场经济条件下依法设立的，从事珠宝首饰及相关产品的生产、经营和服务等商业活动的经济组织，是构成珠宝行业的基本单位。珠宝企业管理活动的重要性伴随着企业规模的扩大和生产经营活动的复杂化而愈益明显。因而，珠宝企业就常常设有专门机构或人员来从事管理工作，通过对企业人、财、物的管理，使珠宝企业的产、供、销等生产经营活动变得高效且有序。同时，珠宝企业的管理有其特殊性，必须结合珠宝行业的特征和珠宝首饰的特殊性进行管理。这样，就可以结合管理学理论给珠宝企业管理下这样一个定义：所谓珠宝企业管理，就是在特定的环境下，珠宝企业为了实现其目标，对企业所拥有的资源进行有效的计划、组织、领导和控制的过程。更加通俗地说：珠宝企业管理是企业决策者通过对企业内外部环境的分析，结合行业和企业的特征，为企业的发展指明正确的方向，使企业经营活动能够扬长避短，发挥企业在人、财、物等方面的优势，确保企业经营取得成功。

为了准确地理解珠宝企业管理的含义，必须在充分理解管理学的特性、管理的职能和目标的基础上，结合珠宝行业和珠宝企业的特征，对珠宝企业的管理进行深入分析。

第一节　珠宝企业管理的特征

在国家工商行政管理总局商品分类目录中,珠宝首饰与贵金属、钟表等商品一起被列为第十四大类,属于工艺品的范畴。工艺品制造企业是劳动密集型企业,人才、技术、工艺、创新、价值是工艺品生产经营企业管理的核心要素。但是,由于珠宝企业涉及到贵重金属、名贵宝石的生产和经营,具有奢侈品的性质,因此,珠宝企业与传统的工艺品生产经营企业的管理有很大的差别,以劳动密集型企业的管理思路来管理珠宝企业是不可行的,必须结合珠宝首饰的属性深入认识珠宝企业管理的特征。

一、珠宝企业管理是奢侈品企业的管理

按照一般的理解,珠宝行业是奢侈品行业,珠宝企业管理理所当然地属于奢侈品企业的管理。如果只是简单地把珠宝作为一种奢侈品来看待,其实中国任何一家珠宝企业都具备生产和销售奢侈品的能力,中国众多的企业生产和销售的产品奢华程度并不亚于国际上的著名珠宝品牌产品。但是,中国本土的珠宝品牌还缺乏奢侈品品牌应有的历史、文化沉淀,用一句流行的话说就是没有"真正意义上的奢侈品品牌",主要体现在中国珠宝企业缺乏运作奢侈品品牌的观念和思想。中国的珠宝企业尚未完成资本的原始积累,因此,他们不愿投入建立一个品牌所需的金钱、时间和精力,而只着眼于短期利益,向往得到快速回报,缺少培育奢侈品品牌的文化内涵。珠宝企业管理的终极目标就是要结合专业的技术、精湛的工艺和原创性的设计,以文化的沉淀、品位的提升和品牌核心价值的提炼打造中国自己的奢侈品珠宝品牌。

二、珠宝企业管理是一项复杂的系统工程

我国珠宝企业大多是中小型企业,但企业类型繁多,不仅涉及到宝石原材料的开采、分选、加工和珠宝首饰的加工制作等生产活动,还涉及到珠宝成品、半成品的批发、零售及售后服务等经营活动,且不同企业的经营规模有很大的差别,大企业有上万人的规模,小企业可能只有几个人。小企业几乎不用考虑管理问题或只是简单的管理,大企业则在人、财、物、产、供、销等管理环节上必须借鉴现代企业的管理思路和管理模式。不同类型的企业管理模式和管理思

路又有很大的差别,很显然,生产型企业、经营型企业和服务型企业的管理思路、模式和方法的不同,构成了珠宝企业管理的复杂性。

品牌管理已成为珠宝企业管理的一项重要职能。相对于一般品牌而言,珠宝品牌的管理有共性也有个性,对管理人员的综合素质和专业素养都有着很高的要求。珠宝品牌管理人员不仅需要具备市场营销、广告宣传、品牌传播、公共关系、企业管理和宝石学等方面的专业知识,更重要的是要对珠宝的商品属性和品牌理论、品牌发展的内在规律有较深刻的认识和掌握。可以说,珠宝企业管理的核心是品牌管理,而品牌管理本身就是一项系统工程。

三、珠宝企业管理是精细化管理

精细化管理就是将管理责任具体化、明确化,是建立在常规管理的基础上,并将常规管理深入化的基本思想和管理模式,是一种以最大限度地减少管理所占用的资源和降低管理成本为主要目标的管理方式,是社会分工精细化和服务质量精细化对现代企业管理的必然要求,它要求每一项管理工作的责任都要具体化、明确化,每一个管理者都要尽职尽责、管理到位,每一项管理工作都要一次性做到位。工作要日清日结,每天都要对当天的情况进行检查,及时发现、纠正、处理问题等。

之所以说珠宝企业的管理是精细化管理,是因为珠宝企业的生产经营活动涉及到贵金属、贵重宝石,更涉及到珠宝首饰的产品、工艺和服务质量的管理,管理环节多,管理责任大,管理任务重,这一特点决定了珠宝企业必须实行精细化管理。例如,生产型企业为了降低成本,对生产过程的每个环节都必须严格控制。在物料管理中,哪怕是车间里的粉尘都必须进行回收,使加工损耗降至最低。为了实现管理目标,管理工作必须量化到人并具有明确的量化指标。营销型企业管理活动中,多数商品的产品质量、成本、价格都具有唯一性,必须单件管理,对每个工作日的进货、出货都要做到日清日结,定期盘点,发现问题及时纠正、及时处理。类似的例子不胜枚举,可以说,珠宝企业的生产、经营活动中的每一个环节的管理过程都是精细化管理过程。

四、文化和品牌是珠宝企业管理最核心的要素

前已论及,珠宝企业管理的中心是品牌管理。珠宝企业管理从表面上看是为了规范企业的运营,在市场竞争中赢得主动地位,在管理活动中,人才、技

术、工艺、创新、价值是珠宝企业管理的核心要素；从实质上看，珠宝企业管理是为了创造一个值得消费者信赖的、具有独特市场定位的珠宝品牌，而品牌建设离不开品牌文化的支持。为了打造品牌特色，首先要建立品牌文化特色。珠宝消费是非专业消费，只有建立了与品牌特色相适应的品牌文化，才能取得广大消费者的认同与支持，才能以特色的品牌文化形成品牌的核心竞争力，因此，文化和品牌是珠宝企业管理最核心的管理要素。

五、珠宝企业管理需要借助现代信息技术

随着信息技术的迅猛发展及其在企业管理中的应用，西方发达国家持续了100多年的企业管理模式正在悄然发生改变。这就要求企业改变原有的管理方式，采用科学管理方法，优化企业的资源，提高管理效率。珠宝企业管理也需要借助现代信息技术，信息技术对珠宝企业管理的影响表现在企业决策和企业内部管理两个方面。在企业决策上表现为企业利用基于信息技术的新手段获得产品竞争优势，采用以信息技术为平台的新生产运作方式、新管理工具和新营销工具。例如，运用现代信息技术收集信息、传播信息、制定决策等。在企业内部管理上表现为组织结构的变化、管理过程的变化和经营理念的变化。在信息技术飞速发展的今天，珠宝企业在制定经营决策过程中不可忽略对信息技术的应用，随着珠宝电子商务的迅速普及和物联网的运用，现代信息技术已成为珠宝企业管理的重要支撑手段，在商流、物流、资金流、信息流、促销流等流动系统中，现代信息技术都是重要的平台。

六、珠宝企业管理是动态环境中的管理

珠宝首饰是奢侈品，其市场发展受政治环境、经济环境、文化环境等多种因素的影响；珠宝首饰也是时尚产品，任何一种消费观念、市场风向和审美观念的变化都会导致流行趋势的变化。同时，企业参与市场竞争，竞争地位也可能改变，精准的市场定位、精细的营销组合策略规划会使企业在营销中获得主动地位，市场竞争地位就会提高，反之，市场竞争地位就会降低。这些因素决定了珠宝企业管理没有一成不变的模式，只有密切关注市场变化的风向，密切把握市场流行趋势，不断开展市场调研，掌握企业在珠宝行业中或区域市场上竞争地位的变化，及时调整企业管理思维和管理艺术，才能适应市场环境的变化，使管理工作变得更加有效。所以说，珠宝市场是动态的，动态的市场需要

动态的管理。

七、珠宝企业管理是家族式企业的管理

20世纪90年代以后,我国珠宝企业逐步开始转型,以家族式经营为主体的行业格局已经形成,绝大多数珠宝企业都是家族式企业,即企业管理人员大多是来自家族内部的成员。其实,不仅在中国,在全世界范围内,很多民营企业都实行家族式管理。在珠宝行业,经过近十年的探索,珠宝企业在20世纪90年代初迅速由国有企业向民营企业转型,只能说明在传统的计划经济条件下形成的国有企业管理体制不适应珠宝企业的管理。家族式企业其实有很多优点,如家族成员之间信任感很强、家族成员可以共患难,特别是企业经营不善的时候、家族企业的内部冲突容易协调等。同时,家族式企业的缺点也十分明显,如以家族成员的身份,滥用职权或越权管理,造成责权不分;跨越公司制度的限制,为所欲为;因家族盘根错节的关系,抱有不会轻易被开除的侥幸心理等。

中国珠宝企业的管理不在于其企业性质,而在于这些企业管理者是否引进了现代企业管理制度,是否具有符合时代潮流的管理理念。这个问题将随后继续探讨。

第二节 珠宝企业类型

企业是指把人的要素和物的要素结合起来,自主地从事经济活动,具有营利性的经济组织。从不同的角度来考察珠宝企业,珠宝企业可分为不同的类型。按照企业组织形式的不同,可以分为个人独资企业、合伙企业、公司制企业;按照企业法律属性的不同,可以分为法人企业、非法人企业;按照企业经营性质的不同,可以分为生产型企业、经营型企业和服务型企业等。这里仅按珠宝企业的组织形式和经营性质的不同介绍珠宝企业类型。

一、按珠宝企业的组织形式划分

按照企业组织形式的不同,珠宝企业可以分为个人独资企业、合伙企业、公司制企业。

1. 个人独资企业

个人独资企业是指按《中华人民共和国个人独资企业法》在中国境内设立、由一个自然人出资、财产为投资人个人所有、投资人以其个人财产对企业债务承担无限责任的珠宝企业。如分布于全国各地的不知名珠宝店,珠宝商行,家族式珠宝加工、玉器雕琢、首饰镶嵌作坊等。这类珠宝企业经营规模小,经营灵活性和自主性强,管理相对松散,是珠宝企业发展初期的组织形式,但可能也是我国珠宝业发展过程中相当长时间内都会存在的一种组织形式。

2. 合伙企业

合伙企业是指由自然人、法人和其他组织依照《中华人民共和国合伙企业法》在中国境内设立的、由两个或两个以上的合伙人订立合伙协议,为经营共同事业,共同出资、合伙经营、共享收益、共担风险的珠宝企业,包括普通合伙企业和有限合伙企业。

(1) 普通合伙企业。由2人以上普通合伙人(没有上限规定)组成的企业,合伙人对合伙企业债务承担无限连带责任。

(2) 有限合伙企业。由2人以上、50人以下的普通合伙人和有限合伙人组成的企业,普通合伙人对合伙企业债务承担无限连带责任,有限合伙人以其认缴的出资额为限对合伙企业债务承担相应的责任。

同个人独资企业相比,合伙企业资金来源广,企业规模相对较大,由于有两个或两个以上的合伙人参加,在企业管理上有相应的管理制度或约定,有相应的决策机制,在企业内部治理上相对正规。

3. 公司制企业

公司制企业是指按《中华人民共和国公司法》在中国境内设立的、由2个或2个以上自然人出资、从事珠宝及相关产品经营活动的珠宝企业。公司制的经济法人自主经营、自负盈亏,对企业资产享有民事权利、承担民事责任。其主要形式为有限责任公司和股份有限公司。

(1) 有限责任公司。有限责任公司最显著的特征是,股东以其出资额为限对公司承担相应责任,公司以其全部资产对公司的债务承担全部责任。

(2) 股份有限公司。股份有限公司区别于有限责任公司最为重要的特征是:其全部资本分为等额股份,股东以其所持有的股份对公司承担相应责任,公司以其全部资本对公司的债务承担责任,例如上市公司。

无论什么组织形式的珠宝企业,它们一般以经营珠宝及相关产品为对象,以赢利为目的,以实现投资人利益最大化为目标,通过为消费者或相关企业提供产品或服务来换取收入。它们是市场经济的产物,因行业分工的不同和根据企业掌控的资源不同而形成不同类型的企业。

二、按珠宝企业的经营性质划分

珠宝行业有完善的产业链,按照珠宝产业链的不同环节,珠宝企业可分为生产型企业、经营型企业和服务型企业。

1. 生产型企业

生产型企业是指处于珠宝产业链的上游,从事珠宝首饰成品或半成品生产、加工工作的企业。如贵金属首饰制作企业、宝石加工企业、首饰镶嵌制造企业(不包括委托加工镶嵌企业)。它们自己购买原材料,将贵金属、宝石加工成首饰成品或半成品,再通过下一级机构将产品批发给产业链下游的企业,一般称为制造商或生产商。这类企业需要拥有专业的技术、设备和人员,一般不参与市场营销活动,凭借专业制造珠宝首饰产品的技术,为企业获取利润,如贵金属首饰制造商靠贵金属加工赚取加工费、宝石加工企业靠宝石切磨赚取手工费等。专业的人才和技术,创新的设计和工艺,高速有序的生产效率和生产流程、生产成本管理是生产型企业管理的核心要素。

2. 经营型企业

经营型企业是指介于制造商和消费者之间从事珠宝首饰成品或半成品交易工作的企业。如贵金属首饰批发商,珠宝首饰成品、半成品批发商,贵金属、珠宝首饰零售商等。他们通过购买活动,从制造商那里获得珠宝成品或半成品,通过若干中间环节将产品卖给消费者,而中间环节的多少决定了珠宝销售渠道的长短。珠宝企业经营者是珠宝产业链的一个重要环节,是连接制造商和消费者的纽带,在珠宝营销活动中起着重要的作用。珠宝经营型企业可分为批发型企业和零售型企业。

(1) 批发型企业。珠宝批发型企业是指专门开展贵金属首饰、宝石首饰成品或半成品批发业务的中间商。珠宝批发型企业的经营活动多为行业内的交易,客户为下一级批发型企业或零售型企业,一般不与终端消费者进行直接交易。货品管理、人力资源管理和客户资源管理是批发型企业管理的重点,为了取得竞争优势,它们会不断寻找新的供应商。

(2)零售型企业。珠宝零售型企业是指处于珠宝产业链的终端、直接服务于终端消费者的企业。他们以珠宝专卖店、商场里的珠宝专柜或珠宝电子商务等形式出现在终端市场上,直接参与终端的珠宝营销活动,依靠自身的商业模式,设计独特的企业形象或品牌形象,选择特定的目标顾客群体作为企业的服务对象,依靠产品质量、产品信誉和独特的服务理念建立市场上的知名度,赢得顾客的青睐。零售型企业的管理涉及到管理活动的方方面面,管理水平高低是决定一个企业能否取得良好经营业绩的关键因素。

3. 服务型企业

服务型企业是指那些在珠宝行业中并不直接经营珠宝首饰,而是为珠宝产业链上各个环节的企业提供配套产品、加工、设计服务的企业。如专业从事原料加工的宝石加工厂和首饰镶嵌厂,专门为首饰加工企业或品牌企业提供产品设计服务的工作室,为零售型企业提供珠宝包装、陈列道具和设备的供应商等。所以,服务型企业类型很多,不同的企业承担不同性质的服务,管理的重点也有所不同。

(1)宝石加工厂是指利用企业掌握的宝石加工技术为客户提供宝石加工服务的企业。如在上海、广州、深圳等地兴办的钻石切磨厂、宝石加工厂等。这种企业充当的角色具有制造商的性质,但是,由于它不拥有产品的产权,所从事的工作是原料加工性质的,是为制造商或批发商提供加工服务的,因此,它属于服务型企业的范畴。加工质量、技术和工艺是这类企业管理的关键。

(2)首饰镶嵌厂是指专门为珠宝批发商或零售商提供钻石首饰、宝石首饰和玉器镶嵌服务的企业。它们同样具有制造商的性质,但是,它们是提供委托加工服务的,因此,也将它们归为服务型企业。首饰镶嵌厂是我国珠宝行业一种特殊的企业类型,是我国珠宝市场产品同质化严重的重要原因。在今后相当长的时间里这类企业还可能存在,但在整个珠宝行业走向品牌建设的今天,每个企业都在思考如何形成品牌的特色,开发自身的特色产品,每个品牌都应该有自己的产品设计部门和加工部门。这些企业只有依附于品牌,为品牌企业形成品牌特色而设计、生产产品,才能找到企业生存和发展的空间。从管理的角度来说,新款式的设计,新技术、新工艺的运用和镶嵌工艺流程管理是企业管理的重点,人才、技术、工艺和创新是管理的核心要素。

(3)珠宝包装、陈列道具供应商是指专门生产和经营珠宝首饰包装、陈列用品的企业。这是在珠宝行业的发展进程中为迎合珠宝企业形象、品牌形象建设而诞生的新兴产业,对企业形象和产品包装形象起着美化作用。近年来,企业形象和产品的美化包装越来越受到珠宝企业的重视,这也对专业从事首饰陈列、包装用品经营的企业提出了更高的要求,如何运用新材料、新工艺、新设计以满足企业的形象宣传和产品美化不断提升的要求是这类企业主要思考的问题,产品的创新设计、精细的工艺制作和根据品牌的要求提供有针对性的定制服务是这类企业管理的重点。

(4)首饰设备供应商是指专门为珠宝行业各类企业提供各种设备、工具的企业,如专营珠宝鉴定、加工、镶嵌设备的企业。它们自行生产或代理国内外与珠宝鉴定、生产、经营相关的首饰设备并从中获利。注重国内外珠宝市场流行趋势和新技术、新工艺的运用信息,不断研发或提供新设备,并保持与合作者的良好关系是这类企业管理的重点。

第三节 管理者的管理思维

改革开放以来,中国涌现出很多知名的企业,如海尔、华为、联想、蒙牛等,它们都以成功的经营方式成为同行业的佼佼者。分析它们成功的经验发现,每个成功的企业在管理上都有自己独特的经营理念和管理观念,这些经营理念和管理观念体现了管理者的智慧,形成了企业管理的独特风格。这些企业的成功与管理者的先进管理观念分不开,同时,企业的管理还要遵循一定的原则。

一、珠宝企业管理者应具备的观念

企业管理者的观念会影响其管理行为,珠宝企业的管理者应该有正确的管理观念,只有在正确的管理观念指导下才能有效地从事企业管理,这些观念包括以下几个方面。

1. 社会责任观念

这是从企业经营理念中衍生出来,与企业整体价值观、信仰追求、道德规范、行为准则相联系的观念。珠宝企业作为一种经营组织存在于社会之中,它的存在意义是什么？它应该为社会承担什么样的责任？可以说，这是每一个中国企业都要思考的问题。中国珠宝行业复兴的时间还不是很长，许多企业尚未完成资本的原始积累，在如何体现企业的社会责任方面还做得很不够。但是，作为企业管理者，必须思考这样一个问题：当企业取得经营的成功以后，应该如何承担更多的社会责任，如何为人类的文明、社会的进步承担更多的义务。

2. 法制观念

珠宝企业是依法设立的经济组织，企业管理者依据相关法律、法规行使管理职能，会受到法律的保护。同时，企业管理者在指导企业经营过程中，必须遵守国家相关法律，在国家相关法律、法规规定的范围内从事经营工作。随着法律、法规的不断完善，我国已成为一个法治国家。作为企业的管理者必须具备法制观念，一方面，要运用法律武器保护企业的合法经营权利；另一方面，要在经营过程中遵纪守法，照章纳税，不做违反国家法律、法规的事情。

3. 市场观念

珠宝行业是市场经济的产物，在市场经济影响下必须以市场为中心，以满足消费者的需求为前提。珠宝企业管理的首要任务就是保证企业经营取得成功，企业管理者必须重视市场研究，了解市场需求，掌握市场的发展趋势，即生产和经营的产品在满足消费者需求的同时引领市场潮流。在经营管理过程中，不仅要满足消费者的需求，而且要发现潜在需求、创造新的需求，以超前的视野引导企业，最终取得企业经营的成功。

4. 竞争观念

有市场就会有竞争，珠宝企业的市场营销活动不可避免地会遇到各种类型的竞争对手，大浪淘沙，优胜劣汰，市场竞争是企业做大做强的无声动力。但是，对于企业管理者来说，必须具备正确的竞争观念。市场竞争虽然残酷，但也不是淘汰竞争对手，企业才能找到生路。实际上，这是一种陈旧的竞争观念。企业在市场竞争中要有忧患意识，防范竞争对手的进攻，在竞争中不断超越对方，不断提高自身的竞争能力。正确的市场竞争观念要求企业充分了解竞争对手，向竞争对手学习，扬长避短。以这样一种观念参与市场竞争，行业才能进步，企业才能优化，竞争才会有序。例如在饮料行业中，可口可乐与百事可乐一方面是竞争对手，在营销活动中以自己的优势争取更多的目标客户群体;另一方面,它们又是战略联盟,共同阻止其他饮料品牌瓜分它们的市场份额。这样的竞争观念值得学习。

5. 品牌观念

随着珠宝市场的发展和市场竞争白热化,建立品牌已成为珠宝企业开展珠宝营销活动越来越迫切的任务了。珠宝消费是非专业消费,品牌不仅有助于消费者认牌购买,而且,品牌是身份的象征、品味的展示、利益的承诺。对企业来说,好的品牌能吸引客户,并为企业创造短期收益和长期的资产价值。消费者购买珠宝首饰与选择品牌的目的一致,即为了追求品位,这就要求企业管理者在企业管理中要建立品牌观念。

建立品牌的首要工作是建立品牌质量观念,质量是企业的生命,是品牌的基本功,品牌管理的第一件事是把产品质量做好,如果产品没有好的质量,一味地试图通过宣传提高品牌知名度,那是加速品牌在市场上消亡。品牌的建立要有适当的品牌定位,即针对什么样的目标市场、向目标市场传达什么样的利益、如何占领顾客的心理阵地等。品牌管理观念还要求企业管理者注重品牌文化建设,塑造品牌的核心价值。

6. 利润观念

珠宝企业的管理活动服务于珠宝企业,从表面上看,管理活动的目的是保证珠宝企业的生产经营活动正常进行;从本质上看,管理活动是为了使珠宝企业通过正常有序的生产经营活动获取更多的经济利益,实现企业利润最大化。而实现企业利润最大化有多种途径:降低企业生产经营成本,提高产品的科技和文化含量进而提高产品的附加值,运用有效的激励手段提高员工工作的积极性,以相同的投入获取更大的产出;强化客户关系管理,提高顾客的忠诚度并以顾客的口碑效应传播品牌,增加产品的销量使企业获取更大的利润。利润观念要求企业管理者从企业整体的管理角度出发,从为企业创造利润的角度出发,系统思考企业的精细化管理问题,认真履行管理的职能,协调企业部门与部门之间、上级与下级之间、员工与员工之间、企业与顾客之间、企业与社会之间的关系,为企业获取更多的经济利益服务。

7. 人才观念

珠宝行业虽然不是高科技产业,行业准入的门槛相对较低,但珠宝行业的特殊性、专业性同样要求企业注重人才的引进、人才的培育,如培养珠宝鉴定人才、首饰设计与产品开发创新人才、懂珠宝的管理人才等。人才仍然是珠宝企业最宝贵的财富,是企业发展和提升的持续动力。我国珠宝企业多为家族式中小型企业,管理人员多为家族内成员,他们所具备的知识、经验、能力参差不齐,管理者除了要注重提升他们的能力,更为重要的是,要注重吸收家族以外的优秀人才到珠宝企业工作,发挥他们各自的专业优势,同家族内成员一起共同缔造企业的辉煌。

8. 创新观念

当今社会是一个知识经济时代,科学的进步、技术的改进、工艺的提高和市场风向的瞬息万变,推动珠宝行业不断发生变革。在这样一个社会环境中,企业正面临着知识经济带来的严峻挑战,这就要求企业管理者必须具有创新观念,通过不断创新保持企业经营的活力。可以说,创新也是企业持续发展的动力。

珠宝企业的创新包括产品创新、技术创新、工艺创新和管理创新等。企业管理者必须密切关注科学技术的进步和市场的变化、经营观念变化所出现的新情况,及时更新管理思维,运用先进的技术和工艺、超前的经营思想和管理理念带领企业走在行业的前列。

二、珠宝企业管理应掌握的原则

珠宝企业管理者在开展管理活动的过程中,一方面要按照一般企业管理的方式和方法履行管理职能;另一方面要充分考虑珠宝行业的特殊性,并针对不同的企业类型灵活地实施管理职能,保证珠宝企业的生产经营活动正常进行。为了更好地履行管理的职能,增强管理活动的效果,珠宝企业管理还要掌握以下原则。

1. 诚信原则

从社会道德来讲,诚信即待人处事真诚、老实、讲信誉,言必行、行必果。从本质上说,诚信是一种人身修养,是做人的根本准则。古今中外成功的企业家无不信奉"诚信"二字,树立"以诚为贵,以信为宝"的经营榜样,他们在经营中不投机取巧,不强取豪夺,不见利忘义,从而创造了非凡的经营业绩。

珠宝企业的管理者更要以诚信作为企业的立业之本,诚信代表企业的商誉。在经营中,诚信是企业的重要资源;在行业中,管理者依靠诚信可以在同行中建立声望,取得同行的支持;在企业内部,坚持诚信原则就能取得员工的信任,树立管理者的威望,建立员工对企业的信心;在社会上,诚信代表企业对消费者的庄重承诺,尤其是在消费者对珠宝品质、价格等方面不甚了解的情况下,只有坚持诚信原则才能取信于消费者。在珠宝企业管理中,培育企业诚实守信的形象和坚持诚信原则是企业生存立业之本。

2. 社会道德原则

这与诚信原则相关联,企业存在于社会之中,必须建立自己的社会道德标准,国家在强调建立法治国家的基础上提出以德治国的理念,企业也应该在强调国家利益、公司利益基础上制定企业应遵循的社会道德准则。提倡以德取利,管理者应从以下四个层面规定企业的道德底线。

(1)市场层面。企业的市场经营活动不可避免地会参与市场竞争,但市场竞争应该健康有序地进行,以维护市场的繁荣和共同进步为目的,光明正大地参与竞争,以企业的竞争优势取胜于市场,而不是以贬低、暗算竞争对手为手段。

(2)消费者层面。顾客是上帝,是企业利润的源泉,为顾客提供优质产品和服务满足他们的需求是企业的责任,企业应该给予顾客最大限度的诚信,以诚信取信于消费者,决不能欺骗消费者。

(3)公司股东层面。管理者可能是股东,也可能是股东委任的企业管理人员,管理者要考虑股东的利益,使他们的投资得到应有的回报,使他们的利益得到保障,不因自己的私利而损害股东的利益。

(4)员工层面。一方面要为员工创造良好的工作、生活条件;另一方面,积极改善他们的待遇,让他们劳有所获,不剥削他们的劳动价值,鼓励他们忠于企业、献身企业,为实现企业的经营理念、建设特色的企业文化做贡献。

3. 效益最大化原则

管理的目标是使企业高效有序地运作,为企业创造良好的效益,使企业资产最大限度地增值,为企业创造最大的财富。企业的效益有短期效益和长期效益之分,企业资产也有有形资产和无形资产之别,不同管理者的管理理念差异导致取得效益的结果也不同。效益最大化原则要求企业管理者通过有效的管理活动使企业实现经营利润最大化、经营成本最低化和社会效益最大化。

经营利润最大化可以是企业的各个经营周期的总利润最大化,也可以是单件产品利润最大化,从而实现总利润最大化。前者可以通过薄利多销、提高市场占有率来实现,后者则可以通过提高产品的科技含量或文化内涵来实现。很显然,后者是珠宝企业实现利润最大化最好、最有效的办法。

经营成本最低化是指企业管理者通过有效的管理活动降低经营成本,钱应花在实处,增加一分开支就要产生一分效益。必要的开支可能会增加短期成本(如增加品牌传播费用),但对于企业长远的发展来说是有利的,更为重要的是,通过合理的资源配置,使企业的部门与部门之间、人与人之间、管理层与执行层之间配合协调,通过有效地杜绝资源浪费实现经营成本最低化。

企业效益最大化是指企业不仅要追求经济效益,还要追求社会效益,企业的某项投资可能不会产生短期的经济效益,但可以带来长期的经济和社会效益,如投资品牌,通过品牌宣传提高品牌的知名度。通过社会服务取得消费者的品牌认同,实现品牌效应,不仅可以为企业带来长远的经济效益,随着品牌资产的积累也给企业创造无形的社会效益。所以,效益最大化原则要求企业管理者以特有的智慧合理分配企业资源,在长期利益与短期利益、现时利益与潜在利益等方面取得平衡。

4. 激励原则

激励是人力资源管理的重要内容。企业实行激励机制的最根本目的是正确地引导员工的工作动机,激发员工的潜能,让他们的潜能变成创造物质财富的实际能力,在实现企业经营目标的同时满足自身的心理需要,增加其满意度,最大限度地发挥人的主观能动性,做到事得其人、人尽其才、人事相宜、事竟功成,使广大员工以为公司尽责为己任,精神饱满地、充满激情地投身于企业的各项工作中。

不同的珠宝企业经营性质不同,激励方式也会有差别,但管理者必须在正确认识影响员工工作积极性因素的基础上,结合行业的实际和企业的状况,充分利用各种激励机制,运用合适的激励模式和方法,激励、鼓舞员工奋发努力,充分发挥自己的聪明才智,使人力资源的各项效能达到最优。

珠宝企业在实施激励机制时,还必须注重处理工作效率与产品质量、企业各部门之间的配合以及避免员工与员工之间的恶性竞争等问题,必须在提倡企业文化建设、团队建设的基础上有效地实施激励机制。

5. 平衡协调原则

管理学中有一个概念叫"平衡记分卡"(Balanced Score Card,简称BSC),

是从财务、客户、内部运营、学习与成长四个角度,将组织(企业)的战略落实为可操作的衡量指标和目标值的一种新型绩效管理体系,是通过财务指标与非财务指标考核方法之间的相互补充"平衡",使企业的各项管理活动更为科学有效,是在定性评价与定量评价之间、主观评价与客观评价之间、长期目标与短期目标之间、组织(企业)的各部门之间寻求"平衡"的基础上完成绩效考评与战略实施的管理过程。很多管理学的问题都需要引入"平衡计分卡"的概念,实现各项管理指标的平衡与协调。

珠宝企业管理同样要遵循平衡协调原则,不仅要注重在宏观管理中追求各项管理要素的平衡与协调,如企业的长期经营目标与短期经营目标、长期利润与短期利润等,而且在各项管理细节中同样要求遵循平衡协调原则,如生产活动中的各个生产环节之间、生产活动与经营活动之间、企业各管理部门之间都要遵循平衡协调原则。只有掌握好平衡协调原则,企业的生产经营活动才能正常有序地进行,企业才能和谐地发展。

6. 弹性原则

市场是动态的,企业管理活动的开展必须随着市场环境的变化不断调整管理目标,管理活动的自身特征就说明企业管理的目标不是一成不变的,即管理要有弹性。从对企业管理活动的评价来看,没有最好,只有更好,说明管理活动没有绝对的指标。在具体的经营管理活动中更要体现弹性原则,要求企业管理者在从事企业经营决策,商业谈判,制定生产经营指标,制定各项管理制度和对企业的人、财、物等资源进行管理分配时都要体现出管理的弹性,在管理活动中刚性与柔性的结合才是人性化管理。

7. 粗犷管理与精细化管理相结合的原则

珠宝企业管理是精细化管理,事实上,任何企业的管理活动都包含精细化管理的过程。有人认为管理无小事,有人认为管理活动事无巨细,其实都是从不同角度描述管理的特征。作为管理者,处于不同的管理岗位,应该了解哪些工作需要实施精细化管理,哪些人从事的工作是精细化管理的工作,根据不同的人、不同的事有区别地实施管理。在管理过程中,该精细的就必须实施精细化管理,而并不是所有工作都必须实施精细化管理。只有宏观控制与微观控制、粗犷管理与精细化管理有效结合,小事放权,大事严格把关,管理才会更加有效。

第四节 珠宝企业管理的几个关键问题

一、家族式企业社会化的问题

改革开放以来,我国诞生了一大批优秀的民营企业,像地产行业的万科、IT行业的联想、饮料行业的娃哈哈等。2001年以后的国有企业股份制改造,使中国的民营企业急剧增加,成为中国经济发展的生力军,其中很多民营企业都是实行家族式管理。珠宝企业经过近十年的探索,在20世纪90年代初迅速由国有企业向民营企业转轨。在中华人民共和国成立后的近半个世纪里,民营企业主等同于个体户、私有企业主。中国珠宝企业正是在这种看不起家族式企业的中国文化中成长起来的。但是,家族企业是中国珠宝业的一条长远发展之路。

中国珠宝企业的管理不在于其企业性质,而在于这些企业主们是否引入现代企业管理制度,是否具有符合时代潮流的经营管理理念。家族式企业其实既有优点又有缺点。

1. 家族式企业的优点

(1)家族成员之间信任感很强。因为大家是一个家族或家庭,自己人背叛自己人毕竟比较少,最多是个别人多掌握点权利,且权利的分配一定是按照家族成员的资历、学识和能力来配置,所以,同外来人员相比,自己家族的人更容易获得信任。

(2)家族成员可以共患难。特别是公司经营情况不好的时候,家族成员可以忍受公司少发点儿薪水,可以忍受少发点儿福利和补助,甚至于不发奖金或红利,但是外来人员会因此离开公司。

(3)家族式企业的内部冲突容易协调。家族式企业可以不需要太注意表面的人际关系,当家族成员之间发生冲突或相互指责时,可能会非常激烈,但不至于感情破裂,因为关起门来大家还是一家人或有血缘关系,不管家族内部有多大的矛盾,当公司出现问题时还是会一致对外。外来人员对人际关系相当敏感,当他们受到批评或指责时,轻则消极抵抗,重则直接反抗甚至集体辞职或跳槽到竞争对手的企业中去,而这种情况在家族成员中不太容易发生。

2. 家族式企业的缺点

(1) 用人的"举贤"与"避亲"。中国有句古话,叫作"举贤不避亲",说的是在挑选人才时不要刻意回避选用自己的家人。家族式企业在用人时,并不是说不能用自己的家人参与企业的经营管理,而是说,如果外来人员比较优秀,就应该把管理的位置让给家族以外的人。而现实的多数珠宝企业没有这样做,自己的家人无论能力如何,都将他们安排在一个管理位置上,使外聘的管理人员不能融入企业之中,更有家族中的人似乎有无限大的权利,到处指手画脚,什么都要管,让外聘管理人员有受排斥的感觉。家庭管理代替企业管理,如果忽视制度建设,必然造成责权不明,内部管理混乱,企业效益下降。

(2) 财务管理混乱。公司是老板自己的,营业款可以装入自己的腰包,老板和家人可以随意在公司里取用现金,老板自己的私人开销都在公司报销,这些做法充分体现出私有企业在财务管理上的混乱。尤其是小型企业,公司财务管理上严重存在公款与私款不分的问题。到年底结算,公司利润不多,员工分不到奖金,于是,员工就会把一切责任归结在老板身上,长此以往,员工对公司渐渐失去了信任。

有些珠宝企业的老板会拿出一部分股份分给企业的管理和技术骨干,这无疑是一些开明的老板,会为企业管理和生产经营活动建立一个稳定的架构。但对多数员工来说,他们注重的可能是工资水平和分红(奖金),企业没有严格的财务管理制度,老板花钱太随意,影响了企业的利润水平和员工的分红,就会打击员工为企业创利的积极性。

(3) 规章制度不健全。一个企业应该有一套严格的管理制度,以制度规范员工的行为。但家族式企业很难做到,经常会出现以"口授"代替制度,以亲情代替管理。在一个家族式珠宝企业中,声望高的人(一般是董事长或总经理)很容易凭自己的意志来管理公司,老板的一句话就是制度,老板说能做的事员工就会去做,老板没有交待的事就不去做;做好了没有奖励,做不好也没有惩罚;自己的亲人犯了错误可以原谅,一般员工就会受到批评。长此以往,员工工作没有积极性,家族成员和外聘人员不能融为一体,公司的运作无章可循,就会变成一盘散沙。所以,企业无论大小,决不能单凭老板的意志来管理公司,一定要有相应的管理制度,明文规定哪些应按制度行事,不管是家族成员还是外聘人员都要严格遵守,否则,很容易出现管理危机。

(4)老板的能力不能适应企业的发展。我国多数珠宝企业的成功都是靠老板的个人经验与胆识,他们利用早期在国有企业积累的经营经验创办了自己的企业,从小做起,通过滚雪球式的发展,如今已具有一定的规模。但当他们还想继续向前迈一步,将企业做大做强时,他们的管理经验已不适应现在的企业管理了,并且原有的经营经验已根深蒂固,家族中的人力资本已得到最大限度地挖掘,繁琐的管理工作已不允许老板们再有时间去更新自己的知识,交给别人管理又不放心,于是,只得沿用以前的管理模式,这种管理思维必定会制约公司的发展。

(5)缺乏应有的激励机制。激励是现代企业人力资源管理的一项重要内容,一个企业团队参与企业经营管理的积极性是否能够得到充分的调动,企业的凝聚力是否能够得到提高,企业的经营业绩能否逐年上升,在很大程度上取决于企业的激励机制是否健全。一些珠宝企业在用人时,会给参与公司经营管理的骨干人员一定的股份,大多数人年底也会有一份奖金,但每个人发多少奖金算合理?奖金分配是否公平?奖金与营销业绩是否挂钩?如果企业存在以上问题,则是企业的激励方式没有起到应有的激励作用。

(6)可以共患难,不能同甘苦。从历朝历代的君王开始,在打江山的时候,他们都能团结一心,一致对外,为共同的目标而奋斗,而一旦取得了江山,他们便开始互相排斥,争权夺利。很多家族式珠宝企业也是如此,在公司开始创业的时候,家族成员可能比任何人都干得辛苦,他们可以少拿工资,不要加班费,不拿奖金,而一旦公司经营有了显著的业绩,可以大踏步前进的时候,他们又会打着各自的小算盘,计算着自己应该拿多少工资,占多少股份,分多少红利,谋取一个什么样的职位等。结果公司内耗,互相拆台,企业效益下降,甚至导致企业资源外流,最后企业分化瓦解变成更小的企业。

以上是根据余世维先生对家族式企业优缺点论述进行整理的,它同样是我国珠宝行业普遍存在的问题,归纳起来,不外乎用人的问题、选人的问题、理财的问题、经营观念的问题,这些问题已经成为我国珠宝企业发展的瓶颈,如果得不到很好的解决,将严重制约我国珠宝业的发展。

探讨家族式企业管理的不足,不是说家族成员不能参与企业经营管理,让家族中优秀的企业管理人才参与企业管理对家族企业的发展无疑是件好事,可问题是家族的资源毕竟有限,将一个能力不足的家族成员放在管理岗位上,或者让他随意插手管理工作,会让外聘人员不能融入企业,不会将企业的事当作自己的事来做，公司的凝聚力自然会下降。那么，如何破解家族式珠宝企业的管理问题呢？办法就是使家族式企业社会化，即引入职业经理人制度，让家族以外的优秀人才参与企业管理。

美国管理大师彼得·德鲁克说过，"家族企业"这个词中，重要的字眼不是"家族"而是"企业"。经营家族式企业的第一条规则是，除非家族成员和非家族成员一样能干努力，否则绝不可让他们来公司任职。因为允许平庸懒惰的家族成员到公司工作，必然引起非家族成员不满，甚至人才的流失，留下来的也会成为逢迎拍马的人。他还说："家族企业要想生存和保持有效的运作，在高层管理人员里面，不管你的家族成员有多么的出色，都至少要有一位非家族成员。"大师的话值得深思，现代企业管理中的职业经理人制度值得珠宝企业借鉴。老板作为投资人，精力和能力都有限，启用职业经理人，让家族以外的成员参与企业管理，不仅可以规范企业运营，还可以集思广益，为企业制定正确的经营决策。

二、企业经营战略问题

我国珠宝企业是在改革开放的过程中，在一个较低的层次上发展起来的。许多企业是盲目跟风，缺乏长远的发展战略目标。企业是为了追求短期利益还是追求长期利益，企业赚了钱后再干什么，企业未来要发展成为什么样子，企业领导者似乎对这些问题缺乏更长远、更深层次的思考。如果企业赚了钱就分掉、花掉或转做其他用途，这样的企业是不可能长远发展的。一个公司要长期立足于市场，就要有一个长远的战略目标，为企业规划好一个美好的未来。为了实现这个目标，为了长远的利益，公司必须为建立良好的企业形象付出更多的投入，为了品牌发展需要一个有代表性的高质量产品；为了长远的发展需要牺牲眼前能得到的利润。在这一点上，珠宝企业很多实际的经营行为是与此背道而驰的。如为了眼前利益不惜牺牲企业（品牌）形象参与市场竞争，为了眼前利益随意改变公司的产品定位，为了眼前利益不惜做欺骗消费者的事情，这样的企业怎么能在市场上走得更远呢？近年来，珠宝市场的恶性价格竞争在很大程度上来说就是企业缺乏长远战略目标引起的。

很多珠宝企业对企业未来的发展缺乏长远的规划，不注重提炼企业的核心竞争能力，要么跟着感觉走，要么盲目跟风。别人开店他也开店，别人搞加盟他也搞加盟，今天有钱赚就坚持，明天不行了就关门；企业本来是做批发生意的,一看零售有利可图马上去开一个零售店,经营两年不行了就关门;看到其他企业搞连锁经营自己也跟着上,在市场竞争中处于下风时又不得不终止;发现首饰镶嵌厂可以赚钱,于是再开一个首饰镶嵌厂,没有业务又不得不关门。这就是没有长远眼光的珠宝企业,不知道如何结合自身的特点发展自己的优势产业,对企业未来的发展缺乏长远的规划,只考虑企业的短期利润而不考虑长远经营目标,企业不能做大做强也就在情理之中了。

企业进入珠宝行业之初就应该对自身拥有的优势和行业的竞争态势进行客观的分析,在分析的基础上找准企业在行业中的地位,提炼企业的核心竞争能力,并以此为基础制订企业中长期发展规划,即企业的经营战略。战略是企业的发展方向和为之奋斗的目标,失去了方向和目标,企业的发展就必然是盲从的。

三、品牌建设问题

品牌建设问题是一个与企业经营战略相关的问题。2001年,中国珠宝行业协会推行珠宝品牌建设,一批本土品牌迅速成长。截至2011年,由中国名牌促进会和中国珠宝玉石首饰行业协会评审的珠宝名牌和驰名品牌有156个,分布在全国(港澳台除外)的20个省市中。这156家中国珠宝名牌和驰名品牌以地方品牌居多,在全国珠宝市场运营的品牌不足50家,具有一定知名度和市场占有率的品牌不足20家,且在全国运营的国内珠宝品牌几乎无一例外地选择加盟经营模式拓展自己的品牌。一些珠宝品牌构建了系统化的品牌运营管理体系,但一些管理机制还不成熟,尤其是在品牌无定位、产品无特色、同质化严重的市场中,市场竞争仍然以价格作为重要的武器。

中国珠宝行业经过多年的品牌建设,已经建立了众多的品牌,但客观地说,中国的珠宝品牌还不是真正意义上的品牌,只是一个牌子或商标而已。纵观国内外各个行业,凡能称为品牌者,都有一个独特的品牌形象、一个明确的品牌定位、一个清晰的产品特征和产品组合,更有通过品牌传播和消费体验形成的品牌知名度、信誉度、美誉度和忠诚度。我国珠宝行业的品牌建设时间短,既无品牌建设的经验,又无现成的品牌模式,许多企业都是在实践中探索企业的品牌发展之路。在品牌建设中存在着品牌定位不清晰、创新能力差、产品同质化、品牌综合实力不强、品牌传播能力差、品牌的核心价值和核心文化尚未建立等问题,这些问题严重影响了我国珠宝品牌的市场竞争能力。

建立品牌和有效地管理品牌是珠宝企业管理的核心内容。我国珠宝品牌已初具雏形，只要注重品牌形象建设，根据企业综合实力进行精准的品牌定位并在企业的定位上形成品牌特色和竞争力，在不久的将来，中国珠宝行业必将诞生一批经久不衰的珠宝品牌。

四、做大做强与做专做强

做大做强是每个经营者的经营之梦。这也是与珠宝企业经营战略相关的一个问题。每个企业都希望做大做强，在珠宝行业内成就一番大业，成为有影响力、有实力的企业，但如何做大做强必须结合企业的经营战略，在客观评价企业的综合实力、行业中的地位和企业拥有的核心优势的基础上，系统规划企业的当前和未来。

我们习惯上常常把"大"和"强"联系在一起。其实，大不一定强，而小也不一定就弱。在珠宝行业中，香港珠宝品牌周大福具有很强的实力，是珠宝行业的市场领导者，这是周大福进入中国内地珠宝市场后结合自身的经营战略逐步实施市场扩张的结果。而同为香港珠宝品牌的谢瑞麟在综合实力上不如周大福，所以他选择发挥其专业优势，突出其优质的首饰工艺，在钻石经营上做出专业特色，同样在中国内地市场上获得了很高的知名度，成为香港珠宝业在内地珠宝市场上的强势品牌之一。可以说，谢瑞麟是靠专业化经营取胜的典范。国内珠宝企业由于缺乏系统的发展战略规划，缺乏精准的市场定位，盲目地强调做大做强，什么都想做，什么都做不好，其结果是要么做不大，要么做大了也不强。有些珠宝企业既没有强大的资金实力，又没有产品开发能力和管理能力，在经营上一味效仿其他企业的运作方式，没有形成自己的经营特色，从产业链的上游一直做到下游，甚至到终端店面的零售经营，老板做得很辛苦，经营成果却事与愿违，企业未见有多大起色，而且越做越感到力不从心，直到将企业带到死亡的边缘。可以说，这样的珠宝企业在全国都很普遍。

综合实力强大的企业可以通过做大实现做强，而综合实力较弱的企业可以通过做专实现做强，这是一个企业的战略选择问题。我国珠宝企业多数是中小企业，在战略上应该选择"专而强"的道路，专心做一项或少数几项业务，通过技术创新、设计创新和管理创新，强化自己的核心竞争力，把企业做得更好、更专、更强。人无远虑，必有近忧。自我国珠宝行业复兴以来不断增长的巨大的市场需求给了中小企业生存和发展的机会，表面的辉煌往往掩盖了很多问题,而这些问题都可能成为将来发展的羁绊,当珠宝市场逐步走向成熟、市场竞争日趋激烈之时,一些没有特色的小企业就必须考虑如何做专做强,而不是一味贪大。

因此,就做大做强和做专做强而言,不同的珠宝企业都应该有一个正确的选择。对于多数珠宝企业而言,只有做专才能做强,只有做强才能真正做大。只有专才能精,只有精才能强,只有强才有扩张、复制和控制的能力,企业才能在自己的经营特色上获取竞争优势,在企业的专业特色上获得巨大的发展空间。

五、企业的社会责任问题

这是一个与企业伦理有关的问题。珠宝企业作为一种组织形式存在于社会之中,一方面要通过正常的经营手段为企业创造利润,另一方面要承担相应的社会责任。也就是说,传统的目标利润最大化理论已经不能适应现代企业发展的需要,企业要在合法获取利润的同时,关注企业社会责任问题,正确处理好企业与国家,企业与社会,企业与企业,企业股东、合伙人与员工之间的利益关系,兼顾公司利益与社会责任,促进社会和谐发展。不可否认,企业的社会责任对于中国企业而言,还是一个新生事物,许多企业对此不甚了解或一知半解或不屑一顾。

珠宝企业社会责任缺失只是整个社会责任缺失的一个缩影。造成这种问题的原因,一是国家缺乏系统的与企业社会责任相关的规范。在我国,由于职业经理人市场起步较晚,相应的法规及考核制度还不健全,审计制度不严格,责任指标多为经济指标,这就必然导致经营者短期利益至上的行为严重,普遍忽视社会责任的承担。二是企业经营者的社会责任意识淡漠,思想观念错位,片面追求企业利益而忽略社会责任,缺乏承担社会责任的自觉性。三是企业承担社会责任的自律性普遍较差,企业对社会责任承担与否、承担多少,主要由企业自主决定。四是缺乏正确的承担社会责任的观念,片面追求承担社会责任给企业带来的回报。五是缺乏完善的社会监督机制,企业社会责任看起来似乎主要是企业自律问题,但是,企业既是一个经济组织,又是一个社会组织,其生产和经营活动受社会的影响和制约,反过来又影响着社会。企业靠社会资源得到发展,同时企业发展也为社会就业、提高居民收入、改善社区基础设施、促进地方经济发展做出了贡献。因此,企业是否承担社会责任,必然受到政府和各种非政府组织、公众及媒体等社会力量的影响。另外,从珠宝行业的特征来看,珠宝企业多数是以民营企业为主体的家族式企业且以小型企业为主,多数企业尚未完成资本原始积累,可以想象,在家族财富积累还未达到一定程度时,企业的社会责任也不可能受到企业领导层的重视。

随着企业社会责任意识的增强,相信在不久的将来,越来越多的企业会通过社会责任行为树立企业形象,提升美誉度,提高自身竞争力。在社会营销观念的指导下,企业通过公益活动积极履行社会责任,推动企业永续发展。作为以建立品牌为主要目标的珠宝企业,履行社会责任必将成为当仁不让的义务。

思考题

1. 简述珠宝企业管理的特征。
2. 珠宝企业有哪些类型?
3. 珠宝企业管理者应具备哪些观念?
4. 珠宝企业管理应遵循哪些原则?
5. 家族式企业有哪些优缺点?请结合珠宝企业的特点做简要的分析。
6. 简述珠宝企业社会责任观念不强的原因。

第二章 企业经营决策管理

企业的经营决策可分为战略决策、管理决策和业务决策。战略决策事关企业未来发展方向和远景规划的全局性、长远性和大政方针方面的决策，主要由企业最高管理层负责；管理决策是执行战略决策过程中的具体战术，一般由企业或组织的中级管理层负责；业务决策是在日常业务活动中为提高工作效率和生产效率，合理组织业务活动等进行的决策，一般由初级管理层负责。本章所讲的经营决策主要是珠宝企业战略决策，其他决策问题将在相关章节中探讨。

第一节 决策的一般原理

企业管理的核心问题是经营决策问题，它开始于企业兴办之初，贯穿于企业管理始终。美国著名管理大师赫伯特·西蒙(Herbert Simon)指出："管理就是决策。"他认为，管理实际上就是由一连串的决策构成，通过决策的制定、执行和反馈，最终实现管理的目标。企业管理的全过程正是为了突出和强调决策思想作为管理思想的重要组成部分的意义。可以为企业经营决策下一个定义：企业经营决策是指企业管理者为了实现企业经营发展目标，在充分掌握市场信息的基础上，对实现经营目标的路径、方法或手段进行最佳选择并付诸实施的过程。企业经营决策既可以是对企业经营活动方向的选定，也可以是对经营过程中的某些细节做出决定，还可以是对决策实施过程中的各种变化情况做出调整。经营决策选择或调整的对象，既可以是活动的方向和内容，也可以是从事某种活动中特定的方式、方法。而决策所涉及的时限既可以是未来较长一段时间，也可以仅涉及某个较短的时段。

一、决策的类型、要素与评价

1. 决策的类型

企业的决策可以根据其目的、用途、方式等进行分类。概括地说可分为以下几种。

(1) 战略性决策与战术性决策。

(2) 程序性决策与非程序性决策。

(3) 个人决策与集体决策。

(4) 经验决策与科学决策。

(5) 初始决策与追踪决策。

2. 决策的构成要素

决策活动的种类形形色色,但不论是哪种决策,都具有如下几项共同的构成要素。

(1) 决策者:可以是单独的个人,也可以是企业的某个决策机构。

(2) 决策目标:决策行动所期望达到的成果和价值。

(3) 自然状态:不以决策者主观意志为转移的情况或条件。

(4) 备选方案:可供选择的各种可行性方案。

(5) 决策后果:决策行动可能引起的变化和结果。

(6) 决策准则:选择方案所依据的原则和对待风险的态度。

决策的六个构成要素之间是相互关联的,例如,决策准则会影响决策者对决策后果的评价,而决策后果又与自然状态和备选方案之间是对应的关系。

3. 决策的有效性标准

一项决策的效果如何,是成功还是失败,必须得到及时准确的评价,以便于及时改进决策工作,使企业的经营朝着正确的方向发展。那么,评价决策有效性的标准是什么呢?通常情况下有如下几个方面。

(1) 决策的质量或合理性,即企业所做的决策有益于实现企业的经营目标。

(2) 决策的可接受性,即所做出的决策在某种程度上是下属乐于接受并付诸实施的。

(3) 决策的时效性,即做出与执行决策所需要的时间和周期长短。

(4)决策的经济性,即做出与执行决策所需要的投入在经济上是合理的。

以上四个方面必须在决策效果评价中得到综合考虑,一项高质量的决策,如果脱离了企业的实际,企业无法如期执行决策或执行决策会为企业带来经营风险,或不能为企业带来利益,决策也是无效的。

二、决策的特点

概括地说,企业的经营决策应该具有如下几个特点。

1. 目标性

企业做出任何经营决策都必须依据一定的目标。目标是企业在未来特定时间内完成经营业务所预期要达到的水平,没有目标,决策者就难以拟定未来的活动方案,评价和比较这些方案也就没有了标准,评价决策的效果更失去了依据。决策实际上决定了一个企业的经营走向,代表了企业的整体利益而非决策者个人利益,个人走向错误可以及时纠正而企业则不然,企业决策就必须更具有目的性和目标性。正因为如此,企业的决策必须是一种理性决策。

2. 可行性

企业经营决策的目的是为了指导未来的经营活动。企业的任何活动都要利用一定的资源,缺少必要的人力、物力和技术条件的支持,理论上非常完善的经营决策方案也只是空中楼阁,纸上谈兵。因此,决策方案的拟定和选择,不仅要考察采取这种行动的必要性,更要注意实施这种决策的条件限制。一个企业的经营决策应该在综合研究外部环境并结合企业内部环境的基础上制定。

3. 选择性

决策的实质是选择,没有选择就没有决策。而要能有所选择,就必须提供可以相互替代的多种备选方案。事实上,为了实现相同的目标,企业可以从事多种不同的经营活动,这些经营活动在资源需求、可能结果和风险程度等方面可能各有不同。因此,企业在进行经营决策时,不仅要有选择的可能,更主要的,还要有选择的依据。

4. 满意性

企业的经营决策方案通常遵循满意化原则而不是最优化原则。最优化原则往往只是理论上的幻想,因为它有以下几点要求。

(1)决策者了解与经营活动有关的全部信息。

(2)决策者能正确地辨别全部信息的有用性,了解其价值,并能据此制订没有任何疏漏的行动方案。

(3)决策者能准确地预测到每个方案在未来的执行结果。

(4)决策者对企业经营在某一时间内所要达到的目的具有一致而明确的认识。

然而,在现实中,以上这些条件是难以具备的,主要原因在于以下几点。

(1)信息有限。

(2)决策者利用信息的能力有限。

(3)市场的动态性。

(4)即使达到了企业经营决策的预期,也只能是满意的而不是最优的。

5.过程性

决策是一个过程而不是瞬间的行动,是一系列决策而不是个别决策。俗话说"兵贵神速",但不能为了神速而影响决策的完整性。

6.动态性

决策的动态性首先是同其过程性相联系。决策不仅是一个过程,而且是一个不断循环的过程。作为过程,决策是动态的,没有真正的起点,也没有真正的终点。其次是决策的目的之一是使企业的经营活动适应外部环境的变化。外部环境会不断变化,决策者也必须跟踪和研究这些变化,从中找到企业可以利用的机会,并在必要时及时调整决策,更好地实现企业与环境的动态平衡。

三、企业经营决策的程序

企业经营过程总是伴随着决策,决策虽然没有一定的起点和终点,但必定有一个程序。通常情况下,决策过程按如下程序进行。

1.发现问题

经营决策是为解决企业经营管理中的问题而制定的,如市场环境的变化必须使企业调整经营目标和经营方向、解决经营过程中出现的问题等。企业经营中如果没有发现什么问题,就没有必要制定新的决策来调整企业的经营活动。问题有可能来自变化的环境,也可能来自企业内部经营过程。变化的环境可能是机会,也可能是威胁,要求企业管理者及时判断,果断决策,抓住机会或化解威胁;经营过程中出现的问题则要求决策者研究企业内部经营管理的现状,及时发现存在的问题并对问题进行决策。

2. 确定目标

决策的目标是为了适应变化的环境或使企业经营高效、有序地运作。发现问题以后,企业管理者就要对问题进行客观分析,了解问题的实质,思考该问题对企业经营的影响,进一步思考如何解决问题,及时调整企业原来的目标,确定新的目标。

3. 拟定方案

拟定方案即企业为了实现新的目标而设定的具体运作方式。通过对企业内部、外部环境的分析,结合变化的环境或具体问题,拟定若干个可能使问题得到解决的具体方案,作为供决策者参考的备选方案。

4. 比较和选择方案

在若干个备选方案中,选择一个与企业和环境的适应性最好的方案。

在实际决策工作中,方案的拟定、比较和选择常常是交织在一起的。因为一个好的方案的拟定不一定是一次性完成的,而是在同其他方案的比较中确定的,这个过程正好说明了决策步骤的不可分割性。

决策者进行方案选择时,首先要了解各种方案的优缺点,为此,需要对各种方案进行评价和比较,最后做出选择。评价和比较的主要内容有:①方案实施所需的条件是否已经具备,建立和利用这些条件需要企业付出何种成本;②方案实施能给企业带来何种长期和短期的利益;③方案实施过程中可能遇到的风险及决策实施失败的可能性。选择方案时,要求决策者能够统筹兼顾,注重反对意见,还要有决断的魄力。

5. 执行方案

决策一旦形成,首先要让全体员工理解新的决策的重要性与必要性,认识新的决策对企业经营的影响,在全体员工中达成统一的共识,使员工明确新的经营方向和目标,坚定不移地执行新方案。

6. 检查处理——监控与调整

尽管企业的决策是在对变化的环境进行全面分析的基础上制定的,同时也是决策者在若干个备选方案中选出的最佳方案,但在执行过程中仍可能有偏差,需要管理者对决策的执行进行全面的监控,找出决策中出现的不足之处,并及时对决策进行调整。

四、决策者与决策机构

俗话说:"谋事在人,成事在天。"不论是战略决策还是战术决策,正确的战略决策会指导企业沿着正确的方向事半功倍地取得企业经营的成功,相反,错误的决策会将企业引入曲折之路。所以,决策是企业经营取得成功的基础,决策者或决策机构是企业命运的掌握者。尽管决策过程中有很多未知因素,但成功的决策会引导企业走向成功。

成功的企业决策应该是集体的智慧,是由一个决策团队完成的。一般来说,战略决策是由企业管理高层主导、中层参与的决策团队来决定,而战术决策是由中层主导、基层参与的决策团队完成。

五、珠宝企业战略决策的意义

珠宝企业要在市场竞争中健康有序地发展,必须凝聚企业力量,整合企业资源,形成合力,获得持久的竞争优势,必须让全体员工清晰地了解企业的经营方向和经营目标,明白各自的职责和工作目标,在企业内部形成一股合力,向着规划的目标共同奋斗。所以,战略决策对于珠宝企业有如下几点重要意义。

(1)可以使企业员工有明确的奋斗方向和奋斗目标。由于珠宝企业在战略规划中确定了未来一定时期内的战略目标,可以使企业的各级人员都能够知晓企业的共同目标,进而可以增强企业的凝聚力和向心力。

(2)可以使企业经营者明确企业的市场地位。珠宝企业的战略决策是基于企业内部、外部环境,在充分考虑行业的机遇与威胁和企业的优势与劣势的基础上制定的,这种分析会使企业的每个员工都明白企业在行业、在市场上的竞争地位,从而会使企业量力而行,制定企业的竞争战略,避免市场竞争的盲目性。

(3)可以使企业最大限度地利用好企业资源。由于珠宝企业明确了未来各个阶段在业务范围内的经营重点和资源需求,从而使企业的资源整合更具有目的性和原则性,可以更好地优化企业资源,有利于实现资源利用最大化。

(4)可以使企业有明确的经营目标。由于企业员工明确了未来一定时期内的经营目标，各职能部门、各业务团队都能够清楚地了解自己该做什么，进而可以激励他们积极主动地完成目标。

(5)可以使珠宝企业有序地参与市场竞争。珠宝企业战略是在客观分析企业在行业中的地位、充分认识自身的综合实力的基础上制定的。当企业对利益相关者、竞争者和自身的优势、劣势、机遇、威胁有足够的认识，对企业参与市场竞争的目的、方式和策略导向非常清楚时，企业可以从容地应对机遇和市场变化，以正确的方式参与市场竞争，提高风险控制能力和市场应变能力，提升企业的持久竞争力。

第二节　珠宝企业战略决策的内容

企业战略是指企业经营者从企业整体和长远的利益出发，就企业的经营目标、企业资源与环境的适应性等问题进行的一种谋划，是基于企业长远发展的一种思考。从不同角度研究企业战略问题，对战略的定义是不同的。战略可以是企业解决问题的一种计划、一种谋略、一种模式、一种定位或一种观念，但企业制定战略的出发点是建立一个解决企业生存和发展问题的思维体系。从这个意义上来讲，企业战略是解决企业发展目标和发展方向，根据企业外部环境和内部经营要素设定企业经营目标，保证目标的正确落实并使企业使命最终得以实现的一个动态过程。

珠宝企业是以家族式企业为主体的中小型企业，中小型企业要不要长远的经营战略？答案是毋庸置疑的。企业无论大小，都应该解决经营目标和经营方向问题，否则，企业经营就是盲目的。如果把企业的经营活动比作一次登山活动，那么，企业的战略目标就是要登上顶峰，企业决策就是要告诉登山团队明确的目的地、正确的方向以及适合团队的登山路径。企业不在大小，但如果失去了目标和方向，企业就像是大海中迷失方向的一条船，在市场这个茫茫大海中随风飘摇而不知方向和目的地。在激烈的市场竞争中，中小型企业如果不能立足于企业的现状提炼竞争优势，沿着既定目标不断壮大自己，就会盲目地参与市场竞争，逐步失去竞争优势而被市场淘汰。只有立足于企业目前的状况（即企业的综合实力和企业掌控的资源）选择企业的经营方向，朝着一个明确的目标分步骤、分阶段逐步迈进，才能实现企业经营的成功之梦。

珠宝企业的战略决策是在客观分析行业的演变态势和企业综合实力的基础上，确定企业的经营方向和目标。这是一个对珠宝行业、珠宝市场和珠宝企业自身进行综合分析评价的过程，通过分析发现市场机遇，并根据企业的综合实力，确认企业应该占领哪些市场机遇，继而确定企业的经营方向和目标，最终清晰地规划企业的未来。

宏观的企业战略是为了解决企业的核心竞争力问题，要从战略的高度系统规划企业愿景、经营方向和目标、团队建设和企业文化建设，思考如何形成企业的核心竞争力。微观的企业战略在规划确立企业的经营方向和目标的基础上，思考如何形成企业的竞争优势，即确定企业的竞争战略，并决定企业的阶段性行动方案。所以，这里所讲的珠宝企业的战略应该包括三个方面的内容：规划经营方向和目标、确立企业的竞争优势以及制订具体的行动方案。

一、规划企业的经营方向和目标

人们在行动之前都要对未来做系统化的规划和安排，企业的经营活动也不例外。企业的经营方向和经营目标是对企业的未来做出清晰的规划，是企业的行动指南，它决定了企业站在什么高度、以什么态势、带着什么样的目标和使命进入珠宝行业。其具体内容包括以下几个方面。

1. 企业宗旨

任何企业都有其特定的宗旨，这是社会对企业的基本要求，对于旨在为社会提供有经济价值的产品和服务而开展经营活动的珠宝企业来说，企业宗旨不仅陈述了企业未来的任务，而且阐明了为什么要完成这个任务以及完成任务的行为规范是什么。它要回答两个基本问题：企业是干什么的和按什么原则干的？企业应该树立什么样的社会形象以区别于同类企业？因此，企业宗旨的陈述应该包括以下基本内容。

（1）企业的经营理念。这一内容为企业经营规定了价值观、信念和指导原则。比如说，企业在经营过程中是应该"唯利是图、利润至上"，还是应该"以德取利"兼顾社会责任，即应以什么样的原则处理"利"与"义"的关系。企业经营的指导原则，一方面取决于企业创办者的意图，另一方面也与整个社会的商业伦理有关。不同的经营理念对应不同的经营战略，企业只有在正确的经营理念指导下才能制定出使企业长盛不衰的经营战略。

(2)企业的事业领域。即企业在经营理念指导下应从事的经营活动的范围。如企业在珠宝产业链的哪些个环节从事经营,经营业务范围有多大等。企业事业领域的确定取决于行业的机遇和企业掌握的资源。一般而言,企业成立之初,应当有所为、有所不为,企业会在珠宝产业链的某一个环节上集中优势资源,形成企业的核心业务,而当内部、外部环境发生变化时,企业会抓住各种机遇改变或拓宽事业领域。事业领域的拓展又是为实现企业远景目标而规划的战略步骤。

2. 企业的远景目标

远景目标是企业的经营方向和企业经营要实现或达到的目的,是对企业未来的清晰描述,是企业全体员工共同奋斗要到达的终点。所以,远景目标的确立就是要告诉员工,企业未来是什么样子,要实现一个什么样的目标,它是全体员工共同努力的方向和希望实现的目标。为了更好地理解这一问题,来考察一下"金至尊"的远景目标。

案例:以建造金厕所而闻名的金至尊是香港恒丰金业科技集团1979年创立的珠宝品牌,2001年以来荣获"香港名牌""香港十大品牌""香港卓越品牌"等多项荣誉,是香港珠宝行业的后起之秀。凭借金厕所建立的名气在香港的经营取得巨大成功后,金至尊于2003年引入连锁经营的商业模式,以创新的产品强势进入中国内地市场,以直销和加盟两种方式在国内各大城市拓展连锁店,持续不断的科技创新让金至尊如虎添翼。"每一件产品都有一个故事"是他们的设计理念,努力将时尚的设计转变为至尊精品。金至尊的发展目标是要将专卖店开到世界各主要城市去。这一明确的远景目标激励着一代又一代的金至尊人努力地为实现这一目标而奋斗。

所以,企业宗旨为企业规定了价值观、信念和经营指导原则,而远景目标为企业指明了奋斗目标,两者共同构成了行动指南。

二、确立企业的竞争优势

企业的竞争优势是指企业在经营规模、劳动效率、品牌、产品质量、信誉、新产品开发、营销组合以及团队建设等方面所具有的各种优于竞争对手的有利条件。企业的竞争优势来自于企业的综合实力和掌握的资源,是这些有利条件构成的有机整体,是企业核心竞争力形成的基础和前提条件。

参与市场竞争的综合能力是由企业拥有的竞争优势所决定的。20世纪90年代中叶,美国信息技术战略学家鲍尔(Bernard H. Boar)将企业的竞争优势归纳为五种类型:成本优势、特色优势、聚焦优势、速度优势和机动优势。珠宝企业进入市场,参与市场竞争,必定要掌握以上一种或几种优势,不同的竞争优势直接影响珠宝企业的竞争战略。

1. 成本优势

成本优势要求企业具有强大的资金实力和整合产业链中各种资源的能力。企业经营成本包括企业采购成本、库存成本和销售成本,企业通过加强与供应商的合作,降低采购的风险或原材料的成本,减少交易费用;通过对市场预测和维持好与供应商、经销商的关系,在保证供应链畅通的基础上减少原材料或产品积压量,降低库存成本;通过强化销售渠道管理,选择最有力的渠道模式并通过对渠道的控制降低销售成本;通过强化企业内部管理,提高管理水平,降低运营成本。成本优势可以使企业更好地掌控市场,更廉价地向消费者提供产品或服务,扩大企业的利润空间,在市场竞争中游刃有余,这种战略选择为成本领先战略或低成本战略。珠宝企业在产业链的任何一个环节能够取得成本优势,即可选择这种战略。

在激烈的市场竞争条件下,每个企业都在寻求经营成本最低化,但作为竞争优势,不单是降低成本,而是通过企业的综合实力和掌控的资源取得成本优势(即核心竞争优势)。彩色宝石品牌——ENZO以强大的经济实力和与矿山的良好合作,控制着巴西彩色宝石原料的开采与供应,进而将此发展成为其他企业无法取代的核心竞争优势,只有掌握核心竞争优势的企业才能实施成本领先战略。

2. 特色优势

特色优势要求企业有很强的基础研究能力,强大的产品创新和营销能力,拥有产品质量或技术领先的企业声誉,悠久的传统或独特的业务组合方式;并且要求企业的产品研究、开发和市场营销部门之间有密切协作;同时重视创新精神,拥有轻松愉快的工作环境和企业文化,这种战略选择为特色优势战略。

具有强大的产品创新能力的企业,能够向消费者提供比竞争对手更好的产品,以持续不断的产品创新保持企业的活力,紧紧抓住消费者的利益诉求,以价值塑造作为产品创新的基础和出发点,最大限度地满足消费者的需求,这种优势能够使企业创造出比竞争对手更吸引消费者的产品或服务。如果企业具有强大的产品创新能力,便可以以产品创新为特色,实施创新战略,用新创的产品引领时尚,为消费者提供最好的产品体验。

案例:谢瑞麟是在香港以打金起家的珠宝企业技术领袖。在资金实力上,谢瑞麟显然不能跟周大福、周生生等品牌相提并论,但谢瑞麟也有自己的优势,如商业信用形成的口碑、精细的打金工艺形成的特色等。在香港激烈的市场竞争中,谢瑞麟便是以精细的工艺,以18K金及镶嵌饰品为特色产品建立了"谢瑞麟珠宝"品牌,并坚持创新产品开发引领时尚,满足不断变化的市场需求。

珠宝企业的产品创新可以是技术的创新、工艺的创新、设计的创新、商业模式的创新、渠道的创新、消费理念的创新等。但在信息时代,企业创新面临的一个问题是任何创新都可能招致竞争对手的模仿,同时,产品创新需要投入研发成本,一旦产品研发失败,将会给企业带来很大的损失,这就要求企业必须具有抗风险能力。

以产品创新为特色的企业如果掌握核心技术,就不会畏惧竞争对手的模仿。同时,企业领导者应该明白成为"第一"的重要性,只有成为"第一"的企业才是市场领导者,才能抓住消费者求新求异的心理获取撇脂利润,作为后继模仿者是不可能通过模仿获取撇脂利润的。企业领导者在实施产品创新战略时,要紧紧抓住市场流行趋势,密切关注消费者的需求,做到手上抓住一个、眼里盯着一个、心里想着一个,以持续不断的产品创新保持企业的活力。

3. 聚焦优势

当企业的综合实力接近或逊色于市场领导者,不足以挑战市场领导者或不足以在行业更广的范围内展开市场竞争时,企业需要以更明确的目标、更高的效率、更好的效果为某一狭窄的顾客对象服务,做到能在该范围内超过竞争对手。它要求企业具有自我约束的能力,使企业经营局限在一个特定的目标顾客群体内,努力为这个群体提供比竞争对手更好、更精细的服务,这种战略选择为目标聚集战略。

企业通过市场细分,将一个整体市场分割成需求相同或相近的若干个细分市场,依次评价每一个细分市场的特征和企业的核心利益,找出与企业产品所代表的核心利益相一致的细分市场,即企业的目标市场。企业将经营重点限定在一个或少数几个特定的目标群体中,精确掌握他们的利益诉求,为他们提供比竞争对手更好的产品或服务,这种优势能够使企业专心服务于一个或几个特定的目标市场,更好地满足这些特定顾客群体的需求。

4. 速度优势

这是综合实力更弱的企业的竞争战略,如果正面参与市场竞争可能不堪一击,不如"笨鸟先飞",发挥速度优势,永远想在市场的前面,走在市场的前面,迎合并依靠市场潮流。从某种意义上说,这也是一种特色优势战略。

在经营实践中,这类企业要重视市场调研,及时掌握市场风向和消费者的真实需求,准确预测市场流行趋势,紧紧抓住市场潮流,提高快速反应能力,及时转入能够满足市场需求产品的生产经营活动中,在尽可能短的时间内将符合要求的产品推入市场,将速度优势充分发挥出来。这种优势不仅要求企业重视市场研究和市场走向的准确预测,还要提供比竞争对手更好的产品和更及时的配套服务,从而满足顾客的需求。

5. 机动优势

这同样是一种适合综合实力较弱的企业的竞争战略。在市场竞争中,这类企业要结合自身优势,选择一个更小的细分市场作为目标市场,努力为这个目标市场提供更好的产品和更优质的服务,力争在这个目标市场的竞争中胜过竞争对手,取得比竞争对手更好的收益,在这个细分市场上确立自己的优势。这种竞争战略同样是以聚集优势为基础的目标聚集战略,只不过企业的综合实力更弱、目标市场更小罢了。但企业经营一旦取得成功,会迅速招致综合实力相当或更强大的竞争对手的模仿,会使企业迅速失去竞争优势,促使企业不得不发挥自己"船小好调头"的机动优势,即密切关注市场的变化并结合企业的实际,迅速地从一个细分市场切换到另一个细分市场。

对综合实力较弱的小企业来说,发挥机动优势是一种好的竞争战略,它可以回避强势竞争,更好地适应市场的变化,让企业比竞争对手更快地适应需求的变化。但不停地变换目标市场的游击战术不利于企业的客户积累,更不利于形成企业自身的经营特色。如果企业长期关注一个细分市场,紧紧抓住客户的需求变化,及时为客户提供相应的、能满足客户需求的产品和服务,同时让客户看到企业的成长,让客户建立对企业的信心,对企业的长期发展是有好处的。

珠宝企业管理 ZHUBAO QIYE GUANLI

三、制定具体的企业行动方案

珠宝企业经营战略规划了企业的经营方向和经营目标,竞争战略的选择确定了企业进入珠宝市场的态势,为了实现企业的经营战略,还要有具体的行动方案和行动步骤。珠宝企业经营战略为企业经营指明了方向,是企业未来5~10年甚至更长时间内要实现的经营目标,而具体的行动方案要进一步明确为了实现这个目标企业要分几步走,每一步要实现什么样的小目标。所以,具体的行动方案是对企业战略目标更精确甚至量化的描述,是远景目标下一级的执行措施,是实现企业战略目标中每一个步骤要达到和为了达到的具体实施方案。

企业的综合实力和企业掌控的资源是制定企业经营战略的基础,也是制定具体行动方案的基础。在评估企业的综合实力和资源的基础上,企业要思考在珠宝行业内能做什么?在珠宝产业链的哪些个环节从事经营活动更适合企业的发展、更能发挥企业的优势?企业发展初期的目标是什么?在未来几年能将企业做成什么样子?这些都是制定具体行动方案首先要思考的问题。一般来说,初期目标一定是企业通过努力可实现的目标,如果目标定得太低,轻而易举地便可实现,就不可能使全体员工付出全部的努力;相反,如果目标定得太高,让员工觉得可望不可及,就不能调动全体员工的积极性。

制定具体的行动方案要以前瞻性眼光分析行业发展态势。企业能否在行业中脱颖而出,除了企业自身的综合实力和正确的经营决策外,还与行业的发展态势分不开,而行业的发展态势又与宏观环境因素分不开,如经济的增长、消费者消费观念的改变等都会影响行业的发展,进而影响企业战略目标的实现。但是,环境是动态的,这就要求企业的阶段性目标具有弹性调整的特点,在实施过程中要根据环境的变化不断调整经营决策和执行方案,从而实现既定的阶段性目标。

实现企业阶段性目标还要与成功的商业模式相配合,商业模式的选择是实现企业阶段性目标甚至是实现战略目标的一个重要影响因素。

案例:香港珠宝品牌周大福和周生生都是在20世纪90年代后期进入内地珠宝市场的,但商业模式选择的不同使它们在内地珠宝市场上的地位有很大的差别。在拓展内地珠宝市场过程中,周大福的阶段性目标非常清楚,利用香港品牌在中国内地市场上的影响力,首先于1998年在北京开设第一家珠宝专柜,利用首都的政治、经济、文化中心的地位传播品牌;接着,以直营连锁和加盟连锁的方式迅速实施品牌扩张,完成在内地珠宝市场一线城市和经济较发达城市的市场布局;在取得稳定的市场占有率和市场知名度后,2005年,周大福迅速回购加盟店,将加盟店转换为直营连锁店,仅在经济相对不发达的二、三线城市推行加盟连锁。截至2011年,周大福在内地市场的连锁店已经超过1500家,成为内地珠宝市场上的领导者。而综合实力与周大福不相上下的周生生,在拓展内地市场的过程中选择了自北向南稳步推进的直营连锁商业模式,市场覆盖速度自然远远慢于周大福,截至2010年,周生生在内地市场上的连锁店只有360余家。2011年,周生生改变市场扩张方式,固然提高了市场扩张速度,但市场扩张的最佳时机已经错过了,昔日两个综合实力相当的香港珠宝品牌,如今在内地市场上,无论是市场知名度、信誉度,还是市场占有率都不可同日而语了。

所以,制定企业的具体行动方案首先要评估企业的综合实力和企业掌控的资源,再结合行业发展态势,配合适当的商业模式,制定切实可行的战略实施步骤,每一个步骤都要具有现实性和可操作性,只有制定切实可行的具体行动方案,踏踏实实地完成阶段性目标,才能确保企业经营战略取得成功。

第三节 珠宝企业战略决策的方法和步骤

企业决策的方法有很多,决策的目的不同,决策的方法不同。这里,仅以SWOT分析法为例探讨珠宝企业战略决策的方法。

SWOT分析法又称为态势分析法,它是由旧金山大学的管理学教授于20世纪80年代初提出来的,在战略分析中是最常用的方法之一。它是从市场竞争态势和企业所处的市场地位的角度出发,研究企业如何进行战略决策的方法。SWOT四个英文字母分别代表:优势(Strength)、劣势(Weakness)、机会(Opportunity)和威胁(Threat)。从整体上看,SWOT可以分为两部分:第一部分为企业的优势和劣势,主要用来分析企业的内部条件;第二部分为企业的机会与威胁,主要用来分析企业外部条件。利用这种方法可以从中找出对企业有利的、值得发扬的因素,以及对企业不利的、要避开的因素,并发现存在的问题,找出解决办法,明确以后的发展方向。依照矩阵形式排列,然后用系统分析的思想,把各种因素相互匹配起来加以分析,从中得出一系列相应的结论,而结论通常带有一定的决策性,有利于管理者做出正确的决策。

成功的 SWOT 分析的前提是正确识别出企业的优势、劣势、机会与威胁因素。企业的生存环境主要由行业背景与主要竞争对手构成,即在本行业中要想获得良好的效益、声望和市场表现,必须具备几项关键的技能与资源,是否拥有这些技能和资源即构成了企业的优、劣势。同时,行业背景还揭示机会与威胁,即当前和未来一段时间内,行业环境中存在的或可能出现的将对企业和竞争对手都产生重大影响的外界因素。企业在市场竞争中处于主动或被动地位,取决于企业把握机会的能力和企业的核心竞争力。

从企业生存环境出发进行 SWOT 分析,进而制定珠宝企业战略,其主要步骤如下。

1. 分析环境因素

珠宝企业在制定战略决策之前,要运用各种调查研究方法获取各种环境信息资料,分析出企业所处的各种环境因素,即内部环境因素和外部环境因素。内部环境因素包括优势因素和劣势因素,它们是企业在其发展中自身存在的积极和消极因素,属主动因素;外部环境因素包括机会因素和威胁因素,它们是外部环境对企业的发展有直接影响的有利和不利因素,属于客观因素。在调查分析这些因素时,不仅要考虑到历史与现状,而且还要考虑未来发展问题。

(1)优势和劣势。是企业的内部因素,优势因素包括有利的竞争态势、充足的资金来源、良好的企业形象、雄厚的技术力量、庞大的规模经济、优质的产品质量、领先的市场份额、较低的成本优势、丰富的营销经验、上乘的客户服务等;劣势因素包括设备老化、管理混乱、缺少关键技术、研究开发落后、资金短缺、经营不善、产品积压、竞争力差等。

(2)机会与威胁。是企业的外部因素,机会因素包括经济增长、新产品、新市场、新需求、外国市场壁垒解除、竞争对手的退出或失误等,威胁因素包括新的竞争对手的进入、替代产品增多、市场紧缩、行业政策变化、经济衰退、客户偏好改变、突发事件等。

对企业内、外部环境的分析是企业决策的准备工作,不同的珠宝企业面临着不同的市场环境。SWOT 方法的优点在于对企业所面临的经营环境全面分析,是一种系统思维,而且是把企业面临的问题和问题的解决方案紧密结合在一起,条理清楚,一目了然。

2. 构造SWOT矩阵

企业通过对外部环境的调查和企业内部环境的分析,客观确认企业的机会和威胁、优势和劣势,将各种因素按照轻重缓急或影响程度等方式排序,构造出SWOT矩阵。在此过程中,将那些对企业发展有直接的、重要的、大量的、迫切的、久远的影响因素优先排列出来,而将那些间接的、次要的、少许的、不急的、短暂的影响因素排列在后面(图2-1)。

构造SWOT矩阵的目的是要将影响企业战略的各项因素有序地排列在一起,让决策者一目了然地看到企业在行业中或某个区域市场上的竞争地位。

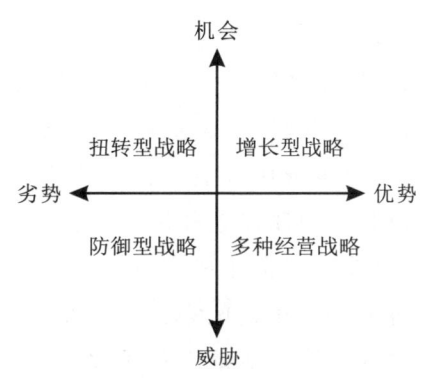

图2-1 SWOT矩阵

3. 制订行动计划

在完成环境因素分析和SWOT矩阵的构造后,企业便对自身在行业中的竞争地位有一个综合的判断,对企业在珠宝行业中能做什么、市场环境允许做什么有一个清晰的认识,在此基础上制订企业的行动计划即战略决策。制订行动计划的基本思路是:发挥优势、回避劣势、利用机会、化解威胁。

(1)增长型战略。企业面临的市场态势是指行业中有经营业务发展的机会,企业又具备抓住这个机会的能力(优势),此时企业应该顺应行业的发展,在确定当前经营业务和竞争优势的基础上,制订未来的具体行动计划,实现经营业务的快速扩张,不断扩大企业规模,增强企业实力,提高市场影响力。

企业增长在战略上可分为多样化扩张和一体化扩张。多样化扩张可能是产品多样化或经营业务多样化,暂不讨论这个问题。珠宝企业的战略扩张多为一体化扩张,一体化扩张又可分为横向一体化扩张和纵向一体化扩张。周大福是香港知名品牌,它成功利用内地珠宝市场高速发展的机会,发挥其品牌形象好、综合实力强的优势,采用横向一体化扩张战略,制订具体的阶段性战略目标,迅速拓展内地珠宝市场,成为内地珠宝市场上最有影响力的珠宝品牌之一;周大生最初是一个从事钻石批发的专业公司,当中国珠宝迅猛发展时,周大生成功引入连锁经营的商业模式,采用纵向一体化扩张战略,借力(加盟连锁)拓展珠宝终端市场,成为中国内地最有影响力的珠宝品牌之一。

所以,当珠宝行业出现市场机会,企业又有抓住这个机会的能力时,应该果断地实施增长型战略,制订企业的战略规划和阶段性行动步骤,并在经营中根据市场的变化不断调整经营战略,最终取得企业经营的成功。但是,在采用增长型战略获得初步成功后,很可能导致盲目的发展而破坏企业的资源平衡。过快的发展会降低企业的综合素质,使企业的应变能力虽然表面上表现不错,而实质上却出现内部危机和混乱。增长型战略还可能使企业管理者更多地关注投资结构、收益率、市场占有率、企业的组织结构等问题,而忽视产品的服务或质量,这是珠宝企业在实施增长型战略应该注意的问题。

(2)扭转型战略。企业面临的市场态势是指行业中有经营业务发展的机会,但企业本身在资金、技术、管理和营销等方面都没有优势,甚至处于劣势,最终没有能力抓住这种机会,企业应该考虑采用扭转型战略,即要么退出珠宝行业,要么改变企业在市场竞争中所处的各种劣势,争取企业经营的主动权,力争将劣势转化为优势。

这种企业一般缺乏核心竞争能力,它们要么资金实力小,要么创新能力差,或者企业管理混乱,在市场竞争中随时都有被淘汰的危险,与其被动经营,不如趁早转型。如我国珠宝市场复兴初期诞生的国有珠宝企业,由于其经营思维和管理模式不适合行业发展的特点,多数企业在市场竞争中被无情地淘汰了,而粤地珠宝、浙地珠宝等少数企业由于及时调整经营管理模式,以规模经营、特色经营形成企业的核心竞争力,使企业经营变被动为主动,成为在当地珠宝市场具有影响力的区域品牌。从2003年起,我国多数珠宝企业引入连锁经营商业模式,以加盟连锁经营的形式拓展终端市场,试图成为全国连锁的珠宝品牌。然而,一些珠宝品牌综合实力有限,核心竞争能力缺失,在市场竞争中处于弱势地位。珠宝行业的迅速成长、市场需求的增加和成功的商业模式的引入固然对珠宝企业来说是个机会,但当企业的资金实力、品牌影响力、企业内部管理能力和市场运营能力不足以支持企业在全国市场运营时,这些企业必须实施扭转型战略:要么通过融资增强资金实力,强化企业内部管理,提高品牌运营能力,企业品牌的核心竞争力,努力将企业品牌运作成一个全国知名品牌;要么实行战略收缩,在某个区域市场上形成优势,做一个在区域市场上有影响力的地方品牌。

(3) 防御型战略。企业面临的市场态势是指企业本身在资金、技术、管理和营销方面都没有优势或优势正在缺失,企业从事的产业(品)即将成为了夕阳产业(品),市场需求逐步萎缩时,这种企业应该采用防御型战略。企业所经营的产品虽然市场逐步萎缩,但还不至于立刻消失。这给了企业一个逐步缩小规模、压缩成本和研发新产品的机会。

这种企业一般从事专业化生产和经营,它们凭借着专业的优势在珠宝行业的某个领域取得经营成功。然而,市场是动态的,消费者对珠宝的喜好、消费倾向在不断变化,如20世纪90年代以前,中国珠宝市场以黄金消费为主;90年代以后逐步转化为"白色消费",以铂金、钻石消费为主,以前生产经营黄金的企业就要实施防御型战略,逐步实现产品的转型;2000年以后,玉石消费逐步升温,钻石消费成为中国婚庆市场的主体;2008年金融海啸发生后,消费者发现还是黄金具有储备价值,于是,"白色消费"剧烈退温……市场风向的不断变化,促使那些生产和经营市场份额正在逐步萎缩的企业密切关注市场的变化,及时实施防御型战略,使企业经营在市场竞争中变被动为主动。

(4) 多种经营战略。也称多样化战略。企业面临的市场态势是企业本身仍然具备明显的技术、管理、营销等方面的优势,在行业中具有明显的竞争力。但是,行业的市场发展空间是有限的,企业想在自己的经营业务上取得进一步发展已经受到限制,这样的企业应当采用多种经营战略,向珠宝产业链的其他环节发展,或向相关产业、其他行业发展。

这种企业一般是该行业领域的翘楚,在珠宝行业中占有绝对多的市场份额,如在珠宝终端市场从事连锁经营的企业经过市场扩张,连锁店已经鳞次栉比,品牌影响力已经最大限度地吸引了对此品牌有偏好的消费者,企业如果想继续扩大规模,几乎没有空间,如果继续拓展终端店面,开店的边际效益会明显降低,投资和收益不成比例。这类企业在制定经营战略时就要考虑多样化经营问题,要么采用后向一体化战略向珠宝产业链的批发环节或制造环节发展,要么根据企业的管理能力向珠宝产业的相关行业或其他行业发展,以谋求更大的发展空间。

我国珠宝行业还有很大的发展空间,没有哪个珠宝品牌能够在珠宝市场上取得绝对多的市场份额。多数珠宝企业的品牌经营理念还不够成熟,因此,只要企业具有良好的品牌运营经验和运营能力,都会有比较大的成长空间。所以,企业应该发挥自身的竞争优势,占领尽可能多的市场份额,只有当企业在自己的事业领域里取得绝对多的市场份额时才可以考虑多样化经营问题。不同性质的珠宝企业在实施多种经营战略时,应以降低经营成本、提高资金利用率和收益率为目的,在珠宝产业链上实施横向一体化战略或纵向一体化战略,尽可能地分享珠宝行业的发展给企业带来的机会,而不是盲目地实施多种经营战略。同时也要认识到,多种经营战略也是一种风险很大的战略。珠宝企业大多是中小型企业,多样化经营的重点应该首先考虑拓展企业的核心业务,发挥企业的竞争优势,实现核心业务的稳定增长,只有当核心业务没有上升的空间时,才能考虑在产品上、经营性质上实行多样化经营的问题。

第四节 珠宝企业战略决策的原则

SWOT矩阵提供了一种方法,这种方法能够帮助企业找到战略规划的切入点。通过SWOT矩阵分析,珠宝企业很容易确定基本战略方向,但战略毕竟不是一种简单的想法,而是企业未来要实现的具体目标,需要决策者在对宏观环境、市场环境综合分析的基础上,结合企业掌控的各种资源和企业综合实力,深入分析和研究并制定出的战略决策才是符合企业的实际。所以,珠宝企业的战略决策应遵循如下几个原则。

一、战略决策必须重视市场研究和认识行业的特点

战略决策并不是做未来的决策,而是为未来发展而做的决策,正确的决策要客观认识社会环境和行业的特点,这是珠宝企业决策的基础和前提。珠宝企业处于社会这个大环境中,社会环境为企业提供了生存和发展的机会,也可能对企业的生存和发展造成威胁。企业首先要适应各种社会环境,如国家政治环境、法律环境、经济环境、科技文化环境等,在社会环境允许的范围内寻找企业生存发展的机会,并化解对企业产生的威胁。决策者要重视市场研究,只有通过市场研究确认"社会环境允许我们做什么、不能做什么",才能正确地捕捉机会或化解威胁。对宏观社会环境的适应和对行业特点的分析是企业寻找市场机会的有效途径。珠宝市场是一个动态的市场,市场的变革、技术的更新、消费理念的变化,随时会裂变出市场机会或对企业产生威胁。哪些是实时的机会或威胁?哪些是潜在的机会或威胁?哪些是渐进的机会或威胁?哪些是突发的机会或威胁?都需要决策者通过市场研究做出正确的判断。

珠宝企业的战略决策是将现在的资源投入到不确定的未来之中,为了减少这种不确定性,必须对珠宝行业的特点有清醒的认识,对行业的过去、现在和未来的发展有一个正确的判断,顺应行业发展的方向,预测未来的发展趋势,思考和确定企业未来的发展方向和发展目标,在此基础上做出的决策才是对企业有效的决策。在我国珠宝市场复兴的初期,市场需求巨大,消费者缺乏固定的消费倾向,行业充满机会,这时的决策靠胆量,即决策者只要有进入珠宝行业的胆量,只要密切贴近市场需求来经营相关产品,企业就可以获得发展的商机。进入21世纪以后,消费者逐步有了自己的消费倾向,品牌消费观念开始突显,这时企业决策靠胆量就不行了,更多的是要靠综合实力和经营智慧,此时如何创造一个经久不衰的品牌、如何提高市场占有率和品牌知名度是企业决策者需要思考的主要问题。品牌建设是珠宝企业管理中一个永恒的主题,未来的珠宝市场发展离不开品牌建设,但未来的珠宝市场发展趋势是多元化的,寻找适当的品牌定位、服务于一个特定的目标市场可能是企业决策的一个主要内容。只有把握珠宝市场发展的方向,找准适合企业的发展机会,才能制定适合企业发展的战略决策。

战略决策还必须客观看待机遇与威胁,不同的企业综合实力不同,掌握的资源不同,经营性质不同,对机遇和威胁的判断也不同。从2003年开始,中国珠宝行业的市场扩张对综合实力强的企业来说是市场机会,因为它们通过市场扩张会取得更大的品牌知名度和市场占有率;而对小型珠宝企业来说便是威胁,因为大型珠宝企业的市场扩张势必抢占它们现有的市场份额,压缩他们的生存空间;2008年的金融危机对珠宝行业造成巨大的冲击,对多数珠宝企业来说是威胁,但危中有机,一些致力于做大做强的企业趁着市场不景气、多数企业不敢贸然扩张的机会,加大了市场扩张的力度,而对这些企业来说,金融危机反倒成为它们的机会。

二、战略决策必须客观评价企业的综合实力

"社会环境允许我们做什么"是社会、行业提供的机会,而哪些机会属于企业呢?这就取决于企业把握机会的能力,即企业的综合实力。"社会环境允许企业做的"和"企业能做的",这个交会点才是真正属于企业的机会。这就要求企业决策者客观评价企业的综合实力,包括企业的资金实力、市场运营能力和企业管理能力,以及企业可"借"的资源。企业的综合实力是获取竞争优势的

基础,企业只有掌握更多的优势资源,才能获得更多的竞争优势。通过"五力模型"分析,即对供应商的议价能力、购买者的议价能力、新进入者的威胁、替代品的威胁、同业竞争者的竞争程度的分析,决策者可以清楚地看出企业的市场竞争地位,进而可以提炼企业的竞争优势,制定适合发挥企业优势的竞争战略。

竞争优势是在同竞争者的比较中提炼的。由于企业的整体性和竞争优势来源的广泛性,在做优、劣势分析时,必须从整个产业链的每个环节出发,将企业与竞争对手做详细的对比。如资本实力是否强大,管理能力是否占优,商业模式是否独特,产品是否新颖,制造工艺是否复杂,销售渠道是否畅通,价格是否具有竞争性,客户资源是否优秀等。如果说一个企业在某一方面或几个方面的优势是珠宝企业应具备的关键成功因素,那么,企业的综合竞争优势就会强于竞争对手,就可能在市场竞争中处于主导地位。

在与竞争者的优、劣势比较中,企业要客观看待自身的优势与劣势,有些竞争条件表面看起来是劣势,但从另外一个角度来看又是优势,如小企业在与大企业的比较中,综合实力、经营规模等都是小企业的劣势,但它又是小企业的优势,正因为企业规模小,机动性强,企业的经营会更灵活,可以更快地适应市场的变化,抓住市场机会迅速地从一个细分市场切换到另一个细分市场。所以,珠宝企业的战略决策首先要客观评价企业的综合实力,进而才能制定适合企业发展的企业战略。

三、战略决策必须是一套系统的规划

珠宝企业的战略决策是对企业未来发展目标的清晰描述,是企业经营活动的行动指南。战略决策不是对企业未来的预测,更不是决策者异想天开的空中楼阁,而是结合企业的综合实力提出的、通过全体员工共同努力可以实现的终极目标和具体的行动方案,是理性思维与企业资源应用于企业经营实践并向社会做出的庄重承诺,具有实际的可操作性。所以,企业战略决策必须是一套系统的、对社会和企业员工有说服力的长远战略规划。

战略决策中应该包含企业宗旨和远景目标,即"企业是什么""企业应该做什么""企业的未来是一个什么样子"。它描述了企业存在的意义、全体员工为之奋斗的方向和目标,只有统一了认识,形成了一致的价值观和行动步骤,才能形成一股合力,向企业战略规划中既定的目标而努力奋斗。

战略决策中也应该包括对企业决策依据、竞争优势的描述。企业决策的依据可以向全体员工表明决策者制定的经营决策不是凭空想象的,而是有据可循的,是建立在企业综合实力之上的;企业竞争优势的确立可以建立员工对企业经营目标的信心,会让全体员工了解企业在行业中的市场地位、企业的竞争优势及如何在市场竞争中赢得主动,更会让全体员工明白他们应当怎么做才能比竞争对手做得更好,进而战胜竞争对手。

战略决策中还应该有实现企业战略的具体行动步骤。战略目标的实现是分阶段的,具体的行动步骤是对战略目标的分解,是企业为实现其战略目标的途径、方式及每一步如何走所进行的具体规划,企业经营的每一个阶段应该完成的任务或达到的目标是企业的阶段性目标,阶段性目标实现了,企业战略目标自然也就实现了。阶段性目标比战略性目标更具有可操作性,尤其是初期的阶段性目标,它就是企业在近期要实现的、企业员工能够看到的目标。它的实现可以提振全体员工的信心,齐心协力为实现企业的下一个目标而奋斗。

案例:北京市华夏典当行有限责任公司在1993年初成立,主营典当业务,是北京市典当行业的市场领导者。同时也涉及珠宝首饰的典当业务,公司旗下品牌——品真阁是专门从事珠宝首饰典当品销售的企业。公司的经营目标是成为全国领先的典当连锁企业。为了实现这一目标,公司制定了阶段性发展目标:①利用1~2年的时间,建立总部、分公司两级连锁经营管理体制,完善公司管理结构,实现公司在北京开业25家以上店面的发展规划目标,初步完成对北京市场的布局,逐步提高市场占有率。同时走出北京,进入上海、天津进行跨省区经营尝试。②利用3~4年的时间,巩固连锁经营体制,在三大都市群发展典当连锁机构,在京津沪地区取得经营优势。整体规模和单店经营业绩均达到全国领先,选择适当的时机进入浙江、广东市场。③利用5~6年的时间,完成中国一级市场的连锁网络,充分利用各种手段进行融资,采用并购、参股等方式进行跨区域的力量整合,达到中国业务规模领先,单店经营效益领先,在核心城市占据优势,不断提高中国市场占有率。

所以,珠宝企业的战略决策不是可望而不可及的空中楼阁,不是企业决策者凭空想像的一纸空文,而是从企业的综合实力出发制订的企业未来发展规划,是经过企业全体员工共同努力可实现的终极目标,因此战略决策的内容必须是一套切实可行的系统规划。

四、战略决策的实施必须保持一定的灵活性

珠宝企业的战略决策明确规定了企业宗旨、经营目标和具体的阶段性战略步骤,是珠宝企业在未来5~10年甚至更长时间内要实现的经营方向、经营目标和行动指南。其中,经营方向和经营目标是不可动摇的,但经营目标的实现方式和途径是可以改变的,这就是战略决策实施的灵活性。

战略决策的实施必须有灵活性,主要基于两点原因:一是社会环境是动态的,二是实现企业战略目标可以有多种途径。珠宝企业的经营活动受多种社会环境因素的影响,包括宏观环境、市场环境和企业内部环境,有些环境因素是可控的,如企业内部环境,有些环境因素是不可控的,企业只能适应而不能改变,如宏观环境。宏观环境(如政治环境、经济环境等)的变化可能对企业的经营目标产生很大的影响,如果环境因素朝着有利于企业实现经营目标的方向变化但企业不主动地为适应环境而调整经营决策,也会延缓经营目标的实现进程。如果环境因素朝着不利于企业实现经营目标的方向变化,企业的经营目标不仅不能实现,反而可能将企业带入危险的境地。只有顺应环境因素的变化,企业在经营过程中不断改变或调整经营方式,才能在经营中游刃有余,争取市场的主动权。同时,企业的战略决策是在现有的资源和实力下,结合当前的市场环境及对未来市场的预测基础上制定的,任何一个环境因素发生变化,都会促使企业调整经营决策,加快或延缓企业经营目标的实现进程。

决策只有更好,没有最好,企业战略目标的实现可能有多种途径,珠宝企业在经营过程中一方面要通过集体的智慧,集思广益,选择实现战略目标的最好方式和最佳途径;另一方面要注重学习,善于总结,特别是注重向竞争对手学习,借鉴竞争对手经营的长处,结合企业的经营实践调整企业战略实现的方式和途径。

所以,战略决策在实施过程中保持一定的灵活性是十分必要的。

本章小结

本章从阐述企业战略决策的类型、程序和珠宝企业战略决策的意义开始,系统介绍了珠宝企业战略决策的内容、方法和原则。珠宝企业是中小型企业,在经营过程中是否需要战略的指导?答案是不容置疑的。珠宝企业如果缺乏

战略决策的指导,就会像大海中漂泊的一条小船,在波涛汹涌的旋流中迷失方向。企业没有战略就没有目标,没有目标就不能做大做强,不强大就会在激烈的市场竞争中逐步走向消亡。

珠宝企业的战略决策是建立在行业机会和企业优势基础之上的,决策的依据来自变化的社会环境,珠宝企业在变化的社会环境中寻找市场机会,再客观分析企业自身拥有的竞争优势,进而制定适用于企业的经营决策,所以,在整个决策过程中,发现机会是决策的基础,能否抓住机会取决于企业的综合实力。实际上,在一个动态的社会环境中,无时无刻不充满商机,这就是"社会环境允许我们做什么",但"机会是否属于企业",需要决策者结合自身实力进行综合判断。珠宝企业能否取得比其他企业更好的经营业绩,取决于决策者能否不断发现市场机会,结合企业的综合实力,运用正确的决策方法,做出正确的经营决策,并带领企业团队沿着既定的经营方向,实现企业的经营目标。

思考题

1. 为什么说"管理就是决策"?
2. 珠宝企业的经营决策应经过哪几道程序?
3. 简述珠宝企业战略决策的意义。
4. 简述珠宝企业战略决策的内容。
5. 竞争优势有五种类型,它们分别适用于什么样的珠宝企业?请举例说明。
6. 在SWOT矩阵分析中,处于不同竞争地位的企业有四种选择战略,分别举例说明。
7. 简述珠宝企业战略决策的原则。

珠宝企业管理　ZHUBAO QIYE GUANLI

第三章　经营过程中的决策

许多人认为,珠宝行业是一个技术门槛很低的行业,只要有一定的资金实力,具备一定的珠宝知识和管理能力,就能在珠宝行业一试身手。然而,凭一时的冲动进入珠宝行业的很多企业都没有如愿走到尽头,铩羽而归者比比皆是。究其失利的原因可能是缺乏长远的目标、系统的策划、核心竞争优势的提炼、精确的市场定位以及企业管理不善等,成功的企业有成功的理由,失败的企业也有失败的原因。如果企业有了明确的战略目标,企业经营最终还是走向的失败,那么,失败的原因必定是经营过程中的决策问题。本章将从企业进入珠宝行业开始,探讨珠宝企业经营过程中的决策问题。

第一节　进入珠宝行业

中国珠宝行业从20世纪80年代开始复兴,走过了从无到有、由弱到强的道路,珠宝市场由卖方市场过渡到买方市场,市场竞争由离散竞争市场发展到同质化竞争市场,再进一步向异质化竞争市场发展。在卖方市场时期,行业中充满机会,随着市场的发展,市场竞争越来越激烈,再进入珠宝行业就必须有系统的策划。所以说,20世纪80年代进入珠宝行业的人靠的是胆量,21世纪进入珠宝行业的人靠的是智慧。如何使企业资源利用最大化、企业管理精细化、企业发展目标明确化是进入珠宝行业时需要系统思考的问题。

一、优化组合企业资源

企业资源包括人力资源、物力资源和财力资源,资源是企业运作的基本保障,包括资金来源、管理机构、团队建设、可借的资源等,优化组合企业资源要做好如下几方面的工作。

1. 组建一个好的管理团队

中小型企业在发展的初期,很少是个人出资创立的,因为个人的资金实力总是有限的,个人出资创办企业,实力太小,很难有大的前途;如果是几个志趣相投的人共同出资创办一个合伙企业,不仅可以壮大企业实力,出资人还可以集思广益,无疑对企业的发展是件好事。合伙人便成为企业的股东,他们可能参与企业管理,成为企业的管理人员;也可能仅是股东,享受企业的经营红利并承担经营风险。参与企业管理的股东便构成了公司的管理团队,一个好的管理团队应该具备如下特征。

(1)有共同的经营理念且彼此信任。一个团队能够走在一起的前提是有共同的理念,能够共同为实现某个目标而奋斗,所以,一个好的管理团队首先要志趣相投,有共同的目标,愿意通过共同的努力实现这个目标。其次是彼此之间要互相信任,良好的合作是建立在互相信任基础上的,如果彼此之间不能互相信任,互相猜忌,就没有了合作的基础,这样的管理团队不能长久。

(2)性格上具有互补性。每个人都有自己的个性特征,且有些个性特征对从事企业的某项业务是不利的,这就要求公司管理团队的成员在性格上具有互补性。即某些人的优点正是另外一些人的缺点,如某人精于商业谈判但不擅长管理细节,某人擅长公关但不擅长管理内部事务,某人性格内向但在企业内部管理上非常细心,这3个人走在一起在性格上就具有互补性。一个好的团队在性格上具有互补性,可以发挥每个人的优势,扬长避短,将企业治理好。如果在一个团队中大家在智慧、性格、策略和方法上没有互补性,每个人的处事方式、行为方式、领导风格上都是一样的,其实对企业的发展是不利的。

(3)能与他人共事。管理团队不仅要在一起对企业的经营事务进行决策,还要对企业进行管理,特别是企业早期一起创业的人,最后都会成为企业的主管或在企业管理层占据重要位置。这样的人必须懂得尊重别人的意见,包容别人的缺点,能够与其他人合作,这样的人才能在企业团队中发挥核心作用。如果专横跋扈,不善于听取别人的意见,或者性格孤僻,不善与人交流,或者狂妄自大,目中无人,这样的人都是不具备管理素质的人。

(4)有市场经验。进入珠宝行业是要通过珠宝营销取得经营业绩,实现既定的经营目标。所以,管理团队中至少要有一两个人有市场经验,例如在别的企业里担任过营销主管或从事过高级管理工作,对珠宝行业、市场都比较了解，懂得珠宝市场运营，这样的管理团队一进入珠宝行业就会使企业避开市场探索的过程，迅速带领企业走上正规的运营轨道，如果一个人只是投资者，对珠宝行业的特点和市场运营一窍不通，这样的人常常带有投机心理或者是只知道通过投资取得收益，一旦企业经营遇到困难，就会说三道四，打退堂鼓，这样的人是不适合进入管理团队的。

（5）对企业能多做点贡献。参与企业经营的人一方面要为企业的经营管理贡献自己的智慧，一方面要为企业提供资金支持，尤其是在企业兴办初期，未来有很多不确定性的时候，更是需要股东体现企业家的勇气和管理者的智慧，为企业提供必要的支持，尤其是资金方面的支持，团队的出资态度实际上体现了出资人对企业的信心，对出资的犹豫不决，实际上是对企业的前景没有信心的表现，这种表现还会影响到其他出资人。所以，一个好的团队，既然大家走到一起且彼此信任，就要有为企业奉献一切的精神，为企业提供最大限度的支持。

组建一个好的团队是企业取得成功的第一步。团队的牵头人要对每个人进行细致的考察，这个团队缺什么样的人，这个人的综合素质如何，能够为企业带来什么资源，对团队成员的考察不要局限于简单的表象，而要进行深入细致的分析。假如一个人号称自己从事过很多行业，经营过很多的企业，那么，这个人很可能不专注于任何一项事业，在任何一家企业都干不好、干不长的人，可能不适合进入企业的领导团队。

2. 量力而行选择企业的核心业务

案例：深圳市美景行珠宝首饰有限公司是一家专业从事首饰镶嵌业务的公司。公司的发起人王建民先生通过市场调研决定在深圳从事首饰镶嵌业务，当时，他工作过的国营企业——武汉市金银制品厂面临倒闭，而厂里有一批从事起版、加工业务的技术人员可以为他所用。考虑到深圳是我国最大的珠宝产业聚集区，在这里从事首饰镶嵌有较好的市场前景。尽管王建民的资金并不十分充裕，但他还是决定带领武汉市金银制品厂的核心技术人员从小做起，逐步扩大生产规模，壮大实力。凭借技术优势和公司凝聚的向心力，公司很快在珠宝行业做出了名气和特色。2000 年，公司建厂时只有 20 余名员工，截至 2007 年，公司已发展成为具有 100 多名员工、为多家珠宝品牌企业加工首饰镶嵌。

珠宝产业是一个产业链,产业链的各环节包括原材料的勘查与开采、宝石加工、贵金属首饰加工、珠宝首饰镶嵌、宝石半成品与成品批发、珠宝首饰零售、与宝石生产经营相关的仪器设备的生产与经营等。公司进入珠宝行业,应该在产业的哪个环节从事经营,取决于公司掌握的核心优势,如技术优势、管理优势等;做多大的规模,则取决于公司的资金实力和可借助的资源。美景行的成功,就是王建民成功地利用了自己掌握的核心优势,当时的技术人员面临着下岗、失业,王建民为他们提供了发挥专长的就业机会,自然形成了公司的向心力。他们所掌握的技术成为企业技术创新和工艺创新的基础,企业立足于现状,量力而行,在自己综合实力允许的范围内从事经营,逐步扩大经营规模,做大做强,最终实现企业的长远战略目标。

3. 组建运营管理团队

珠宝企业正常的经营活动需要一个健全的管理团队和运营团队。上面所说的组建一个好的管理团队是从企业高级管理层出发,还要根据企业经营性质不同组建中基层管理机构。

按照企业管理的组织结构,企业管理机构的设置是呈金字塔形的直线形或职能形,图3-1所示的是一个从事连锁经营的珠宝企业组织结构图,小型企业组织结构会更简单一些。运营管理团队的建设应充分考虑人员结构、人员素质、各部门之间的协同配合等,并根据企业的发展及时调整组织结构。

二、选择合适的经营地址

据调查,世界500强企业中的绝大多数在中国设立了分公司,但它们大多将地址选在了上海。为何选上海,为何不选北京、广州或深圳?它们考虑更多的可能是上海是中国传统的商业中心,有海、陆、空交通运输条件,云集着中国最多、最优秀的人才,也考虑到了上海是中国市场化程度最高的大都市,这些企业一定是通过比较后才选择上海作为中国市场的根据地。

案例:周大福进军内地珠宝行业时于1995年在武汉设立公司,试图利用武汉地处中原的优势向全国扩散,但是,运营实践表明,这种选择是不妥的。周大福迅速做出调整,1998年在北京贵友商场开设第一家连锁店,利用北京是中国的政治、经济、文化中心,有利于品牌扩散,这是周大福在内地珠宝市场成功的第一步。接下来,周大福利用深圳与香港往来方便的地理条件,在深圳沙

珠宝企业管理 ZHUBAO QIYE GUANLI

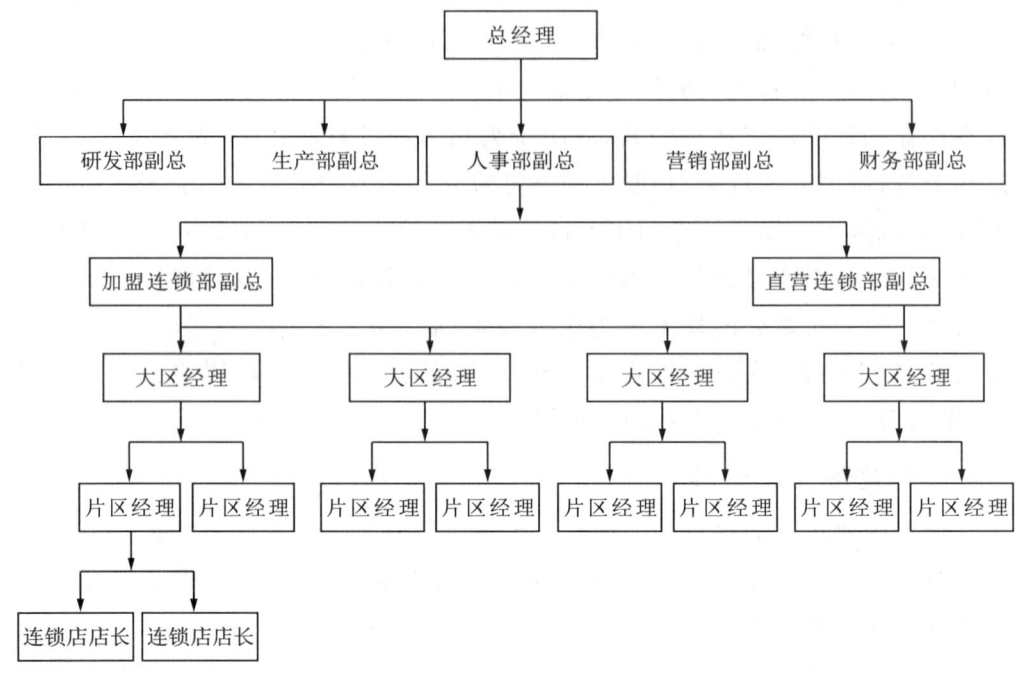

图 3-1 珠宝企业组织结构图

头角设立运营管理中心,并从成本、人才流动、技术保密的角度综合考量,将加工中心设在离深圳不远的广东顺德。这种谨慎的选择一定具有深谋远虑的意义,为周大福在内地运营的成功奠定了一个好的基础。2012年,周大福又做出一个重大决策:投资5亿人民币在武汉建立全国最大的生产基地和配送中心。因为随着内地基础设施建设的突飞猛进,武汉已成为在4～5小时之内能到达全国任何一个大城市的物流中心,这一地理优势为周大福高效的物流创造了条件。

所以,选择一个合适的经营地址作为企业起步的根据地是十分重要的。那么,什么样的地方是好的根据地呢?它至少要满足如下条件。

1.能提供企业发展业务所需要的资源

2001年,上海钻石交易所开业,深圳的一些企业管理者抢先一步将首饰镶嵌厂搬至上海。他们的想法是钻石交易所开业后,上海便成为中国内地钻石半成品的集散地,作为产业配套的镶嵌业务一定不在少数。但结果证明他们的选择是错误的,因为暂且不说钻石交易所的开业是否能实现钻石批发的市场转移,产业的配套还需要其他外部条件。

所以,在选择经营地址时,不能主观臆断,要从整体出发做谨慎地分析,考察当地能够为企业提供什么资源,看当地的市场能否满足企业当前业务发展的需要。例如理想的经营场地和经营环境、良好的官方和商界关系、合适的合作伙伴和管理人员、足够的目标客户群体等。

谈到选择合适的经营地,很多人会马上想到自己的家乡。的确,家乡是每个人最熟悉的地方,那里有亲属、同学、朋友,他们可以参与企业管理,还可能是企业的忠诚客户。同时,家乡的地方政府和商界关系也比较熟悉,能够为企业经营提供有力的支持,但是,企业从事的是珠宝经营业务,家乡的消费能力和消费水平是否支持企业的市场定位?是否能够创造满足企业生存和发展的利润?这些都是在家乡经营应该考虑的问题,更重要的是,在家乡有没有企业的发展空间?这是下一个要讨论的问题。

2. 能满足未来5～10年企业发展的需要

不禁又想到美景行的例子,王建民先生为什么要带着一帮武汉的技术人员离开家乡到深圳去创业。如果在武汉发展,只能为武汉及周边的零售商提供镶嵌服务,公司就不可能有足够的订单,就不会获得公司赖以生存和发展的利润,公司无利可图就谈不上做大做强。而将公司设在深圳,情况就完全不一样了,这里是珠宝产业聚集区,中国内地70%的镶嵌首饰都是在这里生产,只要公司具有核心竞争优势,发展的空间是十分巨大的。

办企业一定要有长期的打算,尤其是在企业迈出第一步的时候,更应该是只能成功不能失败,它不仅关系到企业未来的发展,还关系到当前股东、员工对企业发展的信心。所以,在为企业选择经营根据地时,不要有抱着试一试的态度。不仅要考虑眼前利益,更应该考虑在未来5～10年内企业的主营业务在该地能否持续发展,市场的发展能否与企业的发展相适应。因此,企业不仅能够获得近期利益,从长远来看也有较大的发展空间。

3. 能体现出集中效应或避免过度竞争

在经济学中,集中效应也称集聚经济效应,即同类企业在某个地域上聚集,不同的企业之间产品特色鲜明或具有互补性,促使企业目标市场清晰、企业联系加强和区域资源利用率提高,在这个集群内,既有相互竞争,又有分工合作,企业经营进入一个良性循环,即会产生集聚经济效应。

纵观各国成功的中小型企业会发现,凡是成长快、效益好、生命力强的中小型企业,大都不是零星存在的,而是以集群的方式聚集在一起,显示强大的集中效应并在集中效应中受益匪浅。如美国硅谷的IT产业,中国台湾新竹的高新产业园。改革开放以来,我国各地热衷于产业集群,脍炙人口的"浙江现象"更是以企业聚集为主要内容,多数产业集群都取得了良好的经济效益。

在珠宝行业,产业聚集最成功的当数地处改革开放前沿的深圳市,早在改革开放初期,一些具有前瞻性眼光的企业家就看好深圳的地理优势,在这里兴办珠宝企业。20世纪末期,在深圳市政府的引导下,珠宝企业开始在罗湖区的田贝、水贝一带聚集,至2012年,在不到10km²的土地上聚集了深圳市70%以上的珠宝企业,珠宝产业链在这里已初步形成。

但是,如果企业特色尚未形成或产品没有互补性,就会形成集中效应的另外一种现象——过度竞争,即供给主体的企业数量和规模大于市场需要,一些新店在选址上过于集中,产品同质化严重,企业市场竞争就会出现抢地盘、竞相开店等恶性竞争现象,表现出激烈的价格战、广告战等市场行为,最后各个企业的利润受损,甚至纷纷关门倒闭。

所以,成也聚集败也聚集。中小型珠宝企业在选择根据地时,最好选择在珠宝产业聚集区或珠宝市场成长较好、较快的地方,因为中小型企业要快速完成资金的原始积累,不能在漫长的市场成长等待中消磨掉创业者的意志。但是,企业要对自己的经营特色、在产业链中的定位进行客观的分析。如果企业产品有特色并有足够多的消费者,与产业链上的其他企业有互补性或与处于同一环节的竞争者相比有优势,那么,企业在根据地将会发展顺利,并会逐步形成自身的品牌效应。

4. 有利于塑造企业形象

不同的商圈、商场有不同的定位,对应的客户群体是不同的。比如武汉的武汉广场、新世界百货、群光广场的定位相对高端,目标市场面对的是高端消费群体;中百仓储购物广场则是社区化的大众化消费群体,但有其独特的定位,即低价无假货。周大福在选择进驻的商场时只会选择全国各地的一、二线城市商场,决不会选择三线以下的城市商场,就是考虑到企业形象或品牌形象问题。

企业在选择根据地时,同样要考虑是否有利于塑造企业形象。

企业形象是与企业定位相对应的,即企业打算如何经营,如何获利,服务对象是谁,要有明确的目标市场,目标市场关注的企业形象是什么样子,企业怎样做才能让他们了解、接受并喜欢上企业产品,都要经过精心策划。高端产品只有到高端商场或精品店时才能找到目标客户,如果将高端珠宝首饰拿到批发市场去销售,既显得不伦不类,也不可能取得好的经营业绩,更不利于树立企业形象。

第二节 提炼竞争优势

市场经济时代,任何企业进入市场,都要考虑市场竞争问题。进入21世纪后,珠宝行业已逐步走向成熟,珠宝产业链的任何一个环节都会存在竞争,谁能在市场竞争中取胜,关键还是取决于企业掌握的资源及企业内部管理能力。企业在进入珠宝行业时,要结合企业的资源,运用五力模型(图3-2),对市场竞争态势、企业在市场竞争中的市场地位进行分析,进而提炼企业的竞争优势。

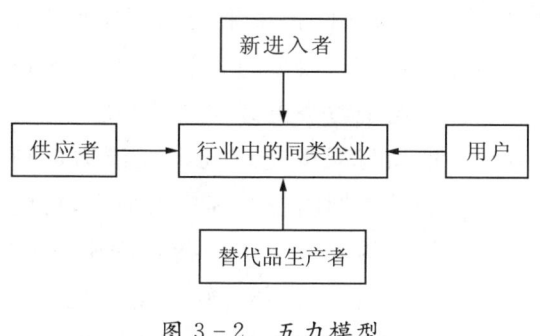

图3-2 五力模型

一、对供应者的分析

货源供应者是企业的供应商,企业的议价能力会影响原材料或成品成本。供应渠道是否有竞争力取决于企业对货源的控制能力,如果企业能有效地控制货源,就能取得市场的发言权。在市场竞争中,这种优势就构成了企业的核心竞争优势。

对于中小型珠宝企业来说,控制供应环节是不可能的事,更多的考虑是如何寻找优质供应商,降低供应成本,在成本控制环节取得更大的利润空间。

供应商也是企业可借助的资源,长期与供应商合作,彼此之间形成了一种信任关系,建立起良好的商业信用,在供应价格、付款期限上拥有一定的优势。

所以,中小型珠宝企业一方面要保持与供应商的良好合作关系,另一方面,要不断收集市场供应信息,寻找最有利于企业发展的供应商。

动态的市场会不断改变珠宝产业链上各个环节的供求关系,供应商的增加对企业来说是件好事,因为供应商的增加,加剧了供应环节的市场竞争,供应商也会调动一切手段维持主客关系。同时,企业也多了一种选择,在企业经营中,良好的主客关系都是建立在利益的基础上,这种利益可能是长远利益,也可能是短期利益,中小型珠宝企业应该利用一切可利用的资源,在供应环节取得竞争优势,这是企业经营取得成功的基础。

二、对用户的分析

用户即对企业产品有需求的客户,是企业定位的目标市场。珠宝企业进入市场必须对用户进行分析,了解他们的需求、爱好、消费心理、消费行为和审美倾向,他们的需求回报带来的利润空间是维持公司生存和发展的基础。市场竞争实际上是客户数量的竞争,只有对客户需求有系统的了解,才能精确地为用户提供比竞争对手更好的产品和服务,更好地满足客户的需求。

客户的增加与减少是市场发展潜力的体现,也是企业竞争能力的体现。如果在某个经营周期内企业客户增加了,可能是市场消费能力的增加,也可能是企业竞争能力的增强。在经营过程中,企业要对市场和客户进行持续的跟踪调查,不断评价企业在行业中的竞争能力,尤其是与目标市场相同、综合实力相近的企业相比,本企业客户的变化更能反映企业在市场竞争中地位的变化。

企业要在市场竞争中取胜,必须得到比竞争对手更多的客户的支持,而客户的获取需要转换成本,即企业必须向客户提供比竞争对手更多的服务,才能将客户(尤其是竞争对手的客户)转换为本企业客户。如企业产品比竞争对手更多、更全,客户有更大的选择空间;企业产品工艺比竞争对手更好;企业的形象设计比竞争对手更专业,能给客户留下深刻的印象;企业同等产品的价格比竞争对手更低;企业的服务更热情,比竞争对手服务更周到等。比竞争对手做得更好,才能获得比竞争对手更多的客户。

总之,在对客户的分析中,企业要比竞争对手更了解客户,为客户提供更贴心的服务,这样才能拥有更多的客户,使客户优势成为企业的竞争优势。

三、对新进入者的分析

新进入者也称为潜在进入者。市场经济中,只要有市场机会,就可能有潜在的进入者。潜在进入者对市场有两个方面的影响:对消费者来说,新进入者的加入使他们多了一项选择;而对企业来说,新进入者的加入导致企业数量增加,市场竞争更加激烈,企业的市场机会就减少了。

任何企业都不能容忍其他企业进入到与本企业相同的目标市场,瓜分原有的市场份额,但市场机会对任何企业来说都是同等的,企业能做的是对新进入者可能进入的方式以及会从哪些方面瓜分企业的市场份额进行分析,然后在新进入者可能进入的方式或途径上设置进入壁垒,使新进入者不敢贸然进入。而设置壁垒的最好方式是做强企业自身,突出竞争优势,努力将企业的竞争优势做成强势,即使新进入者进入行业,也会因为不具备竞争优势,在市场竞争中不可能动摇原有企业的优势地位,最终会因不能取得良好的经营业绩而知难而退。

四、对替代品生产者的分析

对于多数行业来讲,替代品可能来自技术的革新,如手机行业数字技术替代模拟技术。如果不及时进行技术革新,对企业的打击可能是致命的。珠宝行业的替代品可能来自新技术、新工艺、新材料和消费者消费观念的转变。如现代首饰生产设备的出现对以传统手工打造为主的企业就是沉重的打击,如果不及时改变生产经营观念,企业就有被淘汰的风险。2000年前后,国内多数金银首饰生产企业的倒闭就是因为生产设备陈旧、生产工艺落后。20世纪90年代兴起的钻石消费热、2000年前后兴起的玉石消费热,消费热点的不断切换在很大程度上改变了珠宝市场的消费格局。

任何产品都有其市场存续周期,营销学上将产品的市场存续周期分为导入期、成长期、成熟期和衰退期四个阶段,不同阶段对珠宝产业链的各个环节都会造成深远的影响。珠宝企业进入行业时就要考察企业选择的经营业务处在市场存续周期的哪个阶段,尽可能选择经营处于成长期的业务。如果企业选择的经营业务处于市场存续周期的成熟期,则要考察成熟期的长短,同时,要密切观察市场风向的变化,加大新技术、新产品的引进和开发力度,随时准备从一项经营业务切换到另一项经营业务。

五、行业内竞争态势分析

有市场就会有竞争,企业在市场竞争中是否处于有利地位,取决于企业的综合实力,包括资金实力、市场运营能力和企业管理能力。珠宝企业在分析行业的竞争态势时,应主要做好两方面的工作。首先,通过综合实力的对比分析确定企业在本行业中的地位,即企业在行业中的排名是市场领导者、市场挑战者、市场追随者还是市场补缺者。企业的市场地位决定了企业的竞争战略。当然,企业的市场地位可以改变,企业在做行业竞争态势分析时要评价企业当前的市场地位。其次,要分析企业参与市场竞争是否能够获利。以企业的综合实力和在市场竞争中的获利能力建立矩阵(图3-3)。处于矩阵不同区间的企业,其获利能力是不同的,通过矩阵分析,确认企业在利益矩阵中处于哪个区间,可以评价企业在市场竞争中的战略选择是否得当。如果企业的综合实力很强,但在市场竞争中的获利能力很弱(在利益矩阵中处于区间Ⅳ的企业),那必定是在战略选择上出了问题,如果不及时进行调整,就会改变企业在行业中的竞争地位,这时就应该对如何调整企业的竞争战略做出决策。

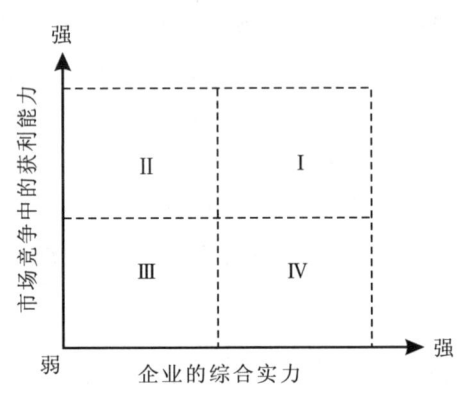

图3-3 市场竞争的利益矩阵

珠宝企业在分析行业的竞争态势时,要对企业的竞争地位和获利能力做持续不断的跟踪分析,并随竞争地位和获利能力的变化及时调整竞争战略。

通过五力模型分析,可以使企业充分认识到企业在行业中的地位,认识企业的优势和劣势,进而思考如何提炼企业的竞争优势,并选择正确的竞争战略,确保企业经营的成功。

第三节 形成经营特色

楼兰珠宝是一个专门从事和田玉经营的品牌,2001年入驻中国地质大学学苑商场时,只有不足7m²柜台的经营规模。可是,经过近20年的努力,这样一个名不见经传的品牌已经在武汉珠宝市场上小有名气,武汉市及周边的多数和田玉爱好者都知道这个品牌并成为其忠诚的客户,楼兰珠宝也凭借其特色经营取得了不俗的经营业绩,从它成功经验得知,企业不论规模如何,都要有自己的经营特色。

一、形成经营特色的意义

第一,企业经营特色的形成有助于建立独特的企业形象。企业通过独到的风格设计,形成了自己特有的经营风格和经营特色,通过强化宣传,让广大消费者认识和了解,逐步在他们心目中形成深刻的印象,进而就会在消费者心目中建立独特的企业形象。第二,企业经营特色的形成有利于建立品牌个性,形成品牌区隔。在崇尚差异化经营的珠宝市场,尤其是在同质化产品的市场竞争中,如果企业在经营理念、产品组合或商业模式上与其他企业有所不同,就会形成一个品牌与另一个品牌的鲜明差异,这种特色有利于区别其他品牌。第三,企业经营特色的形成有利于消费者识别。企业宣传经营特色的过程,也是消费者对企业经营特色的认知过程,经营特色一旦为消费者所熟知,就成为消费者识别企业及企业产品的鲜明特征。第四,企业经营特色的形成有利于吸引目标市场。企业的经营特色是根据目标市场的特征、需求、喜好来进行设计的,对目标市场有鲜明的针对性,企业通过各种方式让消费者了解企业产品的特征,传达企业产品为他们带来的利益,且这种特征与竞争对手相比更能满足消费者的需求,最终产生更大的吸引力。

二、形成企业经营特色的方法

企业经营特色需要在对竞争对手的产品进行系统分析并对企业定位的目标市场的需求、喜好进行全面了解的基础上,结合企业掌握的资源,对企业产品进行独到的设计,塑造鲜明的特征,且这些特征是消费者认同和能够接受的,随着消费者对企业产品认知程度的增加,这些鲜明的特征就成为企业的经营特色。一般来说,企业经营特色的设计可以从以下几个方面入手。

1. 独特的企业形象

珠宝企业通过独特的设计,建立独特的企业形象,如独特的企业标识(LOGO)、独特的建筑、独特的颜色、专业的形象等。将这种企业形象展示给消费者,就会给消费者留下深刻的印象,消费者从认同企业形象开始,逐步认同企业、企业产品和企业文化,进而成为企业忠诚的客户。

案例:沈阳荟华楼黄金珠宝首饰有限公司成立于1989年,是东北地区具有影响力的黄金珠宝首饰公司。公司坐落于沈阳市繁华的中街商业街。古朴典雅的建筑,八层崇阁,飞檐冲天,雕梁画栋,给人一种庄重感;金碧辉煌的殿堂,庄重高雅,给人一种尊贵的购物环境;整洁有序的陈设,训练有素的营销人员,让人一进入店堂就感觉它是一家专业的、货真价实的金店(图3-4)。

图3-4　沈阳荟华楼金店鼓楼店

专业的形象设计对以金银珠宝为主营业务的企业来说十分重要,同时,它也是同企业定位相联系的,经营高档珠宝首饰的场所一定要金碧辉煌,经营流行首饰的场所一定要充满时尚气息。如果企业形象设计不伦不类,再好的产品也不会对顾客产生吸引力。

2. 独特的产品组合

产品是根据目标市场的需求设计的,不同的目标客户群体有不同的需求,企业可以针对不同的需求设计不同的产品组合。如高质量的产品组合、低价格的产品组合、充满传统风格的产品组合、体现时尚气息的产品组合等。

案例：西安有一家在商场设立专柜专业经营钻石首饰的珠宝公司，由于经营规模小、品牌知名度不高，公司经营业绩一直没有大的起色。通过市场调研公司管理者发现，几乎所有公司都是在同质化的市场竞争中以质量和价格作为竞争武器进行惨烈的搏杀。消费者在钻石的选择倾向上大多以优质钻石为主，导致优质钻石供应短缺，进货成本大幅提高，品质稍低的钻石几乎无人问津，降低进货成本具有很大的优势。而市场上并不缺乏追求低价的消费者，于是，公司决定改变公司的产品组合，以经营品质稍低的钻石为主，形成低价的经营特色。这一改变立刻收到奇效，公司的经营业绩迅速提高，进货环节的低价优势也使公司经营取得可观的利润空间。

不同的目标客户群体对产品的需求是不同的，如高质量、高价格的组合是针对那些追求品位的目标顾客群体，高质量、低价格的组合是针对追求实惠的目标顾客群体，企业在设计产品组合时必须对目标市场有针对性，必须围绕客户群体的需求确定产品组合的特色。

3.独特的目标客户群体

2008年以来，会所模式在中国珠宝市场迅速兴起，在经济相对发达的一、二线城市诞生了以经营高端珠宝首饰为主要产品的珠宝会所，如钻石会所、翡翠会所、和田玉会所以及开展珠宝首饰定制业务的会所。这是一种独特的商业模式，目标客户群体选择高端珠宝且对产品有特别的需求。在会所里，顾客不仅能选到自己需要的特色产品，还能享受在商场专柜或专卖店没有的服务。

可以认为，会所模式是一种独特的目标客户群体选择模式，会所为满足他们独特的需求提供了条件。但是，满足这些特定的目标客户群体的需求需要企业有独特的资源，如高端的客户来源、高端的产品供应、值得信赖的企业形象、时尚前卫的首饰设计能力等。

案例：武汉光谷步行街是2008年以来逐步建设起来的新商圈。这里毗邻武汉东湖新技术开发区，近10所高校也聚集在这里（图3-5）。从步行街开街之日起，这里就变得异常繁华，人群熙熙攘攘，车水马龙。有珠宝公司看到这一商机，立刻进驻步行街，从事黄金、钻石和翡翠的经营。但是，他们没有想到，来这里消费的大多是年轻人，并不是高端珠宝首饰的购买者，所以，从公司

图 3-5　武汉光谷步行街

开业的第二天起就门庭冷清，不到半年就关门停业了。如果这个公司在选择目标市场时瞄准这些年轻的消费群体，专门为满足他们的需求而经营时尚、前卫且价格也能为他们所接受的产品，那么，情况可能就大不一样了。

所以，当企业实力有限时，选择目标市场一定要有针对性，并专门研究这个目标市场，准确掌握他们的需求，在需求点上建立企业的产品特色，并为这个特定的目标市场提供特定的产品和服务。

4. 独特的销售渠道

渠道模式决定了企业的商业模式，信息技术的发展催生了网络营销模式，网络营销模式与传统营销模式的融合又可延伸出多种渠道模式，珠宝企业如何根据自身的特点，探索适合企业的渠道模式是每个企业都要关注的。

案例：钻石小鸟是一家专门从事钻石电子商务的专业珠宝品牌，是国内最早的网络钻石品牌。从 2002 年的第一家钻石网店做起，钻石小鸟迅速把"鼠标＋水泥"的全新钻石销售模式从上海相继推广到全国 10 多个城市。钻石小鸟通过电子商务的形式颠覆了传统钻石零售商业模式,成为中国网上钻石销售的领军品牌。

5. 独特的服务理念

当今珠宝行业,没有哪个企业不强调服务,但没有一个企业具备了系统的服务理念。许多企业在经营过程中都能承诺为消费者提供各种服务,但当消费者真正需要这些服务时,企业服务意识已荡然无存。如在钻石经营中,许多企业承诺给消费者退换货的服务,但消费者真正需要退换货时,企业又人为地设置各种门槛,损害消费者的利益。

独特的服务理念是指企业想顾客之所想,急顾客之所急,既体现企业的服务意识又有具体服务内容的售前、售中和售后的完整服务体系。健全服务体系的目的是建立顾客对企业的信心,消除顾客对企业的后顾之忧,体现企业独特的服务艺术和服务水平,让先进的服务理念成为企业特色,给消费者实质的服务内容,通过满意的服务使顾客成为企业的忠诚消费者。

6. 独特的创新意识

创新作为一种基本的企业行为,其具体的表现形式多种多样,涉及企业活动的所有方面。根据创新方式的不同,可分为产品创新、工艺创新、市场创新和管理创新等。

创新意识体现了企业的开拓精神,也向社会公众展示企业锐意进取、积极探索、迎合时尚潮流的企业特质,展现出企业的经营活力和旺盛的生命力,是形成企业特色的有效途径。一旦企业的创新得到社会的认同,广大社会公众就会持续关注,自然就形成了企业特色。

形成企业经营特色的方式还有很多,每个企业都可以结合企业自身的优势探索企业经营的特色之路。但是,也应当认识到,企业特色不是在一夜之间形成的,而是在长期的经营实践中不断探索、不断总结而来的,同时,消费者对企业经营特色的认识和认同也需要一个过程,珠宝企业只有长期坚持并持续不断地加以宣传,企业特色才会真正形成,才会为广大消费者所接受。另外,形成企业的经营特色不是盲目的,只有能体现企业的竞争优势、能够给企业带来利益的特色才是真正的企业特色。

第四节　营销组合决策

经营者在运作珠宝企业时,都希望产品尽可能地多,市场尽可能地大,客户尽可能地广,所以,在规划企业产品时,不管是钻石、翡翠、珍珠还是宝石,希望什么都做一点儿,以此争取到更多的客户。什么样儿的客户都想抓,结果什么样的客户都抓不住,因为企业的经营实力有限,同竞争对手相比,在任何一个产品项目上都没有竞争力。这是在产品上出现的问题,其他还可能在价格、渠道或促销上出现问题。企业进入珠宝市场时必须围绕"4P"做系统的决策,即产品组合决策、价格组合决策、渠道组合决策、促销组合决策。

一、产品组合决策

产品组合决策就是珠宝企业对经营的产品或产品组合做出决定。珠宝企业的产品决策是基于企业选择的目标市场,是为了满足目标市场需求的。所以,企业决策者在进行产品决策时,首先要搞清楚市场在哪里?谁是企业的客户?谁是产品最终的购买者?他们的需求在什么层次?他们的审美观念如何?即选准目标客户。世界上没有卖不出去的产品,只有不会卖或卖错了对象,卖错了对象是没有区分好目标客户。产品组合决策的首要任务是要选准目标客户。

企业的规模不同,目标市场的选择也不同,产品或产品组合自然不同。以下将珠宝企业分为小型企业、中型企业和大型企业,分别探讨它们的产品或产品组合中应注意的问题。

1. 小型珠宝企业的产品组合

珠宝企业都是中小型企业,这里所说的小型企业是相对的。小型企业的目标市场选择一般比较单一,也就是将产品诉求限定在一个特定的目标客户群里,为特定的目标客户群体提供特定的产品。这种企业的产品组合应注意以下几个方面。

1) 确定企业的主营业务

在深圳,从事钻石镶嵌业务的首饰厂比比皆是,如果没有自己的经营特色,就根本不可能在珠宝行业内站稳脚跟。可是有一家钻石首饰厂,技术人员不足 20 人,他们的经营业务选择了专攻钻石情侣戒的加工,在款式开发和加工工艺上取得了别人赶不上的优势,在行业内享有很高的声誉。全国各地的珠宝商纷纷慕名而来,这个很不起眼的首饰厂被行业人士誉为钻石情侣戒的生产专家。

所以,小型珠宝企业在确定产品组合时,首先要知道企业擅长做什么,然后在擅长做的业务上确定企业的主营产品,最后,集中更多的企业资源打造企业的主营产品,并在主营产品上形成企业的特色。

2)将目标市场限定在一个很窄的范围内

小型企业的主营业务不在于做宽,而在于做精,选择一个不为实力强大的竞争者注意的目标客户范围,精确地为客户提供产品和服务,做专、做精主营业务,这样才能在主营业务上获取竞争优势。不要选择过多的产品或产品组合,业务选择多了就会分散资源,就可能形成"什么都想做,什么都做不好"的局面。

3)在主营业务上树立企业的专家形象

主营业务确定以后,要努力在主营业务上变得专业,树立一个专家的形象。例如,企业以高档翡翠作为主营业务,就要制造一个高档翡翠的经营氛围,门面装修要有档次、有格调、有文化,营销人员要具备专业知识,懂得翡翠行业的专业术语,懂得中国传统的玉文化,懂得翡翠的评价、鉴赏知识,懂得高档翡翠消费者的购买心理,并能提供相应的配套服务,让客户觉得这个企业很专业、很内行,这样的企业才能取得客户的信任,客户才会选择企业的产品。

4)为主营业务配备相应的"道具"

强调公司要确定主营业务,并不是说企业只经营主营业务对应的产品,而是说企业一定要在主营产品上做得很专业并树立专家的形象。为了体现企业主营产品的特色,在企业的产品组合中还要有相应的"道具"产品,它们是为突出主营产品特色而设计的。如企业的主营业务是高档翡翠,一定要有中低档翡翠来衬托;如果要体现企业产品的货真价实,一定要有客户在产品质量、价格上都要了解的与主营产品相关的产品做陪衬;如果主营产品定位为高质量,则企业产品组合中所有产品都要以高质量为特色。企业产品质量如何,价格如何,不是由企业说了算,而是由客户说了算。与主营业务特征一致的产品组合有助于突出主营产品的特征。

5)保持高度的机动性和灵活性

小型企业在行业中是市场补缺者,其最大的优势就是机动性强。在市场竞争中，大型企业因为拥有更多的资源、更大的市场影响力，小型企业的竞争优势可能随时被大企业取代，这就要求小型企业要保持高度的机动性和灵活性，一方面做好、做专企业的主营产品；另一方面密切关注市场竞争态势和市场的变化，注重创新能力的培养，随时准备从一项业务切换到另一项业务。

所以，小型珠宝企业的产品组合不在于做多，而在于做专，让企业的产品组合服务于一个特定的目标客户群体。既然是小企业，没有太大的资金投入，就只有以主营产品为中心发掘最大价值，并做好"道具"产品，同时要注重新的市场发掘，随时准备"望风而逃"，并开拓新的主营业务。

2. 中型珠宝企业的产品组合

随着企业的发展，营业收入的逐步增加，企业实力逐步增强，小型企业逐步接近中型企业的规模，成为珠宝行业的市场追随者。此时企业在市场中地位和角色的转换，企业的产品组合也应相应地发生变化。

1）产品组合的扩大

同市场补缺者相比，市场追随者的目标市场选择范围更大。比如说，一个充当市场补缺者角色的小型企业如果把高档翡翠作为企业的主营业务，那么，当它的企业发展到中型规模时，就会考虑将产品项目扩大到覆盖高、中、低档的翡翠，目标市场拓展到追求经典或经典与时尚相结合的各类层次的消费者。所以，中型珠宝企业扩大产品组合的方法是在现有产品线的基础上增加产品项目，增加产品组合的形式，而不是增加产品线。

2）体现专业化和特色优势

增加产品组合的深度和密度实际上是为了体现企业经营的专业化，并在此基础上形成企业的经营特色。谢瑞麟品牌的创造者谢瑞麟先生是打金匠出身，精湛的首饰工艺是其品牌特色，从首饰制造到首饰零售品牌的发展过程中，他自始至终都坚持这种特色，以专业化的首饰制造水平将首饰制造工艺从18K金首饰拓展到18K金钻石镶嵌首饰，并随首饰制造工艺和技术的发展不断强化这一专业特色。使专业特色成为谢瑞麟品牌的特色优势。如果专业特色得到目标客户的认同和接受，就会吸引他们产生购买行为。

不同层次的消费者，其需求不同，购买行为也不同，这就要求企业必须用专业特色吸引企业定位的目标客户群体。试想，一个专门经营翡翠饰品的珠宝店将高档翡翠与低档翡翠、优质工艺的翡翠与劣质工艺的翡翠都放在一起销售,让普通消费者与富裕阶层一起选购翡翠饰品,那将是一番怎样的景象呢?

3) 突出差异化经营

所谓差异化是指企业在经营理念、企业形象、企业定位、产品开发、产品组合和服务理念上与其他企业相比所表现出的不同,差异化经营是企业参与市场竞争最有力的武器之一。差异化经营是建立在特色优势基础上的,如果一个企业将自己的某项经营特色做成了其他企业赶不上的优势,即企业的特色优势,那么这种特色就是一个企业与其他企业的差异。

一般来说,小型珠宝企业因为没有特别的技术或技能,会突出经营成本低、追求利润低,选择以低价为特色。当企业发展到一定规模时,价格战就会将企业拖向死亡的边缘。这时,企业必须以核心技术突出产品差异化。例如一个镶嵌厂不能用自己独特的产品开发能力设计几个独特的款式,一个零售企业没有几件特色产品,就无法做到差异化经营。

4) 防止盲目地扩大产品组合

2008年的金融危机使消费者重新思考贵金属的投资价值,在中国流行10多年的"白色消费"受到了冲击,铂金首饰不再受到消费者的青睐,黄金投资成为贵金属消费的主体。有一家专门从事铂金生产和零售的企业,经过多年经营的积累已经在行业中树立了铂金制造专家的形象,为了应对市场变化带来的冲击,放弃传统的经营特色,将经营重点转向了黄金。如果企业有足够的实力从事多样化经营,那是无可非议的,如果企业为了短期的利益而放弃通过长期努力形成的经营特色,从长远来讲可能会功亏一篑。

中型珠宝企业在走专业化特色之路时,首先要考虑的是如何夯实专业特色的基础,走做专做强的道路,扩大产品组合的深度和密度,最大限度地吸引对专业特色有需求的消费者,而不是盲目增加产品线,将公司做得不伦不类。

3. 大型珠宝企业的产品组合

大型珠宝企业通过多年的积累已经有了足够的资金实力和市场规模,目标市场选择一般为完全覆盖市场,在行业中或特定的区域市场上有很高的品牌知名度和市场占有率,如果扩大生产经营规模,企业的边际效益会下降。这时企业的产品组合应注意以下几个问题。

1) 创造规模优势,巩固品牌领导地位

2003年以来,周大生引入连锁经营商业模式,大力推行品牌扩张。截至

2012年,周大生已拥有1700多家加盟店,400多家直营店,成为内地规模最大的珠宝品牌。在品牌扩张过程中,周大生也十分注重品牌运营的规范和品牌形象的提升,品牌知名度和经营业绩逐年提高,尤其是在二级市场上已成为具有一定影响力的品牌。企业的规模优势已经形成,接下来的路该如何走相信已经是企业决策者思考的主要问题了。

企业规模一旦做大了,就会选择更大的目标市场范围。如果在主营业务上集中企业资源,就可以创造一种规模优势,慢慢在行业内形成领导性品牌。这时要精确定位每一个细分市场,掌握每个细分市场的特征并以特定的产品满足其需求,创造最大限度的经营规模,同时,以优质的服务稳定老客户、争取新客户,力争取得尽可能大的市场份额,使品牌在知名度、信誉度、满意度和忠诚度等方面全面超越竞争对手,巩固品牌在市场上的领导地位。

2)区域品牌扩张市场范围

案例:"菜百首饰"是北京市从事珠宝经营的地方品牌,从20世纪90年代初开始,菜百集团携"中国黄金第一家"的荣誉推行珠宝品牌建设,以黄金经营为特色,兼营钻石、翡翠、彩宝首饰,迅速成长为北京市家喻户晓的品牌,尤其是黄金销售,在北京拥有绝对的市场份额。在"菜百首饰"总店取得经营成功的基础上,公司在北京市设立了13个经营点,让所有喜欢"菜百首饰"的顾客都能方便地购买到公司产品。在取得了辉煌业绩和稳定的市场份额后,"菜百首饰"开始向周边地区扩张,现已在天津、包头等城市设立了分公司。

区域品牌在一定的区域市场上通过创造规模优势形成强势品牌,当目标客户群体的需求已经得到最大限度的满足后,这个区域市场已经没有了更大的市场扩张空间。如果继续扩大规模,企业的经营成本就会上升,所带来的边际效益会降低。这时,企业可以考虑将经营特色从一个区域市场复制到另一个区域市场,占领更大的市场范围。

3)加大研发力度,保持市场领先地位

大型珠宝企业是行业的市场领导者,是行业内所有珠宝企业关注的对象,在市场竞争中,所有珠宝企业都在试图以各种方式瓜分市场领导者的市场份额。市场竞争从某种意义上讲就是瓜分与反瓜分、制约与反制约的斗争,市场领导者要想不被竞争对手超越,维护企业在市场上的领导地位,就必须加大产品研发的力度,通过产品创新保持企业经营的活力,保持企业的市场领先地位。

4) 谨慎进行多元化扩张

一旦变成大规模企业，企业在其业务范围内已无更大的市场扩张空间，多元化经营势在必行，通过多元化经营将企业业务扩张到现有业务范围之外，不仅可以增加企业的利润来源，还可以分散企业的经营风险。

然而，如果对拓展业务不是很熟悉或者缺乏足够的管理能力，多元化经营实际上有很大风险。从事零售业务的珠宝企业在取得了稳定的市场份额后，一般都会考虑向产业链的其他环节扩张，如增加批发业务、加工业务等。任何一项业务都需要专业的知识、专门的技能和专业的管理，同时，还可能遇到同行的抵制，从企业内部来说，如果没有储备足够的用于拓展新业务的资金和管理人员，盲目多元化扩张都可能将企业带入危险的境地。

所以，企业的多元化经营一定要在稳定经营业务的基础上，在企业有了足够的储备之后，扩张自己熟悉的业务。

二、价格组合决策

价格常常是与产品相关联的，每件产品必须要有相应的销售价格。价格组合决策是决策者对企业不同种类产品的定价方式、定价原则、定价技巧等做出的决定。价格问题看起来只是几个简单的数字，但它却集中反映了企业的经营战略，如企业定位如何，企业选择的目标市场是谁，企业以什么样的姿态参与市场竞争，企业如何实现产品差异化等。所以，为产品定价实际上是体现管理者的智慧，其中的策略是营销学探讨的问题，这里，仅探讨决策者在为产品定价时的原则。

1. 价格组合决策必须与企业的经营战略一致

产品的价格组合是服务于企业战略目标的，价格组合决策是实现企业经营目标的执行步骤之一，是企业取得合理利润的基本前提，理所当然地要与企业战略相适应。基于什么样的战略思维，就会确定一个让目标客户群体接受的产品价格，而能否实现企业的经营战略，关键就要看企业的产品定价是否合理。在企业发展的不同时期，企业价格组合决策也应该随着经营目标的变化而变化。

2. 价格组合决策必须体现企业的市场地位

企业的市场地位分为市场领导者、市场挑战者、市场追随者和市场补缺者。从市场竞争的角度来看,扮演不同角色的企业的价格组合对市场的影响是不同的。一般来说,市场领导者掌握着产品的定价权,其价格组合对市场具有指导意义,其他企业的产品价格会参照市场领导者的产品价格。在市场竞争中,价格通常是企业瓜分市场份额的有力武器。但是,如果一个小型企业的产品价格高于实力强于自己的企业,则表明这个企业掌握着核心竞争优势或其他企业无法替代的核心竞争能力。前者的价格组合是被动的,而后者是主动的。所以,为了取得更高的市场份额,企业的价格组合决策必须结合企业的市场地位和掌控的核心竞争优势制定合理的价格。

3. 价格组合决策必须清晰反映产品的质量特征

每个企业产品都有相应的质量定位,一般而言,产品质量分为高质量、一般质量和低质量,高质量的产品必定由高的价格来体现。企业的价格组合要清晰地反映产品的质量特征,按照产品的质量确定产品的价格等级,产品质量优,价格就高,产品质量劣,价格就低。但是,对于一般消费者来说,珠宝首饰的质量是一个非常复杂的特征,从不同方面评价珠宝首饰的质量可以有不同的结论,如追求时尚的消费者可能只注重款式是否流行,是否符合他们的审美要求,如果符合,就是质量好;一个只喜欢翡翠颜色而不注重水头的消费者,只要颜色正就是质量好。定价的艺术在于能否真正把握目标客户的心理,能否反映出产品的质量特征。所以,决策者在对产品的价格组合进行决策时,必须抓住消费者看得见的质量特征,制定能反映产品质量特征的价格组合。

4. 价格组合决策必须分析目标客户群体的特征

产品的价格一经确定,也就确定了企业的目标市场,在对产品的价格组合进行决策之前,决策者必须分析目标客户群体的特征,搞清他们的价格心理。如有的消费者追求质价相符,即产品质量与产品价格是对应的;有的消费者追求成交价的实惠,即不管企业产品的定价如何,只要在成交价上给予更多的优惠,他们就认为得到了更多的利益,这两种对价格不同的思维实际上是两种不同的目标客户群体:追求实价实销的消费者和追求打折的消费者。作为产品价格组合的决策者,必须考虑企业的价格组合能得到哪类目标客户群体的认同和接受,是否对他们有吸引力,他们会采取什么样的措施对企业的价格组合做出反应;哪些产品价格是吸引目标客户的眼球的,哪些产品价格是为企业带来利润的,哪些产品价格是用来向目标客户展示企业产品特征的,价格组合要达到这些目的,必须系统分析目标客户群体的特征。

5. 价格组合决策必须突出产品差异化

在差异化经营中,价格差异化本身就是一种表现产品差异化的手段。差异化是一把双刃剑,一方面它反映了企业的经营特色,另一方面它又反映企业与其他企业的不同。实际上企业与众不同的特色就是一种差异,价格组合上就要体现出这种差异。如产品研发能力较强的企业对价格组合进行决策时,将大众化的产品价格低于其他企业,而企业独立研发的产品价格相对较高,突显新产品价格的知识性和创新性。善用价格组合体现企业产品的差异化是一种艺术,运用得好,会使企业产品差异化的优势得到充分体现,对目标客户产生巨大的吸引力。

6. 价格组合决策必须保持长期的稳定性和一定的弹性

企业产品的价格组合一旦确定,就不能朝令夕改,要保持在相当长时间内的稳定性。如果一个企业产品的价格组合在不断地调整,就会让消费者(特别是企业的老客户)无所适从,自然会对企业产生不良的影响。同时,价格组合又要保持一定的弹性,即价格应有一定的折让空间。讲情面、要面子是中国的国情,如果在价格弹性范围内给老客户一定的折让,老客户会觉得很有面子,自然对企业充满感激之情,会对企业产品销售和品牌传播起到正面的支持作用。

总之,企业的价格组合决策者必须融入企业战略、市场竞争环境、目标客户群体的特征、产品差异化等关键要素,制定一个稳定的、具有一定弹性的价格组合。

三、渠道组合决策

渠道是企业产品的销售通路。在信息技术高度发达的今天,新的渠道模式不断产生并对传统渠道模式造成巨大的冲击。人们常说:渠道为王,谁掌握了适合企业产品销售的渠道,谁就掌握了经营的主动权。

从纵向上来看,珠宝销售渠道模式分为一线城市市场渠道模式和二、三线城市市场渠道模式;从横向上来看,珠宝销售渠道模式分为商场专柜模式、专卖店模式、专业市场模式、网上电子商务模式、电视购物模式、高端会所模式等。不同渠道模式有不同的特征,见表3-1和表3-2。

表 3-1 纵向渠道模式的特征

纵向渠道模式	市场渠道特征	产品需求特征	优势与劣势
一线城市市场渠道模式	经济相对发达,珠宝消费理念相对成熟,消费者品牌意识、消费能力较强,珠宝消费呈多元化趋势	黄金首饰、铂金首饰、K金首饰、钻石首饰、中高档彩宝首饰、中高档玉器	有利于树立品牌形象,较多的目标市场选择,但投资规模大,市场竞争激烈
二、三线城市市场渠道模式	经济相对滞后,珠宝消费理念相对不成熟,多数消费者缺乏品牌意识,消费能力较弱	黄金首饰、铂金首饰、价格便宜的钻石首饰、中低档或合成宝石首饰、中低档玉器	资本投入相对较小,市场竞争相对不激烈,市场发展潜力大,目标市场相对单一,不利于树立品牌形象

表 3-2 横向渠道模式的特征

横向渠道模式	市场渠道特征	产品组合特征	目标市场
商场专柜	品牌定位与商场定位一致,人流多、客源广,有利于品牌宣传,形成品牌效应,但经营费用高,经营缺乏灵活性	与品牌特色和商场定位一致的种类珠宝首饰	与商场定位一致的目标市场
专卖店	根据品牌特色设计品牌形象,易树立品牌形象,经营灵活,经营费用可控,但客源有限,需要做大量宣传	根据企业经营特色制定的产品组合	与企业(品牌)定位一致的目标市场
专业市场	企业聚集度高,产品种类丰富,企业资本投入、经营方式灵活,经营成本较低,但市场竞争激烈,盈利能力有限,不利于树立品牌形象	根据市场需求、市场特征、企业定位设计产品组合	追求货真价实、不注重品牌的消费者群体
网上电子商务	顾客来源广,资金投入小、经营方式灵活,经营成本低,但市场竞争激烈,赢利能力差,商业信用难建立,售后服务差	低价产品、时尚产品、质量有可比性的产品	追求时尚、低价格的理性消费者
电视购物	产品组合单一,资金投入小,可按销定产,受众广,但需要独特的资源,商业信用难建立,售后服务差	时尚产品	追求时尚的消费者、冲动型购买者
高端会所	高端的产品定位,明确的目标顾客群体,优雅的购买环境,优质的一对一服务	高档、单一的产品组合	高端客户、个性化客户

多数渠道模式的目标客户群体是相互冲突的,企业应该结合掌握的资源、产品与渠道的适应性,选择最适合于企业产品销售的渠道组合模式。因此,珠宝企业的渠道组合决策应注意如下问题。

1. 渠道模式一定要与产品特征相适应

从对渠道模式特征的探讨中可以看出,不管是纵向渠道模式还是横向渠道模式,不同渠道的目标客户群体是不同的。不同的渠道销售的产品不同,古玩市场决不会卖时尚饰品,高端商场决不会引入低档产品的供应商。企业应根据自身的产品组合和产品特征选择合适的渠道模式。

2. 渠道的选择应与企业的定位一致

金佰利最初的定位是中西部地区二级城市市场的目标客户群体,并努力成为这类市场的专家。通过多年的努力,金佰利的品牌形象在这类市场上得到了广泛的认同和接受。当金佰利将总部从郑州迁到上海后,尝试在上海开店,但都不能取得良好的经营业绩。周大福进入内地珠宝市场,在商场设立专柜或店中店,但周大福进入的商场都是全国各地定位较高端的商场。从企业运作的成功经验可知,企业只有选择与自身定位一致的渠道,并在这个定位上取得目标客户的认同和接受,才能取得经营的成功。高端定位的珠宝品牌选择低端的渠道,对企业(品牌)形象是一种损坏,低端的定位不能得到高端客户群体的认同。

3. 选择多渠道模式应避免渠道冲突

如果选择多种渠道模式,最好在不同的渠道上保持企业(品牌)形象和营销策略一致,而在产品组合上有所不同,尽量避免渠道的冲突。

周大福除了设立商场专柜和店中店外,还选择了专卖店模式和网上电子商务模式,但在营销组合策略上,周大福在商场专柜、店中店和专卖店都使用统一的形象、统一的产品组合和价格组合,而在网店上以销售时尚产品为主,用不同的产品组合将实体店面和网店的客户群体区分开来,有效地避免了渠道的冲突。相反,武汉一家公司选择了专卖店模式和商场专柜模式,尽管产品组合是一致的,但由于专卖店有灵活的经营方式,在价格上、促销上都有很大的灵活性,经营业绩良好,而商场专柜一直不能取得同样好的经营业绩,这就是渠道冲突造成的。

四、促销组合决策

促销也称为销售促进,促销组合决策是为了对企业产品进行宣传,促进产品销售,企业决策者根据产品的特征或促销目标,对选择使用什么媒体或媒体组合,投入多少资金以及促销的时间、地点等问题做出的决定。其中,媒体的选择,促销的时间、地点等问题是营销策划的问题,在这里,主要探讨促销组合决策应注意的事项。

1. 促销组合决策要量力而行

案例:20世纪90年代初,武汉成立了一家民营珠宝企业——武汉福泰珠宝公司。这是一家实力并不强的公司,可是,在公司开业前,决策者将大量的资金投入到广告宣传和店铺装修上,试图建立良好的企业形象,却没有更多的资金组织货源。公司的广告确实起到很好的效果,开业时吸引了大量的消费者前来购买,货品很快被抢购一空。由于销售收入用来支付广告费和装修费用,供应商收不到货款后停止了对产品的供应,公司资金链断裂,开业3个月便不得不转让。

其实,企业建立企业(品牌)形象也好,宣传品牌特色也罢,最终目的是为了促进产品销售,通过销售为企业取得更大的收益。如果没有很好的资金投入计划,盲目地投入广告反而可能起到相反的效果。所以,企业的促销组合要有系统的规划,量力而行,如企业促销的目的是什么,使用什么促销方式可以达到目的,为了达到目的需要的投入是多少,企业是否具备相应的保障措施等。任何一个环节出了问题,都可能影响促销的效果。

2. 促销和利润有一个拐点

许多企业都有一个简单的想法:产品的销售需要促销,促销能让客户了解企业和企业产品,从而促进产品销售;促销力度越大,产品就会销售得越多,企业的利润也就越高。殊不知,促销的投入与利润之间有一个拐点,如图3-6所示。企业的促销收入是企业的净利润,随

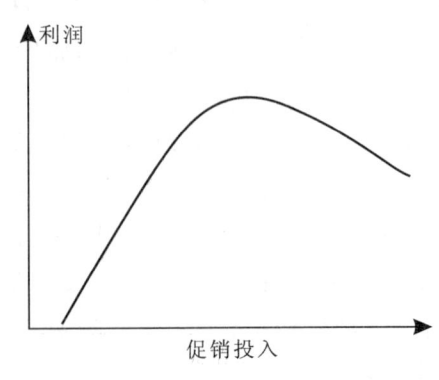

图3-6 促销投入与利润的关系图

着促销投入的增加,产品销售和利润都会增加,但当市场潜力被挖掘到极限时,促销的投入就会冲抵利润,造成利润的下降。所以,企业在做任何一项促销组合决策时,都要对市场进行预测,消费者可能以什么渠道了解到企业的促销信息,促销对目标客户的吸引力有多大,产品的市场容量有多大,进而对企业的促销组合方式、促销费用做出决策。

3. 企业促销要有卖点

在激烈的市场竞争下,企业促销的手段可以说无所不用其极,特别是在节假日到来之际,促销手段更是花样百出,打折、返利、送礼金券、馈赠礼品等。作为奢侈品的珠宝首饰,促销时让利于消费者固然是一种手段,但有两个问题值得决策者思考:一是这些促销手段会让企业付出更多的成本或减少利润,二是所有的企业都采用相同或相似的手段进行促销是否能够达到预期效果。

所以,企业在促销组合方式上也要有创新,不断提炼新的卖点。特别是在同质化产品充斥市场时,许多企业的促销活动都是围绕近期的销售目标展开,提前透支客户,俗套、老套的促销活动增加了企业的促销成本,企业只有围绕目标市场的需求加大产品开发的力度,推进新产品上市,独特的企业形象、企业文化等促销活动,才是具有独特卖点的促销。

4. 促销要有系统的计划

企业投入大量的资金进行促销,目的是争取企业收益最大化,但能否达到促销目的,需要决策者对促销组合方案做精心的计划。对每次促销活动产生的收益要有一个预期,促销的预算应该按照销售额确定一个百分比,每拿出一定的资金用于促销都要产生比投入更大的收益。促销计划每年定一次,并且与企业的经营计划相关,在这一年度里,企业的生产经营计划准备推广哪些产品,围绕哪几个主题做促销活动,选择什么样的媒体或媒体组合,然后将年度促销计划的资金分配到每一次促销活动中。每一次促销活动结束后,还要对促销的效果进行分析总结,不断完善促销组合计划。

珠宝企业的促销组合决策是实现企业阶段性经营目标的重要执行步骤,也是实现企业经营战略的重要决策内容之一。制定合理的促销组合决策是企业管理执行层的重要任务,作为企业中层决策者,必须深刻领会高层决策者的战略意图,在战略框架的指引下,围绕企业的目标市场需求制定最有利于企业赢利的促销组合决策。

第五节 执行开业计划

如果企业是一个新成立的企业或者是进入一个新的市场,那么,前四节所讲的内容都是开业前企业需要做周密计划的内容。本节将探讨如何执行一个珠宝店的开业计划。

一、开业前的准备

对于一个新企业来说,企业开业是一件非常重要的事情,国人讲究"开张大吉",说的是开业做得好,做得顺利,以后一切都会顺利,生意会越做越好。事实上,企业开业如果隆重而热闹,就会给客人信心,也会给员工信心,同时还会打击竞争对手。因此,企业开业前都会经过长期、精心的组织与策划,并在开业时举行隆重的庆典仪式,以求"一炮打响"。

1. 门面装修,体现专业的形象

对于一个珠宝店来说,门面的形象装修常常与金碧辉煌、尊贵典雅等词汇联系在一起,珠宝店的装修风格由专业的设计公司进行设计,一般要体现出专业的形象,同时,装修风格要与企业定位相联系,"百年老字号"就要突出它的古朴,高端定位的珠宝店就要突出它的奢华,时尚珠宝首饰店则要突出它的简洁、明快和代表性的时尚元素,让顾客一看到店面就知道企业的主营产品类型,这是总体风格的设计。其他还有橱窗的设计、灯光的布置、购物区与休闲区的布置等,都要体现专业。

2. 培训员工,展示专业素质和企业文化

员工处于销售的前沿,与顾客直接接触,员工的言行举止、专业素养代表着企业形象,是企业的动态形象展示。企业形象首先通过员工传递给顾客,顾客在与员工的接触中体验企业的热情、专业和敬业精神,所以,企业开业前要培养一支专业、精干、敬业的员工队伍,向顾客展示企业形象和企业文化。珠宝专业知识、礼仪常识、营销技巧都是员工应掌握的知识。

3. 充足的货品,展示公司实力

企业开业是展示企业实力和企业经营特色的最好时机,在货品上必须做充足的准备。根据企业设计的经营特色,在主营业务上的产品要能吸引顾客的眼球,如优质、价高的贵重商品,这些产品可能因价高或质量好而产生轰动效应,会使顾客对企业留下深刻的印象;更重要的是要准备充足的、与主营业务相关的、消费者能买得起的产品,在企业开业热闹气氛的渲染下,顾客很容易产生冲动的购买行为,所以,主营产品要有充足的库存;还要对与产品组合相关的"道具"产品的销售情况做充分预测,准备相应的库存。

4. 精美的礼品,感谢八方来客

礼品是专门为参加开业庆典的嘉宾和顾客准备的。开业之前,管理者会列出出席开业庆典的嘉宾名单,企业会为不同层次的嘉宾准备礼品。各类嘉宾的礼品应按受邀嘉宾的数量比例多准备几份,以防嘉宾随行人员过多导致礼品不足的尴尬;在对开业当天销售情况预测的基础上,按照开业公告对顾客的承诺为顾客准备礼品,对顾客的承诺一定要兑现,不能有丝毫的折扣。顾客是带着企业开业能为他们带来利益而来的,必须按开业前的承诺让他们的体验得到满足,这也是让顾客对企业产生信任度的第一步。

5. 销售道具,配合产品销售

销售道具即配合销售的工具,如员工工作牌、首饰包装盒、产品质量检测仪器、复称台(电子天平)、讲解产品质量用的示意图、笔和纸、销售单据、计算器、点钞机等。所有道具一应俱全并放在特定的位置,让所有员工都能方便地找到。

6. 实际模拟所有的开业程序

开业前一天最好做一次开业预演,模拟所有当天可能发生的各种情况,比如开业仪式尚未开始,顾客进来了怎么办,顾客突然对企业的形象提出异议怎么办,人流量太大,店堂过于拥挤怎么办,货品准备不足怎么办,顾客在服务上突然有其他要求怎么办,顾客与员工或顾客与顾客之间突然发生冲突怎么处理,临时有重要嘉宾到来怎么接待,贵宾休息室不够用怎么办,开业当天天气不好怎么办,通过实际模拟发现可能出现的问题,做好应急的预案。

二、开业计划的实施

经过充分、细致的准备,企业即将开业了。新企业开业就像一位歌唱家闪亮登场一样,全场注目,一开始就要有好的表现,将企业最美好的一面展示给顾客。企业经过前期的宣传和金碧辉煌的装修,已经给社会大众留下了较好的印象,接下来就要看企业的实际表演了。这时关注企业的不止社会大众,还有同行业竞争对手,他们可能还等着看企业在公众面前出丑!所以,经过精心地准备,开业时的"闪亮登场"一定要有好的表现。

1. 聘请知名的主持人

如果公司资源允许,最好聘请一名当时有影响力的节目主持人。主持人是开业仪式上的重要角色,语言表达要流畅、充满激情、具有煽动性,能够调动全场的情绪,并有随机应变的能力,随着开业仪式的进程逐步将公众的情绪带入高潮,当场内出现预想不到的情况时能随机应变,避免冷场或尴尬。

2. 指派一名核心人物监督全场

开业当天,企业高层领导(董事长、总经理)必定忙于应酬,忙于接待重要客人,是不能负责具体工作的。可以指派一名相当于副总之类的领导作为核心人物,负责监督全场,这个人物是开业现场的总指挥,可以调动一切资源,负责处理现场的一切事务。

3. 所有员工各司其职

企业开业时,要事无巨细地吩咐每位员工,分配具体职责。每位员工应该站在哪里,具体的职责是什么,应该以什么态度接待顾客,遇到不同的问题该如何处理,应该找哪位基层领导处理,都要交代得非常明确,员工的职责尽量不要串位,各司其责,保证开业仪式正常有序地进行。

4. 设立临时导购台,提供服务指引

企业开业时可能会因顾客太多,对卖场环境不太熟悉,容易造成购物现场的混乱,因此,企业应专门设立导购台,负责顾客指引,如什么货品在哪个区域选购,在什么地方交款,在什么地方领取礼品等。

5. 设立处理顾客投诉的专门机构

尽管企业为开业做了充分的准备,但还是没法接待好每一位客户,顾客投诉是不可避免的。当顾客有意见时向谁投诉,在什么地方投诉,最好有专门处理投诉的机构,统一处理顾客的意见,为接受顾客投诉做好充分的准备。在接到顾客投诉后,接待人员应负责全权处理,尽量让顾客满意,如果不能满意,只要要求不过分,应该尽量满足顾客的要求,做出相应的补偿,让所有的顾客都能满意而归。

6. 记录顾客所有的批评性意见或建议

企业开业时,顾客或多或少地都会提出批评性意见或建议,比如灯光不够亮、货品不够多、店堂空间不够大、迎宾小姐不够热情等。企业在对顾客的意见表示感谢的同时,要把这些意见统统记录下来。客人的意见往往是很中肯的,他们提出的问题常常是企业以后值得改进的地方。

三、应对不理想的经营业绩

随着我国经济的持续增长,珠宝产业快速发展。在这种环境下从事珠宝经营,只要经过精心的策划,一开业就取得良好的经营业绩是预料之中的事。但是,如果前期准备工作不足,没有经过细致的策划,也可能使企业的经营陷入被动,这对企业来说可能是一个沉重的打击,必须有很好的应对方案。

1. 经营业绩不理想的原因

案例:武汉长江崇文广场购物中心是依托湖北省出版文化城建立的以经营时尚产品、休闲娱乐、美容健身为主体的购物中心,这里有湖北省最大的图书市场,周边聚集着数十所高等院校。中心开业前与武汉市某黄金批发企业达成战略合作协议,由中心提供近千平方米的场地从事黄金首饰、钻石首饰的零售业务。中心开业以后,门庭若市,但黄金珠宝经营区冷冷清清,不到半年时间,不得不从购物中心撤出。

很显然,这是由于与目标市场选择不一致造成的。造成经营业绩不理想的原因还有很多,如企业形象不好、产品定位不清、营销组合设计不对、专业素质不精、开业时机选择不当等。开业不能一炮走红,在社会上不能形成好的口碑,员工信心缺失,以后的生意就不好做了。

2. 如何应对不理想的经营业绩

如果经营业绩不理想,决策者应该注重总结,冷静思考其中的原因,发挥全体员工的智慧,找到行之有效的应对办法并及时加以改进。具体的改进办法有以下几点。

1)开业前最好有一个试营业的过程

试营业不仅可以测试开业程序,还可以通过产品销售情况和顾客反馈意见,分析企业前期准备中的宣传推广、客户定位、形象设计及产品组合是否存在问题,发现问题可以及时纠正,甚至不惜推后开业时间,避免匆忙开业。

2)在营业过程中持续推广,提高人气,逐步改进

如果前期策划不存在问题,那么,很可能是开业时机选择不当。应该将开业时的部分营销推广活动持续进行下去,并不断增加新的推广活动,用更好的产品、更多的优惠、更好的服务吸引顾客,逐步提高人气,改进经营效果。

3)择机开设一个更大、更好的旗舰店,重新开业一次

只要企业在战略选择、营销策划上没有问题,就要坚定不移地向着企业的战略目标前进。企业经营需要一种不服输的精神,一次开业没有达到预期效果,在总结经验的基础上,选择适当的时机,建立一个更大、更好的旗舰店,重新开业一次,将更加完美的形象、更好的产品、更优质的服务展示在消费者面前。

所以,一个企业的开业是十分重要的事情,一定要进行精心地策划。好的开始就成功了一半,如果开业不理想,就需要重塑企业形象,重树员工信心,要花很长的时间和精力才能将企业经营引向正常的轨道。

本章小结

本章系统探讨了珠宝企业经营过程中的决策问题,它对一个在经营中的企业同样适用。

(1)进入珠宝行业必须要有相应的资源,包括人力、财力、物力,在有效资源的基础上规划企业的经营业务。

(2)企业经营取得成功的基础是企业掌握的核心优势,在核心优势的基础上选择能发挥优势的经营地点、经营企业的核心业务,并在核心业务上形成企业专业化的经营特色和企业的核心竞争力。

(3)要围绕企业的核心业务选择目标市场,对目标市场的前景进行评价,并制定精细的珠宝组合策略,只有经过精细的策划,才能保证企业经营取得成功。

思考题

1. 一个优秀的企业管理团队应该是什么样的？
2. 什么样的经营地点是企业理想的根据地？
3. 珠宝零售企业的"五力模型分析"应该包括哪些内容？分析的目的是什么？
4. 不同类型的珠宝企业如何提炼竞争优势？
5. 简述珠宝企业形成经营特色的意义。如何形成企业的经营特色？
6. 不同规模的珠宝企业如何对产品组合进行决策？
7. 产品的价格组合决策应遵循哪些原则？
8. 简述各种渠道模式的特征。珠宝企业的渠道决策应注意哪些问题？
9. 珠宝企业在制定促销组合决策时应注意哪些问题？
10. 珠宝企业如何应对不理想的经营业绩？

第四章 珠宝企业生产运营管理

珠宝企业的生产活动是经营管理的一个重要部分,是珠宝产业链上的关键节点之一。企业的生产活动与营销活动密不可分,企业的营销活动离不开企业产品,产品的供应、质量、工艺、款式等又直接关系到营销活动能否取得成功。

珠宝企业的生产活动包括宝石或钻石切磨加工(将原材料加工成半成品)、贵金属首饰制造和首饰镶嵌,各类生产活动都需要独特的生产技术和管理技术,本章将以首饰镶嵌生产活动作为分析重点,探讨珠宝企业生产活动的管理技术。

第一节 珠宝企业生产运营管理的关键要素

珠宝企业的生产运营管理作为珠宝企业经营管理的一个重要组成部分,包括以下关键要素。

1. 高效

在市场竞争条件下,企业的生产要取得良好的经济效益,必须通过有效的管理提高生产效率。生产效率的提高固然可以通过引进现代化生产设备加以实现,但只要有充足的资金投入,企业都可以通过这样的手段提高生产效率,因此这种做法不能构成企业的核心竞争力,且有些生产工艺不是现代化设备可以代替的。只有通过有效的企业管理提高生产效率、改进产品生产工艺才是企业拥有的核心竞争力。

2. 有序

将宝石材料加工成成品或半成品需要经过多道生产工序,不同工序所需要的人力、技术、产能、产量、生产设备都不尽相同,需要科学地安排、精心地组织,才能使企业的生产活动高效、有序地进行。

3. 质量

质量是珠宝企业生产运营管理的核心要素。先进的设备、优秀的技术人才是保证企业生产优质产品的基础和前提,但是,如果离开了质量管理,就不可能生产出高质量的产品。由于珠宝首饰生产的加工质量在不同工序之间具有关联性,任何一道工序出现质量问题都会引起连锁反应,没有严格的质量管理不可能生产出高质量的产品。

4. 安全

珠宝企业生产运营中的安全包括物料的安全、成品的安全、人身的安全、设备的安全甚至环境的安全。任何一个环节出现了安全问题,小则影响企业的生产效率,大则影响企业形象、企业效益、员工生命甚至对社会生活产生危害,必须制定周密的管理制度,实行严格的管理措施,为企业的生产运营提供安全保证。

第二节　珠宝企业生产流程与规划

不同类型的珠宝生产企业在流程上不尽相同,在管理方式上也有区别。在这里,重点介绍首饰镶嵌企业的生产流程与管理。

一、珠宝企业的生产流程

1. 宝石加工的生产流程

在各种类型的宝石加工中,钻石的加工需要独特的技术(钻石的硬度高,只能用钻石切磨钻石),其他加工类型分为刻面型宝石的加工、弧面型宝石的加工、珠形宝石的加工和异形宝石的加工等。多数宝石加工遵循如图4-1所示的流程。

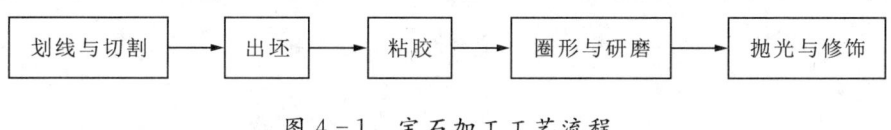

图4-1　宝石加工工艺流程

划线与切割：划线是宝石设计的过程，需要设计师系统分析宝石的形状特征和内部特征，在原料上画出切割的方向和位置（一般是沿着裂纹方向或杂质部位），然后，在切割机上将原料分割成若干小块。

出坯：在打磨机上去除坯料上的边角余料，将坯料磨成宝石成品的大致外形。

粘胶：将宝石坯料固定在一个特制的粘杆上。

圈形与研磨：在围形机上或手工圈出宝石的准确外形，然后，将粘杆固定在特定的机械手上，依次切磨各组刻面。

抛光与修饰：在抛光盘上涂上抛光粉，依次将各组刻面进行抛光，并修正切磨过程中的不规则刻面，并抛光腰棱。

刻面型宝石的加工要分别切磨宝石的冠部和亭部刻面，一般先冠部后亭部。冠部的切磨完成后，再翻转粘结宝石，按照同样的步骤加工亭部，按此流程刻面型宝石即加工完成。

2.贵金属首饰的生产流程

贵金属首饰包括黄金首饰、K金首饰、铂金首饰、钯金首饰和银首饰，黄金首饰的加工流程具有代表性。现代黄金首饰的生产工艺有手工打造、冲压成型、浇铸成型、机械制作和电铸等方法。手工打造是指以纯手工的方法制作一些造型简单的首饰；冲压成型是指借助各种形状的钢模，用冲压的方式使首饰成型并在表面冲压出各种花纹的制造方法；浇铸成型也称失蜡熔注成型，是在高温下将熔化的金水浇入特制的石膏模具中并替换其中的蜡模而成型的方法；机械成型是指用特制的精密机械直接生产黄金首饰（如机制链）的方法；电铸是指采用类似电镀的方法在模具表面镀上较薄的黄金层，用较少的黄金做出更立体和更大体积饰品的方法。其中最常见的是冲压成型法和浇铸成型法。

黄金首饰的一般加工工艺流程如图4-2所示。

图4-2 黄金加工工艺流程

熔金:利用乙炔火焰加热石英坩埚内的黄金,将黄金熔炼成适合加工饰品的单件或单批配料。

倒模:在浇铸成型法中,利用离心浇铸机将黄金配料熔化后再倒入石膏模具中浇铸出铸件;在冲压成型法中,则是由备料部或油压部使用模具冲压来加工产品的雏形。

抛光:将铸件置于磁力抛光机或滚筒抛光机中滚动,经过一段时间的抛光,铸件表面产生光泽。

执模:利用戒指铁、坑铁等辅助工具对铸件进行锉、锤,并修整铸件,使铸件在铸造过程中的变形及粗糙表面得以修正。如果是项链等需要焊接的工件,则需要通过焊接工具将工件连接起来。

压光:用玛瑙笔接触金面并摩擦工件,使工件表面光亮。

车花:使用装有钻石车花刀的车花机在制品表面进行图案性的批花雕刻。

质检:由质量检验人员对产品质量进行检查(Quality Check,简称QC),检验产品是否符合成品出库质量标准。

3.镶嵌首饰的工艺流程

镶嵌首饰是指用各种贵金属(Pt950、Pt900、Au750等)镶嵌宝石的首饰。现代镶嵌首饰的生产工艺以浇铸成型法为主,具体可以分为五大步骤:设计起版、倒模、执模、镶石、抛光电金。具体的加工工艺流程如图4-3所示。

图4-3 镶嵌首饰加工工艺流程

1)设计起版

包括设计、起版、压模。珠宝设计师把理念中的款式形象的画出来(手工或者电脑),交给手艺精湛的起版师傅,起版师傅通过手工制版或者雕蜡的方法把设计图变成了实物模型,金属原型实物经过压模就可以制成胶模,即款式模型。大多数镶嵌首饰工厂都会把款式模型以蜡或银为材料制成蜡版或银版,更为直观地向客户展示,方便客户选款下单。

2)倒模

包括执蜡、灌粉印模、除蜡、配料、倒模等子工序。

执蜡：按客户所选款式规格要求，运用真空注蜡机，将熔化的蜡注入胶模中，先做成符合要求的蜡模，对蜡模进行修整后，将蜡模焊接到蜡杆（俗称树杆）上，制成蜡模的集合，俗称"植蜡树"。

灌粉印模：将焊接好的蜡模树植入特制的钢筒内，灌入石膏粉（俗称注粉），并用真空机抽去粉内的空气气泡，防止铸造出来的贵金属首饰模型出现沙孔。

除蜡：将钢筒放到电炉内加热，使温度达到倒模温度（K金的倒模温度约为680℃），蜡会在加热过程中熔化排出，在石膏模具内留下首饰模型的空洞。

配料：将贵金属原料与补口（用于K金首饰的一种合金原料）按比例混合熔在一起形成K金原料。

倒模：将按配方配制的K金原料按所需重量放入真空吸索倒模机或离心倒模机，经过高温熔成液体后注入到钢筒的石膏模钢筒中，K金熔液便顺着蜡树的树杆通道流入首饰模型空洞中，制成所需的K金款式。

现代首饰工艺中，有时候不再进行倒模，而是利用模具直接在配制好的金片或者金块上锻造冲压成首饰毛坯。

3）执模

对首饰毛坯进行精心修理。将首饰毛坯（又称金托）置于滚筒抛光机中去除石膏粉并抛光后，按要求进行锉、执、锤等工序对金托出现的变形及表面粗糙部位进行修整，使之变得平滑、无沙孔。有时候需要利用一些化学原料（氰化钾等）的腐蚀作用把首饰毛坯表面的污秽物质去除，俗称"炸金"。

4）镶石

经执模后，手工将准备好的裸石运用各种镶嵌技法固定到金托中。

5）抛光电金

运用各种工具、砂纸，将已完成镶石工序的半成品在吊机上由粗到细做精细的打磨，再由涂上抛光剂的抛光轮光滑表面。用除蜡水清除打磨过程中残留在首饰表面的蜡及污物，最后用蒸馏水清洗饰品，置于电镀槽中利用电金水（含铑）对饰品表面或局部进行电镀使首饰表面光亮无比，给人一种光彩夺目的美感。

所要说明的是，镶嵌工艺流程是相对的，总体原则是整个流程要满足镶嵌首饰的工艺要求并在镶嵌过程中使宝石不受破坏。如人们常说的打磨工序是指抛光，有机宝石和部分不耐高温的宝石镶嵌要完成所有工序以后再镶石等。

二、首饰生产工厂的规划与布置

首饰生产工厂既是首饰生产和管理活动的重要场所,又是生产工厂对外形象展示和营销活动的窗口。为了使首饰生产工厂的生产、营销和管理活动正常、安全、有序地进行,必须系统规划首饰生产工厂的布局。这里,以首饰镶嵌厂为例,探讨如何合理地规划和布局首饰镶嵌厂。

1. 首饰镶嵌厂的规划与布局原则

首饰镶嵌厂的规划与布局应遵循以下原则。

1) 方便客户

客户是指为工厂提供订单的珠宝批发商或零售商。客户来镶嵌厂的目的是为了了解镶嵌厂的款式、工艺并委托下单,不需要了解具体的生产过程。如何向客户展示工厂形象,体现工厂实力和管理水平,享受工厂为其提供的周到服务,让客户方便地进出工厂、选择工厂独特或市场热销的款式,是首饰镶嵌厂规划布局时应考虑的主要问题。

2) 方便员工

首饰镶嵌厂的技术工人是不与客户直接打交道的,同时,员工的生活空间、生产环境、员工形象也比较特殊,所以,多数首饰镶嵌厂在规划布局时,会考虑让生产车间成为一个相对封闭的空间,员工的生活、工作环境相对独立,员工进出工厂有独立的方便通道。

3) 方便管理

首饰镶嵌厂的管理人员在客户接待与生产之间起着桥梁作用。前台人员负责客户的接待、推销工厂产品、为客户提供各种服务、接受客户的订单,并将订单和客户要求传达至管理人员,管理人员按订单要求组织生产并负责原料及成品的收发,必要时还要直接与客户沟通。所以,在规划镶嵌厂的布局时,必须考虑管理人员与前台人员、客户与生产人员之间沟通、工作交接、原料与成品收发的方便。

4) 安全保密

安全保密包括三个方面的内容:一是技术保密,每家首饰镶嵌厂都有各自特色的款式、独特的生产工艺和镶嵌技术,首饰镶嵌厂的规划应确保款式不外流,技术不外泄;二是产品和物料的安全,首饰镶嵌厂涉及到贵金属和宝石等贵重物料,应有严格的管理措施和相对保密的保管措施;三是生产过程中的安全,首饰生产过程中会接触到各种机械设备、有毒物品,如果安全措施不当,轻则造成设备的损坏,重则危及员工生命安全,在工厂规划时必须引起高度的重视。

2.首饰镶嵌厂的布置方案

在综合考虑以上四个布局原则的基础上,如图4-4所示的首饰镶嵌厂布局方案可以作为参考。

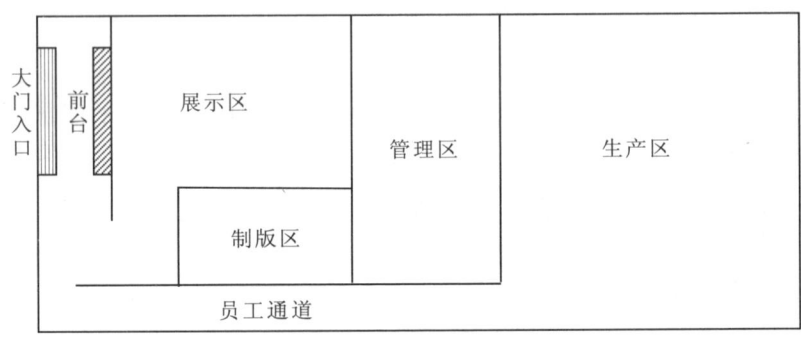

图4-4　首饰镶嵌厂布局平面示意图

展示区:也称版房,是首饰镶嵌厂产品展示的地方,也是接待客户的地方。一般将产品按戒指、吊坠、手镯、手链、项链进行分类,将产品制成蜡版模型,分门别类地进行展示。有的首饰镶嵌厂将模型制成银版并镶嵌合成宝石,可以起到更直观的展示效果(图4-5、图4-6)。客户按照自己的喜好和市场流行趋势,在展示区服务人员的帮助下选择款式并完成订单。

图4-5　首饰镶嵌厂的展示区一角

图4-6　首饰镶嵌厂的成品模型

制板区：是制作、存放胶模、制作蜡模和种蜡树的地方，首饰镶嵌前期的准备工作大多在这里进行，工厂新开发的产品在这里被制成胶模并储存在这里。板房工作人员将客户的订单整理完毕，就交给制板区工作人员，他们按照订单要求的规格和数量制作蜡模、种蜡树，如图4-7所示。蜡模需制作两套，一套供浇铸使用，另一套供管理人员"对版"（将订单的款式与最终的成品一一对应）使用。

　　　a.胶模　　　　　b.用真空注蜡机制作蜡模　　　　c.种蜡树

图4-7　蜡树的制作过程

管理区：是首饰镶嵌厂的生产管理中心，承担着半成品的保管、收发、质检、工具的发放等工作。从浇铸工序开始，每道工序都要经过工件的发放、回收、质检、计耗工作，还需要调配生产车间的所有资源，保证镶嵌厂正常、有序地运行，生产出高质量的产品。

生产区：是首饰镶嵌厂的产品加工区。区内按加工工序设有多个车间，如浇铸车间、打磨车间、抛光车间、电镀车间等（图4-8）。每个车间承担相应工序的生产任务，每道工序都需要有专业技能的工人来完成。

图4-8　首饰镶嵌厂的镶嵌车间

第三节　珠宝企业生产过程管理

以首饰镶嵌厂为例,首饰镶嵌厂生产过程的管理是指从原材料发放到生产出合格成品整个生产过程的管理。镶嵌首饰的生产加工需要经过多道复杂的工序,每道工序有不同的工艺要求,需要不同的设备和工具,通过不同的技术来完成,每道工序投入的人力、技术不尽相同,是一个复杂的管理过程。同时,首饰镶嵌厂产品种类繁多,一个中型首饰镶嵌厂有5 000种以上的款式,客户订单数量大小不同,出库时间要求也有差别,如果没有科学的管理,生产过程很容易陷入混乱状态。所以,首饰镶嵌厂的管理活动要在遵循一定管理原则的基础上科学有序地组织生产活动。

一、珠宝企业生产管理的原则

珠宝企业的生产活动应该在生产效率最大化、生产进度合理化和生产过程有序化原则的指导下进行。以首饰镶嵌厂为例。

1. 生产效率最大化

生产效率最大化是指如何合理地安排生产,节约时间和资源,使各产品生产环节高效运转,在相同的时间内生产出更多符合质量要求的产品。

在首饰行业,随着一个流行趋势的形成,某些流行款式可能是多数经销商的选择对象,在这种情况下,当一个经营期间的所有订单汇集在一起时,这些流行款式就可能形成规模化生产。规模化生产可以节省成本,在生产条件相同的情况下,批量生产所有经销商都需要的流行款式。例如:某钻石镶嵌厂在某个工作日承接了5份钻石镶嵌订单,其中5个客户都选择了P_1、P_2、P_3……P_{10}十种款式,2个客户选择了P_{11}、P_{12}两个款式,3个客户选择了P_{14}、P_{15}两个款式,另外,还有1个客户选择了P_{13}款式。在安排生产时,在制蜡模环节,可以有两种生产方案:一是按款式类型将所有客户选择的相同款式集中制蜡模(即P_1、P_2、P_3……P_{15}款式按订单数量一次性完成蜡模的制备),二是按订单顺序依次完成蜡模的制作。很显然,前一种方案可以节省重复找蜡模的时间,提高生产效率。

2. 生产进度合理化

规模化生产会带来另外一个问题,即库存和出库的压力。首饰镶嵌厂会按客户的订单顺序约定出货时间,在规定的时间内必须完成客户所有订单的产品加工。如果单纯地考虑生产效率最大化,势必造成批量生产的产品产生库存堆积,并且有些客户预订的其他产品不能及时生产,导致所有客户的订单不能及时出库。因此,首饰镶嵌厂要科学地组织生产,一方面要考虑生产效率最大化,另一方面要合理安排生产进度,按订单规定的出货时间的先后顺序科学安排批量加工以外的其他产品的生产。在上述例子中,如果率先安排生产全部订单中的 P_1、P_2、P_3……P_{10} 等款式而其他款式没有同步安排生产,那么,在上述 5 份订单中,任何一位客户的订单都不能出货,因为尚有其他款式未安排生产。所以,在考虑生产效率最大化的同时,要兼顾考虑所有订单生产进度的合理化,保证客户订单有序地交付。

3. 生产过程有序化

首饰镶嵌过程中的各工序是连续进行的,即上一道工序完成后方可转入下一道工序的加工。如果某道工序投入的人力不足,就不能及时完成本工序的生产,下一步工序就无法进行,如果某道工序投入的人力过剩,又会导致本工序的工作量不足。因此,管理者要科学地安排各工序的生产进度,合理地确定每道工序投入的人力,避免整个生产工序中因某一工序没有及时完成而影响后续工序的正常生产。每道工序上每人每天的产量可以根据经验估算,完成一个生产周期的产品生产时间便可经下式算出:

$$某工序的完成时间(T) = \frac{一个生产周期的生产总量}{某工序每人每天的产量 \times 某工序投入的人力}$$

生产过程中投入的人力必须保证每人每道生产工序的完成时间大致相等。即:

$$T_1 = T_2 = T_3 = \cdots\cdots = T_n$$

镶嵌首饰的产品类别不同,镶嵌的难易程度也不同,戒指与吊坠、戒指与手镯的加工难度显然是不同的;同类别首饰加工的难易程度也有区别,如单粒主石与多粒主石的首饰镶嵌、有辅石与没有辅石的首饰镶嵌,投入的技术和工作量有很大的区别。在管理过程中应视首饰类别和工艺难度设置各种产品的工作量系数,而不能按实际件数计算工作量。

二、珠宝企业生产过程管理

在前面的章节中,已经介绍了珠宝企业生产工艺流程,以下仍然以首饰镶嵌厂的生产过程为例,探讨首饰镶嵌每一道工艺流程的管理要点。

(一)版房的管理

版房是首饰镶嵌厂款式陈列的展室,也是客户选择款式的地方。版房不是镶嵌厂从事生产的车间,而是首饰镶嵌厂接受订单的地方,但它对工厂的经营业绩起着至关重要的作用。首先,版房是工厂对外的形象展示,客户来工厂下单,最先接触的就是版房。整齐、美观的款式如果能够深深吸引客户的目光,就能给客户留下深刻的印象。其次,特色的款式展示是工厂设计能力的体现。每一个品牌首饰既要有其经典的特色,又要不断的融入时尚元素,只有将紧跟市场潮流的款式及特色清晰的款式展示在客户眼前,才能吸引客户的眼球,激起客户下单的热情和信心。最后,好的款式还要让客户快速地发现,方便地查找,客户的下单热情才会被激发,首饰镶嵌厂才能从客户那里接到更多、更大的订单。正因为版房的作用如此重要,首饰镶嵌厂必须重视和加强版房的管理。

1. 版房的陈列管理

从以上对版房作用的论述,可以将版房的款式陈列的原则归纳为整齐有序、吸引眼球、方便查找。按照此原则,版房陈列的方式如下。

(1)按类别陈列:珠宝首饰按大类可以分为钻石类、宝石类、玉石类;按首饰类型可以分为戒指类、吊坠类、项链类、手链类;此外,还可以以钻石的大小或宝石的规格进行分类。版房陈列中,可以按各种分类方法,将各种款式整齐有序的陈列出来。

(2)按系列陈列:许多工厂在每年的销售中不断推出新的款式,有的款式成为长盛不衰的经典之作,每类经典之作都有一系列款式,构成一个首饰系列,如六角皇冠系列、惹火系列、市场热销的 TOP10 系列等。例如钻石系列款式常常是客户下单的热点款式,可以按照钻石(宝石)的大小(规格)单独陈列,以便于客户查找。

(3)按流行趋势陈列:每年都有不同的流行趋势,如流行色、流行款等。珠宝商家也会相应地推出各种流行款式,且这些流行款式也是客户下单的热点和工厂重点推荐的款式,将它们单独陈列可以起到吸引客户眼球的目的。

如果工厂的款式较少,可以综合使用以上陈列方式,制造款式丰富的印象。

每次客户选款,版房工作人员就会将符合客户要求的款式整盘地挑选出供客户选择,每接待完一个客户,都要对版房进行及时整理,将款式盘归位,一方面保持版房陈列的整齐有序,另一方面方便接待下一位客户。

2. 版房的人员配置

如上所述,版房在首饰镶嵌厂的营销中起着重要的作用。版房除了整齐的陈列、丰富的款式外,还需要为客户提供优质、专业、精细的服务,至少配备一名懂设计的专业人员。此外,版房的人员配置中,除了要有热情的接待员、细心的抄单员、熟练的配石员外,还要配备懂宝石鉴定的专业技术人员。接待员的热情接待要让客户有一种宾至如归的感觉,抄单员最好是懂设计的专业技术人员,同时应该了解客户的心理,熟悉市场流行趋势,熟悉不同地域市场对款式的喜好,熟悉本工厂款式特色、摆放位置,并有良好的口才和产品推介能力。在客户选择款式过程中要了解客户的所思所想,有针对性地向客户进行推荐,当客户对某一款式提出修改建议时,抄单员应该及时应用自己的专业知识,用图示的方式表达客户的描述,并及时对客户的建议表达赞美和感谢之情。当客户结束选款后,配石员应及时收取客户的宝玉石裸石,清点数量、鉴定真假、检查质量,对有质量问题的裸石,应及时向客户说明并得到客户的确认。做完这些工作后,配石员要迅速检查客户所选款式与裸石的匹配性,对不匹配的裸石,要及时同客户商量并调整方案。

(二)生产流程管理

生产流程管理是指按首饰镶嵌流程进行生产时,每道工序的管理过程和管理方法。

1. 注蜡和修模

利用一个特制的胶模和真空注蜡机,将熔化的液体蜡注入胶模中,形成一个首饰外形的蜡模,这个过程简称为注蜡。也就是说,注蜡要借助一个胶模和真空注蜡机才能完成,其制作过程如图4-9所示。首先,将一个首饰模具压入未经熟化的生胶或天然橡胶中,制备一个包含首饰模具的胶模(图4-9a);然后,用特制的刀具切开胶模(图4-9b),使首饰模具正好位于切开面的分界位置(图4-9c);接下来,取出首饰模具,将切开的胶模闭合,内部便形成一个首饰模具的空腔;最后,利用真空注蜡机将熔化的液体蜡注入,待蜡冷却固化后,将蜡模从胶模中取出便制成了一个首饰的蜡模(图4-9d)。

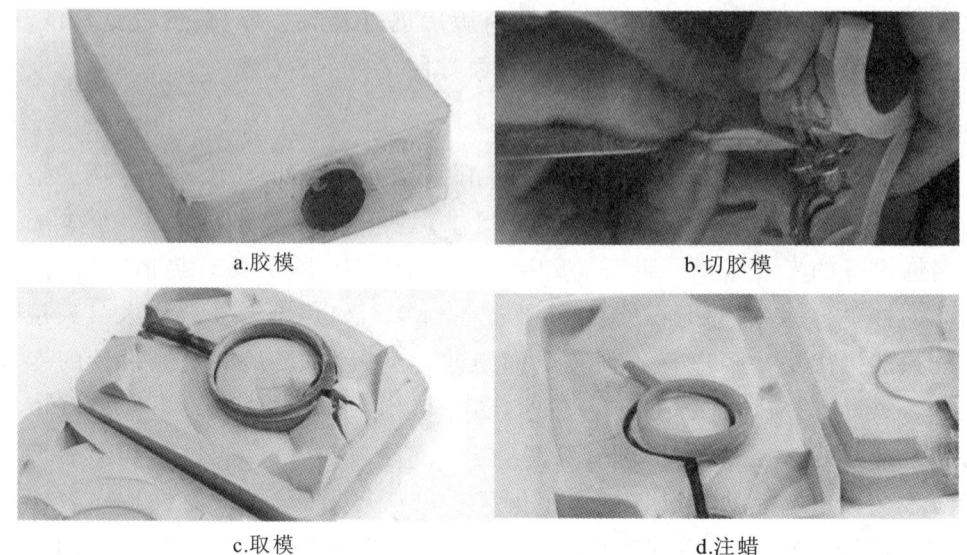

a.胶模　　　　　　　　　　b.切胶模

c.取模　　　　　　　　　　d.注蜡

图4-9　蜡模的制作过程

蜡模制备完成后,再用修模笔对蜡模进行修整。修模笔实际上就是一个特制的电烙铁,用来修整蜡模上的缺陷,如表面的气孔、小丘等。还要对蜡模的圈口进行调整,使之符合客户的要求。修蜡模的过程非常重要,它直接关系到浇铸的首饰模具的表面光滑度,如果不将蜡模表面修整光滑,不仅影响后续加工进程,还会影响加工质量和原料损耗。

这一工序的管理工作包括两个方面:一是对胶模的管理,要对每个胶模进行编号,分类存放,便于查找;二是对注蜡的质量管理,蜡模制备完成后,要认真检查每个蜡模表面的光滑度,发现问题及时修整,同时,要仔细核对蜡模与客户订单的对应情况,在下单数量和款式上严格一一对应,避免在这一工序中出现订单与实际加工数量和款式不相符的问题。

2.种蜡树、脱蜡

所谓种蜡树,就是将蜡模一件一件的有规律地焊接在一根蜡质的支杆上,形象地称为蜡树,后续脱蜡工序中蜡流出的通道和金属浇铸的通道称为水口,水口像树杆一样把蜡模连接起来,蜡模有层次地分布在支杆顶端(图4-7c)。种蜡树工作完成后,接下来就要进行灌制石膏模、脱蜡和烘模工作。

灌制石膏模的准备工作是将种好的蜡树套上一个钢筒,如图4-10所示,将熟石膏粉和方解石、石英砂、还原剂及凝固添加剂等粉末搅拌均匀,调制成粉浆,然后,将粉浆灌入钢筒中。在粉浆尚未固化前,将装有粉浆的钢筒静置于真空泵中进行抽真空,目的是去除蜡模表面和粉浆中的气泡。如果蜡模表面有气泡,经浇铸的首饰模具表面就会有毛刺或小丘;如果粉浆内部有气泡,在浇铸时就可能增加贵金属的损耗。

图4-10　灌制石膏前的蜡树和钢筒

固化好的石膏粉筒要经过脱蜡与烘模才能用于浇铸。脱蜡一般用电热蒸汽。石膏模放入时要让水口朝下,加热时温度应是逐渐升高的,达到最高温度后要保温3小时,使烘炉内所有石膏模温度均匀一致之后让石膏模温度降至最佳温度。烘模的过程也是脱蜡的过程,利用高温使钢筒中的蜡树熔化,沿着树干经水口流出,这一过程称为脱蜡或失蜡;同时,烘干石膏模使之固化。

这一过程的管理主要是技术管理,每个环节都不同程度地存在着技术问题,只有把握好每一个技术细节,才能制备高质量的模具。

3. 浇铸

首饰的浇铸是利用离心浇铸机将熔化的金属液体注入失蜡后的石膏模中,填充石膏模内的空间,这一过程称为浇铸(图4-11)。

a. 将金属液体倒入水口

b. 待冷却的石膏模

c. 浇铸完成后的金属树

图4-11　浇铸

按预估的质量配置好所需的贵金属和补口,将两种金属放入熔金锅里混合均匀熔炼,制成为金属液体后,倒入已经烘干的钢筒里面,金属液体就会沿水口流入失蜡的空隙中,待自然冷却后把石膏用化学物品炸洗掉,一棵金属树就新鲜出炉了。

浇铸工序的管理一是技术的管理,二是贵金属材料的管理。

浇铸工序中一个关键问题是浇铸温度。为了能使浇铸的坯件达到理想的效果,首先要了解所用金属的熔点和特性,俗语叫掌握火候。不同的金属材料浇铸温度不同,这取决于金属的熔点和特性。熔化成半液态的金属熔体看似流动性很好,其实还略欠火候。半液态的金属带来的后果是有冷却麻点,会使浇铸的金树"缺胳少腿";相反,如果金属熔体过热,有效成分挥发,金属发枯,产生过热麻点,其后果有时比熔点不足更糟糕。合适的温度使金属熔体保持最佳流动性,汇合成完整的液态,浇铸出完美的金属树。

对于贵金属的管理,在浇铸前要根据蜡树上首饰蜡模的类型和件数尽可能精确地估算用料的需求量(也可以根据失蜡的体积进行估算),一次浇铸的物件一次性办理出入库手续。从本道工序开始,要严格计算贵金属的损耗。

4. 执模、炸金

将各个首饰铸件剪下来,对结合部进行修整、打磨、组装和焊接,以便分别加工。主要工作包括修饰、修补工件缺陷,对工件进行整形、焊接,初步打磨铸件表面,装配珠宝配件等。执模是半成品加工的第一步,把剪下来的空托按客户订单上的要求通过焊接、锉、执、锤、省等工序,对空托出现的变形及表面粗糙部位进行修整,使工件平滑、无沙眼(小孔)、形状规整(图4-12)。执模结束后,利用特定化学原料(氰化钾等)的腐蚀作用将空托表面的污秽物质除掉,这一过程叫"炸金"。

a. 待焊接的组合物件　　b. 修整戒圈　　c. 锉削物件的表面

图 4-12　执模

5. 镶石

完成执模后,马上进入镶石流程。镶石就是用钳子、锤子等工具按款式的要求把配好的石料镶嵌到已"炸金"过的空托上。镶石时要按照石料的形状、大小等进行车位,根据不同要求的镶法把宝石稳固地镶嵌,确保宝石平、齐、稳,如图4-13所示。由于镶石时是用钳子等工具来镶嵌,在镶石结束后要用锉对边、爪等进行修整,以便打磨。

a.在镶石位上车沟槽

b.固定宝石

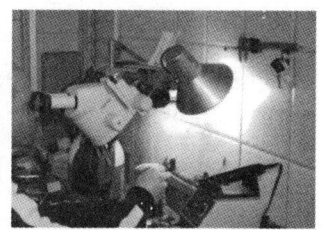
c.在显微镜下镶辅石

图4-13 镶石

镶石是一项精细工作,在所有的首饰镶嵌厂里,都由经验丰富的师傅亲自操刀完成,一旦在镶石过程中用力不当,很可能导致宝石的破损,带来的经济损失将是十分巨大的。

镶石工序的质量管理是珠宝生产企业管理的重要组成部分,宝石是否镶嵌得平、齐、稳,镶嵌瓜是否大小均匀、对称,镶嵌边是否圆滑等,都会影响镶嵌质量并影响后续加工。

此外,要加强对镶石师傅的职业道德教育。一些首饰镶嵌厂的镶石师傅有"养石"的行为,如在钻石镶嵌中,镶石师傅可能会自备一粒钻石,在镶石过程中,在质量误差允许的范围内,他们会将自备的钻石不断进行轮番替换,逐步"养大"自备的钻石。在不能持续监督的情况下只能以职业道德规范镶石师傅的行为。

由于在镶石工序中会发生锯割、锉削、打磨贵金属的行为,因此,严格控制损耗也是本工序的重要管理内容。

6. 打磨、抛光

打磨、抛光是利用砂纸、黄轮、大小毛扫、内绒棒等工具,在吊机或抛光机上去除贵金属表面所有的痕迹,并对贵金属进行上光的过程。打磨是在执模的基础上去除贵金属表面可见的痕迹,一般用油锉(一种非常细的锉)手工完成或在吊机上以细砂纸制成各种工具,打磨物件的表面,使物件表面变得光滑;抛光则是在高速旋转的抛光机上安装黄轮、大小毛扫、内绒棒等工具,并在工具

图4-14　镶嵌首饰抛光机

上涂抛光蜡,对贵金属表面做更精细的打磨并对表面进行彻底的抛光。抛光机如图4-14所示。

7. 电镀

不同的金属,电镀的方式不同。电镀又可以分两种方式,一种是镀笔式电镀,又叫做笔电。用一支沾上液体贵金属的电笔,轻轻地点在金属表面上,使金属变成白色或金色,可以起到很好的装饰作用。不过因为镀的表面太小,只适合较小的首饰电镀或用于首饰的装饰(如分色)。另一种是覆盖式电镀,又称为水电,如图4-15所示。采用常规的电镀设备,把首饰捆绑好,放入配制好的电镀液中,在一定pH值和温度条件下,通过电镀原理,使电镀液中贵金属离子逐渐转移到首饰的金属表面。电镀后的金属表面对首饰具有保护作用,因而抗腐蚀性极佳,长期佩戴不易改变颜色。电镀后一件完美的首饰成品就完成了。

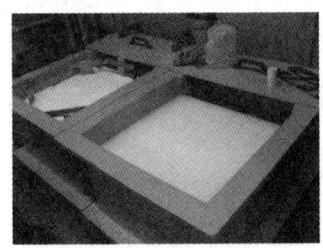
a. 电镀槽

b. 不同类型的电镀液

c. 正在电镀中的物件

图4-15　电镀

电镀工序的管理主要是技术管理和质量管理。电镀工艺看似简单,但如果对pH值、温度、电镀液的浓度、电镀时间等技术指标掌握不好,或者卫生条件把关不严,电镀表面的颜色、亮度就达不到理想的效果。

第四节 珠宝生产企业的物料管理

珠宝生产企业的物料管理是指珠宝生产企业在生产过程中对所需的各种生产资料的订购、库存、发放、消耗等系列流程进行计划、管理和控制的活动。首饰镶嵌过程中涉及到的物料包括首饰镶嵌设备、工具、宝玉石材料、贵金属、燃料、工具等。物料管理是合理组织生产的前提条件,因生产中各工序一环扣一环,物料得不到保障必然影响生产。物料管理是提高企业经济效益的重要途径,在生产过程中若损耗过大,势必造成浪费;物料管理也是提高生产效率的物质基础,保持设备的先进及完好,才能正常生产运转。

在各类不同规模的首饰镶嵌厂里,管理活动的起点是不同的,例如,以生产各种镶嵌首饰、从事批发业务的镶嵌工厂的管理活动始于宝玉石材料的采购;专门从事首饰镶嵌业务工厂的管理活动始于贵金属材料的采购,生产过程的管理始于倒模工序;一些中小型生产企业还可能将生产工序中的倒模工序委托给专业的倒模厂来完成。所以,不同的生产企业管理活动有差异,且生产流程的不同工序可能涉及到相同的物料管理。这里按照生产过程中的物料类型分别探讨不同物料的管理工作。

一、生产材料的管理

首饰镶嵌厂生产活动中的生产材料主要包括贵金属和宝玉石材料,其他材料基本上属于低值易耗品类的生产辅料,如各工序的工具,制备首饰模具的胶、蜡、石膏,打磨过程中的砂纸,抛光过程中的抛光蜡,电镀过程中的电镀液等。

1. 贵金属材料的管理

贵金属材料主要是指首饰生产用的黄金和铂金材料。多数生产企业会订购99.99%黄金和99%铂金,然后,按生产或订单的要求配制成18K白金或18K黄金和Pt900或Pt950铂金,这是目前中国珠宝市场上使用的主要贵金属。

贵金属的国际行情每天都有价格波动,为了回避价格波动带来的风险,在不能确定贵金属价格趋势的情况下,首饰镶嵌厂不要盲目存储贵金属,而应视每天的订单情况,在客户确认了金价之后,再向黄金交易所或其分支机构定购相应数量的贵金属。有些首饰镶嵌厂因为接触贵金属,也会将贵金属期货业务作为企业业务之一,实际上是有很大风险的,行情好时可能会小有赢利,但一旦价格剧烈波动时,会给企业带来很大的风险,甚至将企业带到倒闭的边缘。所以,贵金属材料进货环节的管理更多的是风险管理,以销售量确定进货量是控制风险最有效的办法。

但是,为了保证生产活动的正常进行,适量的贵金属库存也是必要的。那么,保持多大的贵金属库存量是比较合适的呢?一般来说,这要取决于企业的生产规模和对贵金属行情趋势的判断。从生产规模上说,可以根据生产经验储备 5 天左右的用金量,然后,根据订单情况及时补充库存。补充的数量可以用直接计算法(或定额法)确定:

$$贵金属的用量=(当日订单用金量或计划产量+废品数量)\\ \times(1+损耗率)-计划回收废品数量$$

企业在保持贵金属的库存量时,需以最低成本、最适宜时间获得符合生产要求的物料,基本的采购方法包括调查分析市场动态、预测未来的物料供应情况、决定最佳采购方式。如需订购黄金原料,要调查分析黄金市场价格波动情况,如果预期黄金一定时期内要涨价,在涨之前要适当增加采购量,以在销售中获取一定的利润;反之,如果预期黄金在今后一段时间要跌价,就要抛售部分库存,减少库存量,降低因价格下跌给企业带来的风险。

采购的贵金属要有专门的储存空间、专人管理,严格办理出入库手续,避免在采购和使用过程中出现任何问题。

2. 宝玉石材料的管理

宝玉石材料是指企业生产过程中使用的宝玉石主石及辅石(或称配石)材料,多数情况下,主石是由企业采购或客户提供,辅石则是由企业采购或供应商提供的(即供应商先提供各种质量、规格的辅石给企业使用,定期结算),少数特殊质量和规格的辅石则必须通过订制渠道获得。

对于企业自身采购的宝玉石材料,采购人员要系统了解企业产品的质量定位,要有专业的宝玉石知识,对市场供应情况、供应商的基本情况都要有全面的了解,且较好地掌握市场行情并具备熟练的商业谈判技巧。例如:一位钻石裸钻的采购者,应充分了解所在地(如深圳等地)批发、销售裸钻的厂家数量、联系方式、价位特征等;在对市场供应情况充分了解的基础上,选择那些在质量、价格、信誉有保证的供应商,力争与他们建立长期、良好合作关系,并尽量寻找一级批发商;同时对采购人员要有严格的监督机制,防止吃回扣、送人情等造成企业成本过高,对主管人员要有连带责任。

对于客户提供的宝玉石材料,收石人员(即版房配石员)要当着客户的面清点材料的数量(粒数和质量),严格检查材料的质量,若发现材料有缺陷或质量问题,一定要客户当面确认,尽量避免出货后的质量追责问题。

对于辅石供应商,要严格把握材料质量和价格,辅石对首饰起着装饰作用,劣质的辅石会影响首饰的美观,达不到装饰的效果;辅石虽然不是企业直接采购,但价格过高会影响企业的利润和提高客户的商品成本。所以,企业同样要严格把关,为客户负责,选择那些货优价廉、讲求信誉的供应商合作。

宝玉石材料同样要有专人管理,严格办理出入库手续。

二、生产设备和工具的管理

首饰镶嵌厂的设备和工具种类很多,每道工序中都有相应的专用设备和工具。

1. 设备和工具的特点

(1)设备、工具种类繁多,用途上具有可替换性,使用不当会影响加工效率。如粗细程度不同的锉,都是用来锉削贵金属表面的,粗锉的锉削效率高,但锉出的表面粗糙,原料损耗大;细锉的锉削效率低,但锉出的表面光滑,如果在修整形状时用细锉也可以达到目的,但锉削效率低,工具损耗大。

(2)不同品牌的设备和工具外观相似,但由于功能、材质等方面的差异,导致加工效率、效果和使用寿命有很大的差别。

(3)不同的镶嵌师傅在镶嵌设备和工具的使用上可能有自己的习惯,对自己的工具有独特的使用习惯和保养措施,对设备、工具的特点和性能有熟练的掌握。如果被别人滥用,会破坏他们对设备和工具的感觉。

(4)设备、工具如果使用不当,会加快其损坏速度,缩短其使用寿命。

(5)设备、工具使用不当可能造成安全隐患。

2. 设备和工具的管理办法

(1)不同工序使用的设备专业性很强,有些设备价格昂贵,一经损坏,会给企业带来较大的经济损失,需要懂技术、有经验的人员对设备进行专门管理和操作,实行技术专业化,如浇铸技术、电镀技术等。

(2)设备、工具的采购指定专人负责,根据工厂生产积累的经验,哪些品牌的工具价格更合适,更适合工厂使用,更加接近经济、适用的目标,同这些设备、工具供应商建立长久的合作关系。

(3)建立严格的工具领用登记制度,根据每位镶嵌师傅从事的工作类型,将工具分配到人,自行管理,不得串用、滥用。

(4)根据生产经验,建立设备、工具消耗标准,制定工具使用量化制度,工具的使用和消耗与经济效益密切挂钩,在损耗范围内节省的工具消耗,按照一定的比例折算成现金奖励给个人,对工具消耗超过规定标准的,超过部分由员工自行承担。

三、贵金属损耗控制与管理

首饰镶嵌厂生产过程中,从浇铸工序开始,几乎每道工序都涉及到贵金属的损耗。首饰镶嵌行业的竞争也十分激烈,镶嵌厂为了争取客户,纷纷降低加工费。镶嵌服务收取的加工费几乎不足以支付员工的工资和工具耗材费。镶嵌服务中,一般要向客户收取一定比例的贵金属损耗(不同的首饰镶嵌厂损耗标准稍有不同,18K金一般在10%~15%之间,铂金一般在12%~18%之间)。而在首饰镶嵌厂内部,对贵金属损耗的控制就成了镶嵌厂取得良好经济效益的重要途径。本节将探讨首饰镶嵌厂贵金属损耗的原因、控制与管理方法。

1. 贵金属损耗产生的原因

在首饰镶嵌加工过程中产生贵金属损耗是难免的。为了有效地控制损耗率,首先必须找到加工过程中产生贵金属损耗的原因,再来寻找减少损耗的方法。概括地说,导致贵金属损耗的原因主要有以下三个方面。

(1)加工过程中的损耗,主要发生在熔炼、浇铸、执模、打磨、抛光等工序中。熔炼过程中,部分补口的成分会因氧化而挥发,虽然没有直接损耗贵金属,实际上是提高了贵金属的成色,而总质量减小了;浇铸过程中,贵金属铸入石膏模气泡形成的空隙中,会造成材料的浪费;物件表面磨光(执模、打磨、抛光)过程中的粉末尽管可以回收,但不可避免地会造成一些损耗。

(2)为了保证贵金属的最低成色要求,保证首饰镶嵌厂的信誉,在配制贵金属合金时本着就高不就低的原则,保证贵金属在千分位上高于最低成色标准而引起的金属亏欠。如在配制18K金时,要求的成色标准是黄金含量不低于75%,而首饰镶嵌厂配制的18K金成色可能达到75.01%以上。

(3)物料丢失或因偷窃引起的损耗,这是由于首饰镶嵌厂管理的原因造成的损耗。物料丢失可能是内、外部人员盗窃所致,还有可能是内部员工私自调换材料,以次充好,以假乱真,将贵金属材料偷出工厂,还有一种情况是工厂工人将工厂规定允许范围内的金粉私自带出厂,即所谓的"赚金"等。

2. 贵金属的回收与管理

解析首饰镶嵌生产中贵金属损耗的原因,是为了探讨建立可靠的材料管理制度、完善的废料回收系统,更好地保障首饰镶嵌厂的利益不受损失,为企业创造更多的经济效益。在认识了贵金属损耗原因的基础上,要制定完善的管理措施,杜绝或尽量减少各种产生损耗的途径。具体表现如下。

(1)建立严格的出入库制度。贵金属必须专库储存,实行双人、双锁、双账管理,并及时做好进、销、存登记工作,保证在库存和生产环节不丢失、不被盗。生产流程的每个环节都要有严格的交接手续,一旦出现问题,要及时清查问题出在哪个环节,并追究责任。

(2)减少生产环节的贵金属损耗。探索各生产工序最低损耗的经验值,每个工序的生产损耗精确到人,实际损耗小于经验值的,经验值与实际损耗的差额部分,最大限度地奖励给工人;实际损耗大于经验值的,由工人自行承担。

(3)加强生产过程的管理。生产过程中产生的废物、废料都要注重回收,如浇铸后的石膏粉、炸金后的炸金水、生产车间的地面灰尘、抛光机的废屑、抽风机的烟道,都有残存的贵金属粉末,定期对这些部位进行清理,使各工序的贵金属损耗降到最低。

(4)加强对镶嵌工人的生活管理。每天下班或工作结束后,镶嵌工人的衣服、手,甚至头发都要到专门的位置进行全面的清洗。

(5)加强员工的职业道德教育,杜绝在材料回收中的弄虚作假。每次回收的材料,管理人员都要对其成色和质量做认真检查,防止以假乱真,以次充好。

第五节　珠宝生产企业的产品质量管理

首饰镶嵌厂的产品质量管理可以说渗透到每一个生产环节中,且每道工序上出现的质量问题都会对下一道工序的质量或生产效率产生影响。对每道工序进行严格的质量管理,不仅有助于企业生产合格的产品,而且一旦出现产品质量问题,还有助于厘清责任,避免互相推诿。基于此,在这里按照加工工艺流程探讨各主要工序的工艺质量要求和管理方法。

一、浇铸工序的质量管理

浇铸是贵金属成型的第一道工序。为了保证浇铸的质量,首先要做好石膏模,其次是掌握好火候,保持贵金属良好的流动性。也就是说,经验和技术是浇铸质量的保证。

1. 工艺质量要求

浇铸成型的工件要求表面光洁、无砂孔、无裂隙或缺陷。贵金属表面的修饰度好,无严重的、难以修正的变形,特别是那些表面装饰或镶嵌结构比较复杂(主石、辅石较多)的款式,装饰纹路要清晰,镶口要完整,不能有变形或其他缺陷。

2. 工艺质量管理

浇铸工艺质量管理主要是技术管理,从种蜡树到浇铸成型的每一个子工序都要把握好技术细节。

(1)种蜡树时,每件蜡模与水口之间要保持一定的角度(图4-16)。

(2)水口要保留合适的尺寸。水口是贵金属注入的通道,水口过小,不利于贵金属的流入,水口过大,贵金属过快,不利于浇铸质量。

(3)浇铸前抽真空一定要尽可能彻底,不让空气残留在蜡模表面和石膏内部。

图4-16　蜡树与水口之间的角度

(4)熔化贵金属一定要根据经验掌握好温度,过高和过低的温度都不利于浇铸质量。

二、执模工序的质量管理

1. 工艺质量要求

执模工序要修正模具的形状,修整模具的表面缺陷(如砂孔、裂口等),将首饰的各个组件组合焊接在一起,使之符合下一工序加工的质量要求。具体要求如下。

(1)矫正模具在浇铸中的变形,模具外形规整,完全符合首饰的要求。

(2)修补首饰模具的表面缺陷,使贵金属工件无表面小丘、无砂孔、无裂口。

(3)实现首饰组合部件的完美焊接,对接精准,焊接牢固,形成一个整体。

2. 工艺质量管理

将贵金属模具从金属树上剪下来后,质检员就要开始做质检工作,对所有首饰模具逐个检查,进行严格的质量把关。

(1)筛选浇铸的次品,即将浇铸的模具中严重变形的或有结构缺陷的模具分选出来,并对数量、款式编号做好登记,迅速做好补单工作。

(2)执模师负责修整每件工件的形状,修补表面的缺陷,如裂口、砂孔、浇铸的残缺部位等,尤其是砂孔的填充要恰到好处,修补过程中既要防止因贵金属熔化产生外观的变形和缺陷,又要完全覆盖所有砂孔。

(3)锉削模具的表面,去除表面的小丘,使表面变得平滑。然后,质检员认真检查模具的每个部位,如果发现缺陷,及时退回执模师重新修整,尤其对表面是否还有未完全填充的砂孔的检查,一定要仔细查看。

(4)验收、称重、入库所有的合格品,入库单由执模师和质检员共同签字。

三、镶石和执边工序的质量管理

镶石工序包括镶嵌主石和辅石,执边是在镶石后将爪部、边部打磨圆滑。

1. 工艺质量要求

不论是主石还是辅石,宝石镶嵌都应符合以下工艺要求。

(1)宝石镶嵌端正、平直,主石、辅石镶嵌牢固,不会发生掉石现象。

(2)宝石与齿口吻合无缝,齿口大小均匀一致,齿口的高度要与宝石的大小、厚度相适应,宝石与齿口之间不能出现缝隙。

(3)镶爪高低长短适中、一致,定位均匀、分布合理,俯视不露底托。

(4)镶边均匀平滑,首饰托架线条变化部位过渡圆滑,无走样变形,表面无划痕、砂孔,更不能出现裂纹、断口现象。

2.工艺质量管理

镶石是一项技术要求很高的工作,是体现首饰镶嵌厂技术实力重要表现之一。一方面镶石师傅要以精湛的技术和认真负责的态度完成这一精细的工作,另一方面质检员要以专业的手法从工艺的视角,对镶石和执边的完成情况进行细致的检查。

(1)认真检查主石、辅石镶嵌的平稳度和牢固度,使之符合工艺要求。

(2)检查执边后是否有新的缺陷暴露出来,如爪位和边棱表面经锉削后是否出现了新的砂孔或裂口,发现新的缺陷应及时标记并返回上一道工序进行修补。

(3)检查主石和辅石是否因镶嵌时用力不当而出现被镶破的情况,一旦发现主石或辅石破损,一定要厘清责任。

四、打磨、抛光工序的质量管理

打磨和抛光是首饰镶嵌加工的最后一道工序,经执模、执边后的首饰模具表面可能还有较明显的锉痕,要通过打磨使表面平整光滑,通过抛光使贵金属表面光洁如新。打磨和抛光质量直接决定了首饰成品的外观完美程度,必须严格把好质量关。

1.工艺质量要求

首饰底托经打磨、抛光后,已经接近首饰成品的质量,因为后续加工——电镀工艺只是对表面进行修饰,因此,在工艺质量上,要求如下。

(1)宝石镶嵌牢固,周正美观,爪、齿、镶边要整齐、光滑、完美。

(2)形状规整,具备首饰成品的外观和所有装饰特征(除分色等表面装饰外)。

(3)表面无砂孔、划痕,光洁如新,弧线过渡自然。

(4)造型完美,整体协调对称,面线交替清晰、层次分明,主题突出,立体感强。

2. 工艺质量管理

首饰镶嵌厂要按照首饰生产要求制定首饰打磨抛光工艺质量要求,由质检员对工艺质量进行监督管理。

(1)规范打磨、抛光人员行为,必须严格按照规定的工艺要求进行作业,严禁一切偷工减料行为,因减少工序或错误的使用方法造成产品成为次品或报废的一律照价赔偿。

(2)严格质检过程管理,对于打磨、抛光中出现的质量问题要依规厘清责任。如出现砂孔,是过度打磨造成的还是上道工序中的质检遗漏,质检员要有判定责任的能力,不符合质量要求的产品一律作次品处理。

(3)打磨、抛光人员在加工过程中因操作不慎造成次品或发现上道工序的缺陷等问题时,不得自行处理,应连同抛光产品一起交质检员核对,由质检员判定责任并提出处理建议,否则由加工人员照价赔偿。

五、电镀工序的质量管理

电镀工序是整个首饰生产流程中最后一道工序。电镀是为了将首饰表面进行装饰或美化。所以,首饰的电镀又可分为局部电镀(如分色)和整体电镀。电镀工艺看似简单,但要达到良好的电镀效果,必须进行严格的质量控制。

1. 工艺质量要求

首饰的电镀必须满足以下质量要求。

(1)镀层与基体之间及镀层与镀层之间要有牢固的结合力。

(2)电镀层必须要有一定的厚度,不能太薄,也不能太厚,太薄达不到理想的效果,太厚会使贵金属表面发闷,体现不出贵金属应有的光泽。

(3)镀层外观要细致平整,无斑点、无发黑、发灰、发雾、发花等不良现象。

2. 工艺质量管理

电镀工艺质量的影响因素有很多,操作者的经验、电镀设备、电镀液、电镀环境等,都会对电镀质量造成影响,必须进行严格管理。

(1)保持电镀室环境的干净卫生,包括电镀室空气、电镀液和电镀物件。电镀室必须是与其他加工车间相隔离的封闭环境且保持良好的通风,空气中不能有任何污染物;电镀液要单独存放,不能混入其他任何杂质;电镀物件在电镀前要认真彻底地清洗。

珠宝企业管理 ZHUBAO QIYE GUANLI

(2)注重积累电镀工作经验,在电镀液浓度、电流大小、电镀时间等技术指标上形成经验值,使电镀工艺达到最理想的状态,在工艺质量方面追求理想的平衡。

第六节 珠宝企业生产的安全管理

珠宝企业生产的安全问题可以说贯穿于整个生产过程之中,如果管理不善,轻则影响企业的正常生产经营活动,重则影响到企业生命财产安全,必须加强管理,注重分析和发现企业管理和生产过程中的安全漏洞,制定严格的安全防范措施,保证生产经营活动的正常进行,确保员工的健康、生命和企业的财产不受损失。

概括地说,珠宝企业生产的安全管理包括物料和产品的安全管理、生产过程中的安全管理和生产环境的安全管理。物料和产品的安全管理已经在前面的章节中做过详细的探讨,这里重点讨论生产过程中的安全管理和生产环境的安全管理。

一、生产过程中的安全管理

不同类型的珠宝生产企业在生产工艺流程上稍有差别,但安全管理问题上存在相同之处。实践表明,珠宝生产企业生产过程中的安全事故大都出自两个方面:疏于防范和不规范操作。在日常生产管理中要注意重点解决这两个方面的问题。

1. 强化安全意识,建立岗前培训制度

在生产过程中强化安全意识,安全问题的防范十分必要。为了杜绝安全问题的发生,首先,要求员工要有安全意识,管理者要教育员工在生产过程中如何保护自己,如何保护设备和生产工具,时刻防范安全问题的发生;其次,要建立岗前培训制度,对设备的性能不了解者不能上岗,生产过程中在哪些环节容易出现安全事故,员工要做到心中有数。

2. 建立操作规范,杜绝不规范操作

珠宝企业生产过程中出现的安全问题都是由于不规范操作造成的。如不按工作要求建立防护措施、不按工作规范使用设备等,以致生产过程中伤及自身、损坏设备和工具、损坏物件。因此，建立操作规范十分重要，对员工上岗前的着装、打扮、设备操作中的注意事项都要有明确的规定。操作规范不仅有利于保护员工和设备，而且，一旦出现安全问题，有利于厘清责任。

二、生产环境的安全管理

珠宝生产企业在厂房规划时就要考虑安全问题，在规划厂房时，要划分功能区，妥善处理好车间通风问题、危险物品的存放问题和容易出现安全事故的设备安置问题，具体地说，应从以下几个方面做好管理工作。

1. 保持生产车间良好的通风

珠宝生产过程中，有些工序中会产生粉尘和废气，如焊接过程中会接触汽油和产生废气、工件打磨和抛光过程中会产生粉尘等，这些粉尘和废气会污染车间环境，影响员工的身体健康，因此，生产过程中除了必要的防范措施外，还必须使车间保持良好的通风，及时排放废气，尽量减少废气对车间环境的污染。

2. 汽油、电镀液等危险品应单独存放

珠宝企业生产中涉及到的很多辅助材料都是危险品，如汽油是易燃品、硫酸是腐蚀品、电镀液是剧毒品等。危险品要标明品名，专人保管，专存于危险品库。使用过的废液要定点处理，以免对外部环境造成污染。

另外，珠宝生产企业要加强对生产过程的监管力度，管理人员要经常巡查各车间，发现问题，及时纠正，及时处理，消除安全隐患，防范出现安全事故。

本章小结

珠宝首饰的生产是一项专业性很强的工作，管理工作复杂而细致，必须聘请懂生产技术的专业管理人员从事生产运营管理，专业的人做专业的事，专业的人才能懂得生产过程中管理的精髓，才能保证企业高效有序地从事生产经营活动。

"质量是企业的生命"，在珠宝企业管理中更能体现这句话的含义，有了良好的产品质量和工艺，企业才有更多的订单，才能获得更大的生存和发展的空间。在企业生产过程中，质量检查又是珠宝生产企业质量控制的中枢，从修整

模具开始,就要注重通过质检控制产品质量,把质量监控实施到每一道生产工序,让每道生产工序的质量都能达到工艺要求,这样才能保证最终的产品质量。

珠宝企业生产经营管理是精细化管理,在产品质量管理过程中,对质量的检查不仅仅是对外观、结构、表面进行检查,还要检查每个镶爪、镶口的工艺质量,它不仅是产品质量管理的要求,也是在生产过程管理中厘清责任的要求。及时质检,及时反馈,及时改进质量是对珠宝企业生产运营管理的基本要求。

 思考题

1. 珠宝企业生产管理有哪些管理要素?
2. 简述珠宝企业生产管理的原则。
3. 简述珠宝首饰镶嵌厂生产的工艺流程和每道工艺流程的管理方法或注意事项。
4. 简述珠宝生产企业的物料管理内容和管理方法。
5. 简述珠宝企业生产安全管理的内容和管理方法。

第五章　珠宝品牌运营管理

品牌运营管理是企业对品牌运营过程的计划、组织、实施和控制，是品牌从策划到推广、从生产到经营、从监控到改进等各项管理工作的总称。从另一个角度来讲，品牌运营管理也可以指企业对品牌系统进行设计、运行、评价和改进。

企业的发展一般要经历三个阶段：第一阶段是产品至上阶段，奉行以产品为中心、以销售更多的产品取胜于市场，从而赢得更大的市场规模；第二阶段是管理至上阶段，试图通过强化企业管理，营销创新和管理创新提升企业的市场竞争能力；第三阶段是品牌至上阶段，试图整合企业全方位的资源，建立一个长盛不衰的品牌，通过品牌经营保持企业的基业长青。建立品牌无疑也是珠宝企业的最高目标，因为消费者的非专业消费决定了珠宝营销必定要走品牌之路。然而，在现实经营中我们发现，珠宝行业的品牌有些在经营中不断壮大，不断走向成熟，而有些品牌在经营中每况愈下，不断走向沉沦，最终在行业内消亡。分析其原因，如果在品牌建立阶段经过了精心的策划，那应该是品牌运营过程中出了问题。本章将在认识品牌内涵和品牌运营重要性的基础上，结合中国珠宝品牌运营中容易出现的问题，探讨珠宝品牌的运营管理。

第一节　珠宝品牌与品牌运营

一、珠宝品牌的内涵

在现代商品经济中，"品牌"既是一个含义丰富的管理学术语，又是一个日常商业活动不可缺少的经济学概念。对于"品牌"的解释与定义众说纷纭，但总体归纳起来大致可以分为如下三种。

（1）品牌的标识与商业属性。品牌主要是名称、标记、标语等元素，或将它

珠宝企业管理 ZHUBAO QIYE GUANLI

们组合后的一种运用,品牌是某个企业产品的标识,使其产品与市场的同类产品区分开来(此定义来源于美国营销协会官方)。

(2)品牌的代表属性。现代营销管理之父菲利普·科特勒(Philip Kotler)认为,品牌是一个复杂的系统,主要包含了属性、利益、价值、文化、个性和用户在内的六个层面内容。

(3)品牌的消费交换属性。品牌是消费者对一个企业及其产品的质量、服务、文化价值等所形成的一种评价和认知,比如有的品牌代表了高级,有的品牌代表了廉价,因此,品牌是消费者对企业产品产生的价值判断,是消费者对企业产品产生的情感反应。

综合以上各方面的观点,品牌既是现代商品经济不可或缺的一部分,也是未来各行各业中小企业需要重点管理的内容。那么珠宝品牌又具有哪些特殊的内涵或特征呢?

(1)文化内涵。珠宝产品自古以来就存在,珠宝文化及其内涵因不同民族、不同国家而各具特色,形成了不同的佩戴偏好和审美情趣。风俗习性、地理差异、气候变化、宗教信仰、审美传统、价值认知引导等都是影响珠宝消费者、传承者、设计者和生产者对珠宝文化内涵认知产生差异的重要因素。总体来看,根据文化内涵不一样,世界珠宝文化主要可以分为印第安人珠宝文化、非洲(北美)珠宝文化、西藏珠宝文化、凯尔特珠宝文化、夏威夷珠宝文化、现代综合珠宝文化。

(2)奢侈品品牌特性。珠宝产品品牌与普通品牌一个重大区别就在于其奢侈品的属性。珠宝首饰商品已经成为中国家庭继房产和汽车两大商品之后第三大消费产品。虽然珠宝产品也属于耐用消费品,但其稀有的价值属性、设计的美感及卓越的工艺品质为自身带来了奢侈品的大部分功能,如社交功能、保值功能、自我心理实现功能和审美追求功能等。珠宝首饰产品的奢侈品属性从人类社会出现以来至近代封建皇权贵族都体现得淋漓尽致。进入当代商品经济社会以后,珠宝首饰作为奢侈品,进一步被广大普通老百姓所拥有。

(3)审美或时尚的代表。珠宝首饰品牌的核心产品能够代表企业品牌的基本定位与风格。珠宝首饰品牌产品的设计、工艺和产品组合直接影响整个品牌的市场定位,比如宝石的选取、倒模工艺、宝石切割技术、电镀技术的使用、流行趋势的把握都直接影响了品牌定位的细分市场。优秀的珠宝品牌能够缔造新的理念,从而引导大众审美的趋势和潮流,甚至领导同行业的革命,这些珠宝品牌的产品有的可以成为经典,并且具有极强的生命力,长期流传。

综上所述,珠宝首饰品牌及其产品的综合体现是需要珠宝企业长期整合各种显性和隐形要素,包括各类标志、名称、标准色彩以及以此为核心要素展开的各类视觉、听觉的全套表达系统。珠宝首饰品牌在终端零售时,更需要通过强化消费者的购物体验来提升品牌的感知,如包装、橱窗、服务态度等。珠宝首饰品牌的更多深层次内涵还包括产品文化、产品情感故事等与精神层面、价值观的结合。珠宝首饰品牌作为珠宝企业营销的核心竞争力,各方面内容的显性和隐形要素是珠宝企业打造强有力品牌的重点。

二、珠宝品牌运营的重要性

随着全球经济发展和竞争白热化,各行各业(特别是零售行业)商品品牌已经成为身份表征、市场地位、责任承诺的识别。好品牌不仅能吸引客户、建立关系,带来短期利益,还能创造长期的资产价值。进入21世纪后,我国当代珠宝企业摆脱创业初期的粗放式发展,逐步开始重视品牌经营,精细化管理自身产品品牌。现代珠宝企业加强品牌建设势在必行,成功的珠宝品牌既可以帮助消费者快速识别和认知产品定位,又可以良好地诠释企业、产品和消费者之间的交集。我国珠宝企业的品牌建设是商品社会的自然商业规律,有其必然性。我国珠宝企业进行品牌建设与品牌运营管理的重要性主要有以下几点。

(1)参与全球市场一体化竞争。进入21世纪以来,互联网技术和加速发展的物流业将不断地淡化商业的国界,国外品牌通过网络、代理合作等方式进入市场,这种在家门口抢占市场的状况只会愈演愈烈。我国珠宝企业在国内面临了巨大的挑战,必须不断加强品牌运营管理,提升品牌影响力,才能有效地应对全球化的市场竞争。

(2)宝石加工与贵金属加工优势布局需要不断适应市场。我国珠宝企业的发展一方面受珠宝零售业的发展影响,另一方面也受宝玉石(及贵金属)加工技术和效率的提升的影响。随着经济快速成长,中国低成本劳动力优势将消失,如何进一步提高品牌资产溢价及降低成本是摆在各个珠宝企业管理层面前的一大挑战。例如,2014年底,国际黄金价格一路下跌,跌破1200美元每盎司大关,与当时国际黄金企业的1200美元每盎司左右的平均生产成本已经相差无几,甚至一些黄金企业开始亏损生产。黄金价格跌破平均生产成本就应当跌无可跌,跌破成本就会导致减产,减产就会导致价格回升。但事实上,成本因素对价格的决定作用远没有这么简单。以通用的国际黄金1200美元每盎司的平均生产成本为基准,那么在现在黄金跌至1150美元每盎司的情况下,有些金矿确实会减产。但是,平均1200美元每盎司的成本并不代表所有金矿的成本都是如此,高者可能达到1500美元每盎司,低者可能只有600美元每盎司。在这种情况下,金价的下跌并不会导致所有黄金企业都减产。

我国很多黄金加工企业正在积极地转型,以期降低生产成本。例如,2016年,中国黄金集团公司在狠抓优化"五率"、降低"五费"的基础上,深入开展全过程成本管控,由点到面,从矿山冶炼企业推进到非矿板块、财务系统、科技系统,初步固化了全过程成本管控的方式方法,成本控制力持续优化。在降低采购成本方面,中国黄金集团公司在2015年降低采购成本1.15亿元的基础上,2016年又降低1.32亿元;在降低工程成本方面,中国黄金集团公司通过采用新的招标方式,同比减少工程费用6010.05万元,降幅达18.9%;在节能降耗方面,中国黄金集团公司制定实施了节能降耗方案,旗下20家企业进入电力多边交易平台,累计节约电费4860.8万元。

(3)消费者购买品牌的需要。资讯化、知识化、品牌化时代来临,珠宝首饰产品附加价值更加重要。珠宝消费是当人们的基本生活需求得到满足之后才能提到议事日程上的消费品,随着人们生活水平的提高,消费能力和消费层次进一步升级,消费者不仅注重品质,更关心品牌美誉度。品牌是质量和信誉的保证,只有成功地运营珠宝品牌,才能满足消费者购买品牌的需要,满足消费者物质和精神上的需求。

(4)企业转型的需要。珠宝产业转型发展的机遇逐步显现,随着产业的发展和现代化公司治理理念的发展,各大珠宝集团通过资本运作,公司合并,分公司化、集团化经营,商业模式创新等运作下,不断加强细分市场的珠宝品牌建设,在此竞争环境下,我国珠宝企业需要加快品牌建设,在细分市场占据一席之地。

案例:中国的刚泰集团(控股)近年来专注于黄金、钻石等珠宝产业链的布局和发展,而品牌知名度对于珠宝企业提高市场份额,提高定价能力具有举足轻重的作用。为了不断提升刚泰集团的珠宝业务格局和进军高端珠宝消费市场,刚泰集团通过收购、重组,快速适应市场变化。

珂兰钻石是刚泰集团在2015年上半年以6.6亿元的价格100%收购的国

内最大钻石电商品牌。珂兰钻石成立于2007年,是国内率先按照电商模式运营的珠宝品牌。2011年,珂兰钻石获得腾讯千万美元级别的战略投资,成为当时国内珠宝电商获得的最大一笔融资。随后,珂兰钻石迎来快速发展,先后与天猫、京东等电商平台建立战略合作伙伴关系,并从最早的线上模式向O2O转型。目前,珂兰钻石已拥有超过50家线下体验店。刚泰集团收购珂兰钻石最大的意义在于渠道整合。刚泰集团表示,公司可迅速触网切入O2O电商。刚泰集团目前主业集中于黄金珠宝产业链,此次收购的珂兰钻石专注于钻戒,与公司主业形成极强的协同效应,并会对公司拓展产品线和O2O拓展形成强力拉动效应。

2017年初,中国刚泰集团以2亿欧元收购Buccellati珠宝85%的股权,计划在收购完成后,扩张Buccellati在中国及其他亚洲市场的业务。

第二节 珠宝品牌运营容易出现的问题

珠宝企业的品牌运营是企业运营的重要组成部分,品牌运营和传统的企业生产、销售运营和客户管理侧重点不一样。总体看来,珠宝企业的品牌运营管理一方面可上升到企业战略管理的层面,另一方面可以从组织架构来进行规范和实践。

一、珠宝品牌的运营架构

从品牌运营管理层面来看,涉及珠宝企业管理的部门主要有品牌管理部、市场部、公共关系部、客户服务部和营销部等与产品品牌高度相关的一些部门,这些部门的工作职能直接关系到珠宝品牌的发展与具体运营管理工作。

(1)品牌管理部,负责总体协调市场部、公共关系部、客户服务部和营销部关于品牌建设的一切活动,从品牌定位、消费者感知、市场调查、社会相关信息的整理分析、品牌运营情况的监控与反馈等事务均需要逐一处理。

(2)市场部,负责具体调研行业与市场信息,对行业和市场信息进行收集、整理、分析,并定期每月、每季度对各项涉及本品牌竞争产品的商业信息进行呈报。同时,市场部还需要密切关注宏观环境和分销渠道的变化,为本部门和其他部门决策提供信息资源支撑。

(3)公共关系部,主要进行品牌形象的公关活动、事件营销、新闻营销方案的拟定、组织策划和具体实施后的效果评估。

(4)客户服务部,客户服务部不仅要处理售后各类问题,也需要将维护客户的日常管理工作作为工作重点。

(5)营销部,一方面负责开发新型客户;另外一方面也需要与客户服务部门密切沟通交流,将市场或老客户对本品牌的感知和认识及时与品牌管理部沟通,及时调整品牌运营策略,使得公司的品牌得到更好的发展,图5-1为珠宝首饰品牌运营架构图。

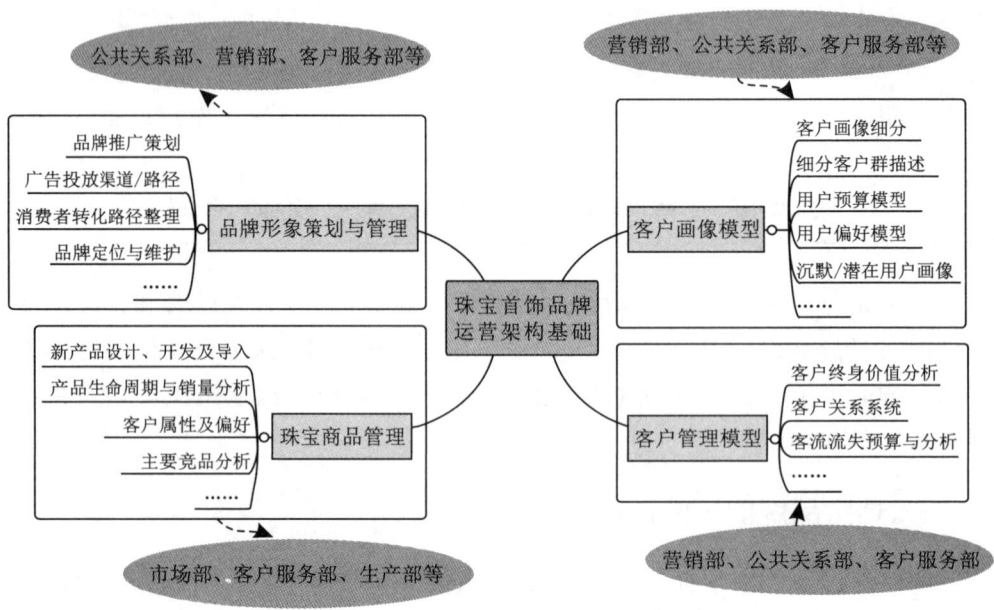

图5-1 珠宝首饰品牌运营架构图

从珠宝首饰品牌运营架构图可以看出,珠宝品牌运营开始于企业经营前的品牌策划,贯穿于整个生产经营活动之中,延伸于售后服务,通过客户关系管理检验品牌运营的效果并及时调整品牌运营策略,是一个完整的 PDCA 循环①。

---

① PDCA 循环指质量管理的四个阶段,即计划(plan)、执行(do)、检查(check)、处理(act)。

二、珠宝品牌运营管理容易出现的问题

20世纪80年代改革开放以来,我国珠宝行业从无到有、从弱到强,可以说发生了翻天覆地的变化,已经成为全球珠宝商注目的珠宝市场。尤其是进入21世纪以来,进一步适应了我国市场经济的发展。我国珠宝行业倡导品牌建设,企业大力发展自身品牌,加强了品牌管理。然而,珠宝企业在运营管理中,管理人员虽然重视品牌建设和运营,但是在具体实践中容易进入一些误区和出现一些管理问题,影响珠宝品牌的成长,这些问题主要表现在以下几个方面。

1. 缺乏系统的品牌策划和正确的品牌观念

很多珠宝企业简单地认为珠宝品牌只是产品的一个名字或商标,只需取一个好听的名字,再借助强势媒体进行宣传和促销,甚至将营销等同于品牌推广。创造品牌、推广品牌都是为了取得短期的经济效益,以致珠宝企业无法创造一个真正有影响力的珠宝品牌。其实,创造珠宝品牌绝非一日之功,而是要靠珠宝企业从战略的高度对品牌进行系统规划,并在长期的市场运营中艰苦的努力才能取得成功。因为一个产品并不是以一个响亮的名字、一种美丽的形象以及媒体的大肆渲染就可以成为品牌的,必须有一种战略的眼光、一个先进的经营理念、一套全面的管理体系、一批优秀的管理人才、一系列优质的产品和一套完整的售后服务体系,除此之外,品牌更需要实力和时间,也就是需要耗得起资金和耗得起时间,品牌不是自己吹捧出来的,而是要让消费者了解后通过时间检验出来的。缺乏系统的策划、正确的品牌观念和持之以恒的努力是不可能创造出品牌的。

2. 忽视质量是品牌的基本功

珠宝品牌运营管理的首要工作是回答生产或出售的产品是什么以及产品质量能否满足消费者需求。产品和服务没做好,盲目地宣传推广企业的品牌只是加速在市场上的消亡而已。宣传品牌之前,企业必须思考是否已经做好质量的把关,因为质量是一切品牌的基础,不管是新旧品牌,质量不好只会加速珠宝品牌的消失。

很多大型珠宝品牌在日常的经营活动中,也会出现质量问题从而影响整个品牌的形象。

案例1：青岛市民马女士的18K金手链佩戴一周便断裂，某大型品牌质量遭曝光后使得品牌形象受到影响。马女士向曝光的媒体记者介绍，这条黄金手链购于2012年5月31日晚，佩戴仅一周就发生断裂。断裂后第二天也就是6月8日，她曾到该店就此事进行沟通，但工作人员称黄金饰品一经售出不退不换，并表示手链之所以发生断裂是马女士佩戴不当引起，后工作人员又以联系不上负责经理为由，让她等候通知。无奈，马女士又向购买的所在商场客服投诉，当日下午，商场方面通知她将手链提供给此珠宝品牌的质检部门，鉴定出结果后再通知处理方法，鉴于之前与此珠宝品牌方面协商未果的情况，马女士以不信任该公司质检部为由拒绝。马女士认为，此品牌的质检部门不具备权威性，需要到质监局相关部门进行检验。此后，记者在当地主流媒体报道此事，此品牌的品牌形象受到严重损害。

案例2：某消费者购买了某珠宝专柜的钻石戒指，佩戴不久后就出现两次松动，消费者要求更换被拒，此品牌遭投诉曝光，影响品牌的声誉。"钻戒佩戴仅1年多的时间，钻石就先后松动两次，我要求专柜更换一枚同等价值的钻戒，却遭到拒绝。"近日，南昌市民魏先生投诉某商场的某珠宝专柜。魏先生告诉记者，2012年12月初，他在百盛商场某珠宝专柜花3200元购买了一枚男式钻戒。2013年8月开始，钻戒上钻石开始松动，随后他将钻戒送至专柜进行加固保养。11月初，他发现经过加固后的钻石再次松动，于是要求专柜予以更换，可是对方仅同意维修而不同意更换。此后，消费者对此品牌进行消费者投诉，此珠宝企业忽视了产品质量，对品牌造成了负面影响。

3. 缺乏科学合理的定位

很多中小型珠宝企业（含微型企业）习惯从企业管理者自身的认识角度出发，不从顾客需求的角度去客观地调研市场、开发产品和研判发展趋势，而是主观臆断，最后造成经营的珠宝品牌的定位错位——品牌产品不能满足消费者追求的利益，从而走向品牌经营的失败。

品牌就是具有识别性的商业符号，珠宝品牌本质是一个信誉体系的表现和传达。珠宝消费者不需要亲自进行黄金首饰或珠宝首饰的物理成分鉴定，而是通过珠宝品牌来判断黄金珠宝首饰产品质量及其售前（后）服务体系的优劣。而有关质量技术方面的问题，消费者可以通过质量或品质鉴定证书来获得解答和保证。因此，良好的黄金珠宝首饰品牌不仅仅缩短了消费者的购买决策过程,而且为商家以产品质量为核心进行优胜劣汰的市场竞争提供了高效传播的途径。

4. 缺乏独特的商业模式

商业模式是在企业经营战略的指导下,根据自身掌握的优势资源而选择的独特的赢利模式。很多珠宝企业(特别是小微型珠宝企业)在品牌运营实践中,缺乏系统的品牌战略规划,在品牌运营中跟风发展,既没有品牌发展的方向也缺乏首饰品牌的建立和提升的方法,生搬硬套其他行业(或同行)的商业模式,然而结果是瞎子摸象、无所适从,造成珠宝品牌运营低效甚至无效。很多珠宝企业在成立之初,确实看到了市场机会,但企业管理者不认真分析这种机会是短期的还是长期的,不对企业(品牌)未来的发展做清晰的战略规划。

2018年以后,我国珠宝行业加盟连锁的商业模式被多数企业(品牌)模仿,剧烈的市场扩张导致珠宝市场僧多粥少,而产品的同质化又使企业缺乏核心竞争能力,最终将不少品牌推向死亡的边缘,就是一个典型的例子。

5. 品牌核心价值缺乏

很多珠宝企业的品牌建设初期忽视核心价值、忽视奢侈品文化(含首饰文化)或忽视客户关系维护,影响品牌在顾客心理中的内涵和价值,顾客对品牌或产品的基本承诺期望落空,导致品牌价值和文化空虚。我国很多大型珠宝企业在经过高速发展期后,开始进行品牌核心价值的提炼、塑造和管理。在千禧年前后,我国大部分一线企业开始进行品牌化塑造和推广,产品同质化严重,多数企业主营的产品是黄金首饰、钻石类商品和玉石类珠宝首饰。经过近20年的快速发展,至今很多企业在塑造品牌核心价值的时候仍无法与其他品牌或企业完全区分,特别是黄金和钻石类首饰产品中的一些品牌,旗下大部分产品相同,甚至连生产代工厂都一样,造成很多黄金珠宝首饰零售品牌在进行细分市场划分和品牌定位时高度重合,缺乏自身的核心价值。

6. 品牌老化

品牌老化是摆在很多大型珠宝首饰企业面前的一大难题,在珠宝首饰品牌(包括很多时尚品牌)的长期发展过程中逐渐涌现。市场竞争中品牌知名度、美誉度下降以及品牌销售量、市场占有率和覆盖率降低等使得品牌"受冷落",品牌资产缩水,出现品牌老化。解决品牌老化的方法是珠宝首饰企业在不断精确调研和定位细分市场的基础上,不断通过款式、设计、营销方法和品牌资产的建设为品牌增加活力。我国部分老牌的贵金属加工企业经过长时间发展，加工和贸易体系成熟，但是在商业高度发达的今天，黄金珠宝首饰企业的竞争日趋激烈，这些老牌黄金加工企业虽然有自身的零售或销售渠道，但是被行业新进入者冲击得相当厉害，消费者面对老品牌和新品牌的时候大多选择了新品牌，传统黄金首饰品牌的"老化"程度较严重。

7. 缺乏系统、专业的管理

我国很多珠宝企业重视营销却忽视品牌运营管理，无法做到品牌价值最大化，盲目浪费广告投入与商机，更难以累积珠宝品牌资产。珠宝品牌运营管理是珠宝企业管理的重点，品牌是珠宝企业管理者最值得投资的事情，关键是要以品质为起始，以文化为终点。珠宝首饰品牌是无形资产，需要长期储蓄增值。在当今激烈的市场竞争和全球经济一体化的背景下，对于珠宝企业而言，品牌经营是今天不做，今天就后悔的事情。总体而言，经营珠宝品牌必须以品牌愿景和战略为基础，倾听顾客期待，传达对顾客的承诺，并以实质行动持续呼应，一步步建立起与顾客之间长期无可动摇的精神关系（信念），这就是品牌经营的终极目标。

第三节　品牌定位与管理

上一节列举了中国珠宝品牌运营中可能出现的问题，除了前期品牌策划和品牌推广问题外，多数是品牌运营过程中的管理问题。接下来，将对其中的管理节点问题进行探讨。

一、品牌定位的管理

关于品牌定位，首先要搞清楚它到底是指什么，有人认为品牌定位就是指品牌产品是高端还是低端；也有人认为品牌定位就是指找到对品牌产品感兴趣的目标客户群体并向他们传递一种信息：这个品牌的产品正好满足他们需求，即建立一种特定的品牌形象，占据目标客户群体的心智。其实两者之间不矛盾，品牌定位决定了品牌在消费者心目中的地位，对于企业整体而言，品牌定位是宏观层面的问题，是对整个社会公众建立的品牌形象，而产品定位则相对属于微观层面，面对的是品牌的客户群体，目标是要使品牌产品在客户心目中占据一定的位置,告诉目标客户群体品牌产品到底在他们心目中代表什么。

（一）品牌定位的要素

品牌定位一般是品牌运营在计划阶段必不可少的工作,是在对珠宝市场进行系统分析的基础上,结合企业的核心竞争优势,确认企业要做什么样的业务、做什么样的品牌、服务于什么样的客户群体以及如何为企业带来回报。所以,品牌定位包含以下要素。

(1)业务范围。这是从企业层面规划企业从事的经营活动时要考虑的要素。要解决的是企业在珠宝行业的哪个节点开展经营活动,从事何种经营,在行业中扮演什么样的角色,向客户提供何种产品和服务,打算将哪些业务进行分包、外购或者与其他企业协作生产。

(2)客户群体的选择。这是从品牌层面所要考虑的要素,要解决的问题是企业希望为哪些客户提供服务,哪些客户可以让企业赚钱,这些客户群体是否足够支撑企业的生存和发展,他们真正的需要是什么。

(3)价值的获取。这是从企业赢利和服务客户的角度所要考虑的要素,要解决的问题是企业如何为客户创造价值使客户获得满意的产品和服务;为了让客户满意,企业采用什么样的赢利模式才能使利润最大化。

(4)差异的提炼。这是从市场竞争的角度所要考虑的要素,要解决的问题是企业选择的客户为什么要购买产品,企业品牌提炼的价值和利益的特点何在,与竞争对手有何不同,是否对客户有足够的吸引力,竞争对手是否能够超越,哪些战略控制方式能够成为抵消竞争对手的力量。

（二）品牌定位的流程

品牌定位成功的关键是企业要设法让自主的品牌比竞争对手的品牌更具有竞争优势。竞争优势一般有两种基本类型。一种类型是价格竞争优势,就是在同样的条件下比竞争者定价更低。当然,我们并不主张一个品牌在定位阶段就拿出价格战这个武器,而是说企业应采取一切措施来降低运营成本,在不牺牲企业利润的前提下获取价格竞争优势。但是,在当今信息时代,这种优势可能是微不足道的。这就要求企业获取另一种类型的竞争优势,即偏好竞争优势,也就是能提供独到的特色来满足顾客的特定偏好。这就要求企业要准确掌握市场上存在哪些特定偏好,并采取一切措施在产品特色上下工夫满足这种偏好。因此,品牌定位的全过程可以通过以下三大步骤来完成。

1. 分析目标市场的现状,确认本企业潜在的竞争优势

这一步骤的中心任务是要回答以下三个问题:一是竞争对手的品牌定位如何,二是目标市场上顾客欲望满足程度如何以及确实还需要什么,三是针对竞争对手的品牌定位和潜在顾客的真正需要的权益要求企业应该能够做什么。要回答这三个问题,必须通过各种调研手段,系统地设计、搜索、分析并报告有关上述问题的资料和研究结果。通过回答上述三个问题,企业就可以从中把握和确定自己的潜在竞争优势在哪里。

2. 准确选择竞争优势,对目标市场初步定位

竞争优势是一个品牌能够胜任竞争对手的品牌能力。这种能力既可以是现有的,也可以是潜在的。选择竞争优势实际上就是企业品牌与竞争对手的品牌各方面实力相较量的过程。较量的指标应是一个完整的体系,只有通过系统的较量才能准确地选择相对竞争优势。通常的方法是分析比较企业与竞争者在经营管理、技术开发、采购、生产、市场营销、财务和产品七个方面究竟哪些是强项,哪些是弱项。借此选出最适合本企业的优势项目作为品牌的竞争优势,在此优势上提炼独特的利益点,初步确定品牌在目标市场上所处的位置。

3. 显示独特的竞争优势和重新定位

这一步骤的主要任务是企业通过一系列的宣传促销活动,将企业在竞争优势上提炼的独特利益点准确地传播给潜在顾客,并在顾客心目中留下深刻印象。为此,企业首先应使目标顾客了解、知道、熟悉、认同、喜欢和偏爱本品牌的定位,在顾客心目中建立与该定位相一致的品牌形象;其次,企业通过各种努力强化目标顾客形象,保持与目标顾客的交流,稳定目标顾客的态度和加深目标顾客的感情来巩固与品牌的形象;最后,应注意目标顾客对品牌定位的理解出现的偏差或由于品牌定位宣传上的失误造成的目标顾客模糊、混乱和误会,及时纠正与品牌定位不一致的形象,形成精准的品牌定位。

品牌定位所做的工作都是为了吸引消费者,所以在定位过程中一定要以消费者为主导,把顾客的需求作为定位的首要前提,做精准的定位。一个成功的品牌定位首先要分析顾客的需求,在此基础上寻找产品的目标市场,即确定产品将针对市场中的哪些顾客群体。接着,对这些潜在顾客,确定产品的利益诉求点以求满足他们的需求,并尽可能地形成品牌价值。在中国珠宝市场上,

婚庆市场一直是众多珠宝品牌争夺的目标市场,将情感价值作为利益诉求点是品牌宣传常用的方式,但情感的表达方式是不一样的,如果仅将婚庆首饰视为爱情的信物,这对目标市场的说服力十分苍白,如何进行精准的品牌定位就显得十分重要了。在这一点上,有几个首饰定制的品牌做得很好:Beloves 以"爱的故事"作为利益诉求点,每一枚钻戒都包含一段爱情故事;Darry Ring 以"爱的唯一"作为利益诉求点,强调"男士凭身份证一生仅能定制一枚",寓意"一生·唯一·真爱";Ibeloves 以"爱的契约"作为利益诉求点,强调"一枚钻戒,一生契约"的婚恋价值观。他们都是对婚庆市场进行了细分之后,对企业选择的目标市场做精准的品牌定位的典范。

(三)品牌定位的管理

品牌定位是品牌管理的一个重要组成部分,是树立品牌形象、形成品牌特色、建立品牌差异的重要标志,是凝聚目标客户群体的重要手段。在品牌运营管理中,必须注意两点:第一,精准的品牌定位必须建立在充分的市场调研的基础上。经过市场调研,对市场进行精确的市场细分之后,才能发现与本品牌相适应的细分市场,才能发现细分市场追求的利益是什么,才能在产品中获取利益,才能建立与消费者追求的利益相一致的品牌形象,才能将利益诉求准确地传达给目标市场。第二,品牌定位一经确立,不能轻易改变。因为品牌形象的建立、品牌的宣传推广等一切营销活动都是围绕着品牌定位进行的,品牌定位的改变,就意味着将围绕品牌所做的工作全部推倒重来。

二、品牌质量管理

品牌质量是指使用该品牌的产品质量,主要反映该品牌产品的耐久性、可靠性、精确性、易于操作性和便于修理等有价值的属性。质量是品牌的生命之根,品牌的质量不是来自企业的自我宣传,也不是来自权威部门授予的"金牌""银牌",而是顾客通过消费体验评选出来的。顾客之所以选择购买品牌产品,是因为他们相信品牌具有信得过的质量。因此,优质的品牌质量是赢得顾客忠诚取之不尽的源泉。

1. 品牌质量的含义

对品牌的要求首先是质量观念,即品牌一定要有过硬的产品质量。品牌质量包括品牌本身的质量和体现的质量,是二者的综合体现,品牌本身的质量是由产品质量所代表的,而品牌体现的质量则是由顾客消费品牌产品所获得的感受或体验来表现。这就说明,优秀的品牌质量有其独特的内涵,概括起来可以归纳为四个方面:第一,质量是一种标准,且一定是消费者认可的标准。品牌最好,不一定产品质量最好,关键是抓住产品所传播的核心利益,比如说,周大福的千足金与某些品牌推出的万足金,从成色上来说,万足金无疑更好,但顾客已经认同了周大福品牌,它就成了质量好的代名词。第二,质量是一种承诺,作为一个品牌,在产品质量上一定对顾客作出庄重的承诺,承诺的标准质量就一定能达到,这关系到品牌形象。第三,质量是一种风格,与品牌特色直接相关联,不论何时何地,这种风格决不动摇、决不改变。第四,质量是一种实效,能给顾客带来实际利益或心理满足感。有实效的质量也是卖点,能对顾客产生巨大的吸引力,并在消费体验中认知品牌特色。

2. 品牌质量管理

品牌质量定位应该作为品牌永久的特色,不管市场如何变化,品牌质量特色都不能轻易改变。为达此目标,品牌运营过程中必须持久关注品牌质量。

(1) 维护品牌形象,保持品牌形象与质量定位密切相关。品牌形象与产品质量是密切相关的,代表着品牌能提供给目标市场的利益,吸引追求这种利益的客户群体前来购买。品牌店铺的选址、装修风格、店内环境、员工素质、服务理念等反映品牌形象的每一个细节,都要与品牌产品的质量定位相一致。

(2) 严密监控产品质量,形成与品牌形象一致的产品质量特色。良好的产品质量是品牌对顾客的庄重承诺,为了让顾客放心购买并使品牌形象不受损害,必须对所有产品进行严格的产品质检和质量监控,严把产品质量关,坚决杜绝问题产品,让顾客买得放心。特别是对一些代工产品,一方面要与供应商签订质量保证协议,另一方面要加大质量监控力度,确保代工产品与品牌形象一致的质量特色。

(3) 维持长期一致的品牌诉求,传递一致的品牌利益。消费者之所以选择品牌产品,是因为品牌产品能够满足他们对利益的诉求,共同的利益追求形成了品牌的目标市场,且随着品牌的传播,认同和接受品牌诉求的顾客越来越多,目标市场就会变得越来越大。所以,作为一个品牌,不管市场风向如何变化,利益诉求不能改变。

(4) 与顾客充分沟通,合理界定产品质量责任。珠宝首饰的实体产品质量包括产品质量和工艺质量,品牌营销中出现的质量纠纷多数出在工艺质量上,如钻石首饰的钻石松动、戒指圈口变形、黄金首饰断裂等,而多数情况下不是产品本身的质量问题,而是顾客操作不当的问题。所以,在商品交付过程中,要详细向顾客介绍使用注意事项和佩戴过程中可能出现的质量问题,避免因顾客使用不当而出现的不良体验问题损害品牌声誉。

(5)正确处理与产品质量有关的公共关系事件,保证品牌形象不受损害。在品牌运营过程中,尽管企业非常注重品牌形象的正面宣传和品牌声誉的维护,但突发的与产品质量问题有关的公共事件可能会对品牌声誉带来巨大的影响,甚至冲击品牌的生存,如2014年央视爆光的周大生黄金成色不足的问题、2008年周大福的18K金红宝石戒指在在广东省组织的市场抽查中出现"珠宝鉴定不合格"的问题等。企业应该建立公共关系预警机制,果断处理与产品质量相关的公关事件,使对品牌声誉的影响降低到最小。

三、品牌渠道管理

随着品牌的建立,为了提高市场占有率、扩大品牌知名度,必然会走上品牌市场扩张之路,如何进行品牌扩张以及通过何种渠道进行品牌扩张,既决定了企业的商业运营模式,也在很大程度上决定了品牌经营能否成功。

总的来说,珠宝品牌的渠道模式有传统商铺模式、网络营销模式和两者融合的模式。由于珠宝首饰是一种贵重且体验环节十分重要的商品,因此,传统的店铺营销仍然是主要方式,即使是近年发展迅猛的网络营销模式也需要体验店或体验中心的支持,且网络营销的商品大多以时尚、价格低廉为主。随着珠宝电子商务的兴起,网上选购珠宝的便利、便宜的优势尽显,再加上物流的畅通和支付系统的完善,网络营销模式大有取代传统店铺之势,但珠宝首饰价格的贵重和以体验为主的特性充分体现出店铺营销仍然是未来珠宝营销主流渠道模式。

将传统的店铺模式进一步细分,渠道模式又可分为商场专柜(店中店)模式、专卖店模式和珠宝专业市场模式,作为一种珠宝品牌,应该选择哪种渠道模式呢?还是那句老话:品牌定位的目标市场可能出现在哪里,就应该选择哪种渠道模式。

商场专柜(店中店)模式是我国珠宝市场复兴时出现的一种商业模式,它的优势是顾客流量大,受众面广,有利于品牌宣传。不同的商场有不同的定

珠宝企业管理 ZHUBAO QIYE GUANLI

位,可以使目标客户群体方便地找到自己喜欢的品牌。不足之处在于多个品牌云集在一起,市场竞争激烈,且商场管理较规范,营销环境较统一,不适合提供个性化服务。专卖店模式是珠宝品牌为了突出独特的品牌形象而设立的路边店模式。它的优势是可以根据品牌特色设计品牌形象,吸引专门的目标客户群体前来购买,且专卖店经营方式灵活,可以根据客户群体的需求、喜好设置特色的服务项目;不足之处在于不如商场专柜模式聚集人气,来专卖店购物的顾客大多是那些具有独特品牌爱好的消费者。珠宝专业市场模式是为了体现专业特色,在政府的引导下或自发在适合珠宝经营的城市中的某一区域形成的专业经营珠宝首饰的市场模式。专业市场模式最大的特点是商家聚集度高,顾客选择性强,随着专业市场知名度的提高,可以聚集人气。但在产品同质化的市场中市场竞争激烈,目标顾客群体大多追求货真价实,不会产生品牌溢价。针对这些特点,珠宝品牌可以根据自己定位的目标市场特点谨慎地选择渠道模式。

在品牌渠道管理中,应该注意避免不同渠道模式的冲突。除非制定统一的营销策略,否则企业只能选择一种渠道模式。如周大福的渠道模式以商场专柜(店中店)为主,也有少量专卖店,但这两种渠道模式在品牌形象、产品组合和价格等方面都保持高度的统一。周大福也选择网络营销模式,同样也保持着统一的营销策略或销售与店铺不同的商品。设想一下,如果一个品牌选择不同的渠道模式且每种渠道模式的营销策略不同,将会对品牌形象造成什么样的伤害。如果选择相同的渠道模式,某些渠道必定不能产生效益。假如某品牌同时选择商场专柜模式和珠宝专业市场模式而采用统一的售价,那么,这个品牌在专业市场上必定失去竞争力,且如前所述,不同的渠道模式面对的目标市场本来就是不同的。

四、品牌资产管理

品牌资产是最近30年西方学者提出来的重要营销学概念,其英文标准名称为"customer based brand equity(基于消费者的品牌权益)",但是在中文语境和概念中统一称作"品牌资产(brand equity)"。综合各类学术派别和管理理论,品牌资产的主要界定范围或含义可以表述为:品牌资产与品牌符号、品牌名称及其相关标志相互联系并产生相互作用,具有增加或减少企业在提供产品销售和相关服务的价值时所关联的资产与负债特点。从管理学的角度来看,品牌资产是一种超越生产、商品等所有有形资产以外的价值,是企业从事生产经营活动在品牌上投资所可能带来的收益;品牌资产是一种无形资产,它是品牌知名度、信誉度、美誉度、忠诚度以及品牌联想等各种要素的集合体。从财务管理的角度来看,品牌资产是将商品或服务冠上品牌后,所产生的额外收益。这个额外收益来自两个方面:一是对拥有品牌公司感兴趣的投资者,他们的出价包含了对品牌的估值;二是购买品牌产品的消费者,他们的出价包含此品牌高于市场一般产品溢价的部分,同样的产品因品牌的不同而带来的额外现金流入就是品牌资产(图5-2)。

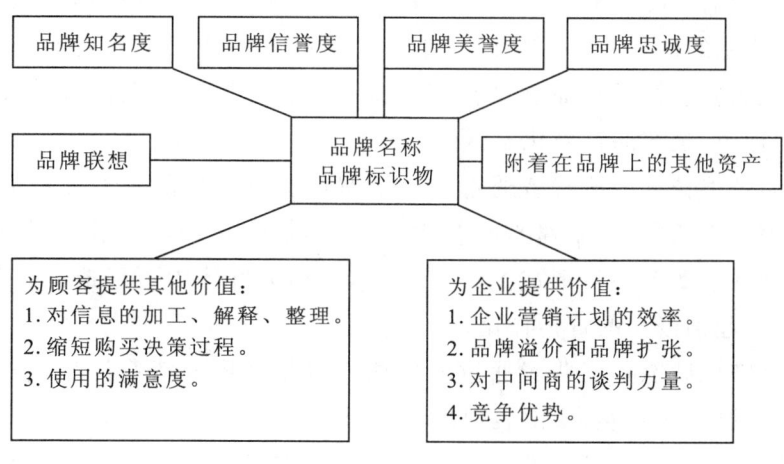

图5-2 品牌资产的构成

珠宝品牌资产包含的内容众多,从消费者认知到品牌影响涵盖了品牌与消费者接触的各个方面:珠宝产品价格,产品主要属性,品牌视觉形象,品牌文化感知,企业形象识别,品牌溢价能力,品牌盈利能力,品牌美誉度、服务体验度和消费者情景体验舒适度等。这些资产通过多种方式向消费者和企业提供连接的桥梁并相互产生各类价值。

(一)品牌资产管理的内容

品牌资产管理是品牌管理中的重要概念,是品牌资产构成的协调和谐与综合运用,形成营销管理的巨大生命力与影响力,推动营销管理的内容不断更新,促进企业的不断发展壮大。包括准确定义、规范管理,并采用完善周详、切实可靠的方法尽可能对品牌进行衡量评估,最大限度地挖掘品牌价值和利润。

品牌运营过程中的资产管理主要是对品牌知名度、信誉度、美誉度、忠诚度这四个"度"和品牌联想及其他专有资产(如商标、专利、渠道关系等)进行的管理。

(1)品牌知名度。企业对品牌的宣传推广,包括消费者通过品牌识别系统、实际消费体验认识、记住某一品牌是经营某一类产品的能力,是品牌在消费者心目中形成的印象或记忆。品牌知名度被分为三个明显不同的层次:品牌识别、品牌回想、第一提及知名度。即当提起某类商品时消费者能迅速说出或想起的某个品牌。如当提到珠宝首饰时,多数消费者会迅速想到"周大福"。

(2)品牌信誉度。消费者对某一品牌产品在其品质上的整体印象,是对产品(服务)质量的认可程度。反映了消费者对品牌的实际了解或消费体验,是对产品功能、质量特征和品牌诚信度的认可。它为消费者提供选择和购买品牌产品的理由,是产品差异化定位的基础。

(3)品牌美誉度。消费者通过实际消费体验感受到品牌产品的质量和服务,对品牌产生认同、对品牌的售中、售后服务满意,进而对品牌形成赞美的程度,是品牌在消费者心目形成的美好记忆,在相关群体中可形成的口碑效应,对品牌可以起到极大的宣传作用。

(4)品牌忠诚度。消费者通过消费体验对品牌形成消费信赖或对其他品牌产生近乎排斥的情感,多次表现出对某个品牌有偏向性的行为反应,当产生重复购买行为时,这个被消费者认为值得信赖的品牌一定是首选。品牌忠诚度是一种行为过程,也是一种心理过程。它的形成不完全是依赖于产品的品质、知名度、品牌联想及传播,它与消费者本身的特性密切相关,依靠消费者的产品使用经历来确定。提高品牌的忠诚度,对一个企业的生存与发展,形成稳定的市场份额极其重要。

(5)品牌联想。消费者通过视觉、听觉或者想到某品牌后联想到的所有内容,这些内容既可以与珠宝首饰品牌直接相关、间接相关或不相关,但直接决定了消费者对品牌的印象。珠宝品牌的品牌联想包括:产品的价格区间、佩戴人群、周围人的看法、商品质量、明星效应、设计风格、时尚程度、首饰工艺、象征意义等。品牌联想对珠宝品牌(或奢侈品品牌)尤为重要,珠宝或奢侈品营销的一个主要理念是"远离客户"(这里的远离不是本意的远离,而是产生区隔),普通商品更多采用的是"接近客户"。此时品牌联想对于构建良好的珠宝品牌资产也显得尤为重要。

（二）珠宝品牌资产的管理方法

品牌资产是无形资产，珠宝品牌资产从某种程度上来说，其重要性远远高于有形资产。要想让珠宝品牌成为资产的一部分，就必须对品牌实施资产化管理，通过不断地对它进行投入来维护和巩固其价值。品牌资产管理要从构成品牌资产的几个要素入手。

1. 建立品牌知名度

品牌知名度的真正内涵是认知度及联想。品牌知名度的建立至少有两个方面的作用：第一，消费者从众多品牌中能辨识品牌，并形成初步的品牌记忆或印象；第二，能从新产品类别中产生联想。由此，建立品牌知名度通常可采用的做法如下。

（1）创建独特且易于记忆的品牌。是在品牌创建初期就要给产品或服务取个好记的名字，这也是广告宣传所遵循的基本原则。

（2）突出品牌标识，从视觉上增加消费者对品牌的冲击。除品牌语言、声音之外，品牌名称、品牌标识，标准色彩也具有很强的沟通能力。品牌标识的重复暴露出现，可以提高人们对品牌的正面认知，使消费者不论走到哪里始终看到一样的视觉冲击。这就要求品牌企业要尽最大努力开展连锁经营，提高品牌店的市场覆盖率。

（3）借助媒体和公关手段，加大品牌传播力度。利用传统和现代媒体加强品牌的宣传力度，让消费者通过耳闻目染形成品牌记忆。使用广告宣传，虽然效果显著，但相对代价昂贵，且易受其他广告的干扰。如果运用公关的传播技术，塑造一些话题，通过报刊、杂志引起社会公众的注意常常可以取得事半功倍的效果。

在管理上，品牌策划要有专业的策划机构配合完成，建立独特的品牌识别系统，通过市场的检验再加以改进。包括以下几点：①品牌识别系统一旦形成，不能随意改变；②及时评价宣传效果，改进宣传手段和途径，逐步形成广泛的品牌知名度；③经常进行市场调研，了解品牌知名度在同行业品牌中知名度的排名情况，是上升了不是下降了，并及时做出改进方案。

2. 提升品牌信誉度

品牌信誉度是品牌经营者诚信观念、质量观念、服务意识共同作用的结果，是消费者通过消费体验和享受服务逐步形成的印象，形成品牌确实值得信赖的观念。消费者对品牌信誉度的产生源于购买行为之前,延伸于产品使用或服务享受之后,贯穿整个营销过程。形成品牌信誉度可从以下几个方面着手。

(1)建立与品牌定位一致的品牌形象。品牌形象是消费者对品牌产生信任的第一步,有了信任作为基础,消费者才可能近距离接触品牌,增进对品牌的了解,进而产生购买行为,在购买和享受服务中产生对品牌的信任,形成品牌信誉度。

(2)增强质量观念,注重兑现质量承诺。消费者对品牌质量的追求应该是长期的、细致的和无所不在的,企业要从产品整体的角度增强质量观念,不管是核心产品、形式产品还是延伸产品,都要注重产品的质量,特别是能反映品牌特征的、消费者看得见的质量,在向消费者的质量承诺上只能高于或符合消费者的预期。品牌的高质量应该成为企业上下全体员工一致的追求。

(3)强化服务意识,为消费者提供满意的服务。所谓强化服务意识,就是在售前、售中和售后服务中都要想消费者之所想,急消费者之所急,以满足消费者的需求为基础,以消费者满意为前提,为消费者提供贴心的服务。在服务中要体现真诚,以真诚赢得消费者的信任。

在管理上,要及时跟踪消费者的产品使用情况,保持与消费者的长期联系,征求他们对品牌产品的意见、建议和看法,及时改进产品和服务质量。关注营销中的每一个细节,正确处理好与产品质量和服务有关的任何一个微小事件,在消费者心目中形成良好的印象,以实际行动让消费者觉得这个品牌是值得他们信赖的。

3.形成品牌美誉度

品牌美誉度是消费者通过实际消费体验感受品牌质量、产品质量和享受售后服务,进而在心目中对品牌留下了美好的印象并由此形成的口碑效应。可见,品牌美誉度的形成建立在品牌信誉度的基础上。品牌美誉度一旦形成,品牌在消费者的相关群体中以口碑相传,消费者便成为企业无尽的财富,并源源不断带来新的消费者。为了形成品牌美誉度,企业应该做到以下几点。

(1)建立良好的主客关系。消费者通过消费、使用或享受服务,对品牌产生独特的情感,会主动将自己融入企业,视为企业的一员,主动关心企业的经营情况;企业对消费者也非常了解,同样也将消费者视为自己人,随着这种良好的主客关系的建立,消费者便成了品牌的推销员,给企业带来更多的消费者。

(2)主动为消费者解决问题。真诚关心、信赖消费者,将提供热情、周到的服务上升到企业道德层面,真诚地为消费者解决珠宝消费中的各种问题,为某些特殊的消费者提供有针对性的关心和服务,有时候能迅速强化品牌美誉度的塑造与传播。

(3)提供心细如丝的服务。企业员工对消费者关爱有加,体贴入微,会使消费者感动,会更加坚定地相信他们的选择,为品牌唱赞歌。

(4)借助公共关系建立良好的公众形象。品牌经营取得了业绩,是消费者支持的结果,企业要学会感恩,回馈社会、回馈消费者,尽到一个企业应尽到的社会责任。对社会的奉献会在公众心目中建立正面的品牌形象,受到公众的赞誉,形成良好的口碑,反过来又会为品牌带来回报。

在管理上,要强化服务意识,增强客户的满意度,进而在消费者中形成良好的口碑;同时要经常进行品牌调查,了解品牌在社会上的真实形象和在社会公众中的口碑;在日常经营中,对每天到店购物的消费者进行调查,搞清楚他们是通过什么途径了解到本品牌的,及时统计一个经营周期中是因为口碑效应到企业购买首饰的消费者占比,这个比例的同比、环比是上升了还是下降了,并分析其中的原因。

珠宝终端销售人员的服务态度、专业素养和服务设施通过消费者的接触,能够直接影响消费体验,消费者的满意度对品牌的信誉度和美誉度都会产生巨大的影响。珠宝营销的服务包括售前服务、售中服务和售后服务,优质的售前和售中服务是营销取得成功的前提。很多珠宝品牌(终端)为了完成销售目标只重视售前和售中服务,却忽视了最重要的售后服务,他们喊出"以优质的服务取胜",只抓售前和售中服务,冲击销售目标,经营业绩粗放型的增长,却将售后服务这个最重要的影响客户满意度的因素忽略了,致使品牌经营后劲乏力,管理者应该明白,有了优质的售后服务,客户才会买得放心,珠宝品牌才能产生良好的口碑,才能留住和争取更多的客户。随着口碑效应的扩散,品牌知名度和信誉度越来越高,品牌形象也在消费者心中逐渐建立起来了,从而提升了珠宝品牌的品牌资产。

4. 维持品牌忠诚度

品牌忠诚度是指来自于客户对产品的满意并形成品牌忠诚的程度。对于一个企业来讲,开发新市场、发掘新的客户群体固然重要,但维持现有客户品牌忠诚度的意义同样重大,因为培养一个新客户的成本是维持一个老客户成本的5倍。尤其是在市场不景气时,品牌忠诚度高的客户是保证品牌正常运营的宝贵资源。为了维持品牌忠诚度,企业应该做到以下几点。

(1)给客户一个不更换品牌的理由。比如适时推出新产品,满足客户群体中出现的新需求;适时更新广告,强化品牌偏好;举行促销活动,给老客户更多的优惠或让利,让他们感受到身份的尊贵从而不产生更换品牌的想法。

(2)努力接近客户,了解他们的真实需求。不断深入地了解客户的需求非常重要,通过定期的调查与分析,主动为他们提供服务。这种贴心的服务会使他们更加坚定对品牌的忠诚。

(3)提高客户的转移成本。品牌产品拥有差异化的附加价值越多,消费者的转移成本就越高。因此,应该有意识地制造一些转移成本,以此提高客户的忠诚度。

(4)用创新产品维持品牌忠诚。品牌创新常常是品牌的核心竞争优势,包括产品创新、工艺创新、营销模式创新等。通过创新产品特色,客户对新产品的酷爱又别无选择,只能维持对品牌的忠诚。

在管理上,要同老客户保持经常性联系;教育员工在对待老客户的态度上,要更加热情,服务更加周到,在权限允许的情况下为老客户提供更多的利益;企业要建立客户档案,真实记录每一位客户的购买情况,及时分析老客户回头率上升或下降的原因;进行客户回访,在品牌和客户之间建立起一条情感的纽带,靠情感和利益这两条纽带维持客户对品牌持久的忠诚。品牌忠诚度的建设对我国珠宝品牌来说还有很长的路要走,客户从开始对品牌的认知、接受、消费、喜爱直至忠诚这几个主要阶段是消费者必经的消费心理和行为变化过程。培养品牌忠诚客户是珠宝品牌的最终目标,拥有的忠诚客户越多,品牌资产越多,抵御市场的风险能力就越强。

5.建立品牌联想

品牌联想是指消费者想到某一个品牌时所能联想到的内容,然后根据内容分析出买或不买的理由,珠宝品牌联想通常是象征性的和抽象的,也包括品牌形象的联想。这些联想大致可以分为几类:产品特性、消费者利益、相对价格、使用方式、使用对象、生活方式与个性、产品类别、比较性差异等。销售与品牌联想之间具有强烈的相互关联性,因此,品牌管理者在塑造品牌形象时,应通过各种不同的营销管道,竭尽所能地为品牌建立并累积正面的品牌联想,在客户心中形成一个持久的深刻印象,才能巩固品牌的市场优势。对企业而言,所要掌握的就是客户脑海中的联想,能有一个具体而有说服力的购买理由,这个理由是任何一个品牌得以存活延续所必须具备的条件。

珠宝,特别是高端珠宝(或奢侈品珠宝)更多的是满足客户心理需求的商品,建立情感、文化、设计或审美等最高消费层次的品牌联想是珠宝品牌所追求的。客户对珠宝品牌的最真实、最忠诚以及最朴实的情感是最珍贵的品牌资产。

本章小结

本章探讨的是珠宝品牌运营过程中的管理问题。在了解了珠宝品牌和品牌运营的重要性后,列举了我国珠宝品牌运营过程中容易出现的问题,在此基础上,围绕品牌定位、品牌质量管理、品牌渠道管理和品牌资产管理等品牌运营中的重点管理问题进行了探讨。最终,品牌运营管理的核心问题是品牌资产管理。

品牌资产管理对珠宝品牌的影响巨大,从根本上来说,奢侈品品牌或珠宝品牌的建设更多的是品牌资产的建设。能给企业带来更多市场份额的是品牌忠诚度和品牌溢价两个重要方面,这两个方面可以为珠宝企业带来强大的竞争优势。依托珠宝文化建立正面的品牌联想是每一位从事品牌运营管理者的重要职责,注重创造品牌文化,让文化渗透到品牌资产的组成内容中去。

思考题

1. 简述科学运营一个珠宝品牌的重要意义。
2. 珠宝品牌运营中容易出现哪些问题?
3. 品牌定位管理的流程是什么?需要注意哪些问题?
4. 品牌质量管理中应如何管理珠宝品牌的产品质量?
5. 珠宝品牌在选择渠道模式时如何避免渠道的冲突?
6. 品牌资产管理包含哪些内容,简述提升品牌资产的方法和途径。

第六章 珠宝产品设计与创新管理

1978年党的十一届三中全会以来,中国的改革开放已经几十年了,中国珠宝行业伴随着改革开放的步伐开始发展起来。在从无到有、由弱到强、由小到大的发展过程中,珠宝行业发生了翻天覆地的变化,多年来,依据珠宝消费总额,中国也一直位居美国之后成为全球第二大珠宝消费国。但同许多其他行业一样,中国珠宝企业一直被困扰:同质化经营和快速模仿。中国珠宝品牌不计其数,但是千店一面,产品没有个性更没有独特的竞争优势,只能靠价格战、广告战与对手竞争,没有学会如何做差异——通过设计和创新使产品与众不同,形成企业(品牌)独特的核心竞争力。在激烈的市场竞争中,企业要获得长远的发展,就必须使自己的品牌与众不同,具有其他企业(品牌)无可比拟的优势,并且通过不断创新保持这种优势,否则,就会被别的企业赶超而被淘汰。

第一节 珠宝企业创新的意义和作用

计划经济时期,中国有很多以出口为导向的工艺美术公司,它们传承着中华民族传统首饰工艺,出现了很多老字号,比如湖北省工艺美术总公司下属的湖北省工艺美术厂、武汉金厂等。有着很好的手工艺、从事着多种类型首饰工艺品的生产和销售,湖北省工艺美术厂是一个从事金银首饰工艺品、景泰蓝工艺品、玉器工艺品加工的综合生产企业,是湖北省的出口创汇大户,计划经济时期靠国家政策吃饭,具有很好的经济效益,但是,在改革开放的大潮中,他们故步自封,维持着传统的手工艺生产和管理方式,不懂得在变革中求得生存和发展,最终被市场所淘汰,于1996年倒闭。相反,有的工艺美术公司却通过创新获得了新生,如初创于1848年的上海老凤祥银楼,计划经济时期的远东金银饰品厂,沐浴改革开放的春风,经过几代人的兢兢业业、励精图治,于20世纪90年代在历史沉淀的基础上创建了"老凤祥"品牌,以其独到的经营思想在商业模式、产品工艺和服务理念上大胆创新,终使老凤祥银楼傲视群雄,成为全国唯一一家传承了150年的百年老店,"老凤祥"品牌成为我国珠宝首饰行业最知名的品牌之一。北京市菜市口百货股份有限公司是一家从事百货经营的国有商场。1989年,面对百货行业市场疲软、商场经营业绩滑坡、效益较差的严峻局面,公司领导层从经营性质、经营业务、内部管理等方面大胆进行改革创新,从经营百货业务逐步转向经营黄金珠宝业务,并创建了"菜百"珠宝品牌,在经营理念、业务组合、服务理念等很多方面创首都黄金珠宝行业的先河,给公司带来了蓬勃生机。他们携"中国黄金第一家"的称号,凭着诚信经营,黄金珠宝销售连续13年位居全国和北京市同行业单独门店销量第一、人均销售额第一、平效第一、商品质量第一、售后服务第一。成为首都最具影响力的珠宝品牌。这些品牌都成为中国珠宝业创新经营的典范。

据有关部门统计,中华人民共和国成立初期,我国的老字号企业有近2万家;1978年以后,经国家有关部门认定授牌的"中华老字号"企业有2000多家,主要集中在医药、餐饮、食品等行业,也不乏珠宝企业;自20世纪90年代以来,随着改革开放的继续深入,许多曾经辉煌的老字号经济效益开始滑坡,根本原因就是这些老字号不及时创新、一成不变,跟不上时代发展的要求,导致这些老字号最终退出社会舞台。

2000年以来,中国珠宝首饰行业协会倡导珠宝品牌建设,短短的10多年时间,中国珠宝行业诞生了上百个珠宝品牌,通过对这些品牌的分析发现,品牌与品牌之间相互抄袭的现象十分严重,产品与产品之间都是同质的,由于品牌缺乏差异化的竞争优势,一些品牌在激烈的市场竞争中已经消失了,多数品牌还在生与死的边缘苦苦挣扎。

所以,在现代市场竞争中,老字号也好,新生品牌也罢,"一招鲜,吃遍天"的时代已经过去,如果企业保持长期不变的节奏,品牌就会老化,就会在残酷的市场竞争中逐步走向衰亡。珠宝企业(品牌)要保持旺盛的生命力,必须进行持续的创新,创新是企业(品牌)生生不息、基业长青的源泉。

对此,可以总结一下创新对珠宝企业(品牌)的意义。

(1)创新是满足客户不断变化的需求。珠宝首饰是奢侈品,更是满足美化人们生活的时尚消费品。时尚是不断变化的,珠宝企业(品牌)只有掌握时尚潮流,迎合时尚风向,创新设计与品牌特色一致的时尚款式,才能满足消费者不断变化的需求。

（2）创新是有效应对市场竞争的手段。珠宝行业的市场竞争十分激烈，要在市场竞争中赢得主动，就必须不断地在产品、技术、商业模式和管理上加以创新，做到"人无我有、人有我多、人多我专"。如果没有创新，企业在同质化严重的市场竞争中只能大打价格战，既牺牲了企业的利润，又损害了企业品牌形象。从这个意义上来说，创新是应对市场竞争最有力的武器。

（3）创新可以建立品牌个性、实行差异化经营。品牌经营的核心是如何实现差异化，做与众不同的产品，产品如果没有个性和差异，品牌就没有特色，就没有吸引目标消费群体的卖点。在当今信息高度发达的珠宝市场，任何有竞争力的卖点都会被竞争对手快速复制和模仿，只有在保持品牌特色的基础上不断地加以创新，才能使品牌走在市场的前列。

（4）创新是保持企业（品牌）旺盛生命力的源泉。有人通过观察和分析，发现导致品牌衰落甚至消亡的原因有三个：一是产品质量问题，质量是品牌的本质，质量问题会从根本上动摇品牌的根基；二是对品牌本身缺乏持续不断的投入，使品牌逐渐被消费者忘记；三是缺少创新，品牌形象老化，没有时代感，企业与消费者的距离越来越远。因此，一个企业（品牌）只有走上创新之路，才能展现出旺盛的生命活力。

第二节　产品设计和创新的灵感来源与途径

著名企业家张瑞敏先生在企业管理的实践中总结了"斜坡止球"理论，企业在市场中所处的位置，就如同斜坡上的一个球体，它受到来自市场竞争和内部员工惰性产生的向下压力，如果没有往上的推动力，它就自然往下滑落。创新是企业保持不断向上的最好推动力，它使企业在市场竞争中持续不断地提升竞争能力，增强企业的活力。

一、如何获取产品设计与创新的灵感

为了获得产品设计与创新的灵感：第一，向竞争对手学习，要比竞争对手做得好一点；第二，了解客户的需求，要为潜在客户多想一点；第三，把握市场的风向，要比一般企业变化快一点。要永远想在别人的前头、走在别人的前头、做在别人的前头。

1. 经常看看竞争对手在干什么

经常看看竞争对手在干什么，即经常从事市场调研，了解竞争对手的情况。不论企业规模的大小，品牌知名度如何，它们之所以能够参与到市场竞争中来，必定有它与众不同之处。通过对竞争对手的研究，了解他们的优势与不足，哪些值得借鉴，在哪些方面能形成差异。从竞争对手的创新思路中发掘创新灵感，在竞争对手产品的基础上做出改进，力争比竞争对手做得更好一点。

2. 多多听取消费者的意见

每个人、每个企业都有自己的思维方式、行为方式和审美倾向，进而形成各自的设计风格或企业（品牌）特色。但是，设计师的设计风格实际上是反映了个人的审美，企业（品牌）特色也是在融入其他元素的基础上突出体现企业（品牌）特色，但创新设计毕竟是为了迎合或引导消费者的需求。听取消费者的意见有时会让设计师茅塞顿开，一语惊醒梦中人，激发创新的联想，设计出更能满足消费者需求的产品。

3. 经常出去考察学习，会有一些新的思想

中国幅员辽阔，人口众多，各地经济、文化、审美观念都有所不同，多考察会更多地了解不同地区的文化，不同民族、不同层次消费者的审美需求。各民族的文化元素相互借鉴，对品牌的创新思路有所触动或具有全新的认识，激发创新的灵感。

4. 关注各种橱窗、商业展览，分析设计风格

不管是本行业还是其他行业，关注各类企业的橱窗、商业展览，分析它们的设计风格，也会从中得到很多创意。产品的创新设计有共性也有个性，需要从其他行业中寻找启示，从本行业中寻找差异。从不同的产品设计中找到设计创意，激发创新灵感，会有一定的借鉴意义。

5. 预测消费趋势，引导时尚潮流

特别是在珠宝行业领导地位的珠宝品牌，应对市场的发展态势应具有前瞻性。根据各种信息预测行业、市场、消费的发展趋势，只有对未来的流行趋势有一定的引导性和判断性，创新之路才不会曲折。

二、珠宝企业产品设计与创新的途径

概略地说，珠宝企业产品设计与创新的途径包括产品创新、技术创新、服

珠宝企业管理 ZHUBAO QIYE GUANLI

务创新、卖点创新、适应不同市场的创新、管理创新等。珠宝首饰是奢侈品,营销的核心是文化和艺术,创新也必须围绕这一核心,塑造珠宝产品的情感诉求,挖掘珠宝文化沉淀和艺术价值,提高珠宝产品的附加值。

1. 产品的创新

珠宝产品是品牌文化的承载物,是品牌特色的重要表现形式。通过不同形式的产品创新可以不断强化品牌文化,塑造品牌内涵,增强消费者拥有品牌产品的欲望。产品创新包括款式的创新、材质的创新、工艺的创新、彰显品牌个性的创新、功能的创新等,后面的章节中会作进一步讲述。

2. 品牌核心内涵的创新

珠宝品牌的核心内涵到底是什么,能给消费者带来什么利益,珠宝品牌的核心内涵代表了其核心价值,可以从产品的特点入手分析产品承载的品牌内涵及其给消费者带来的利益,结合品牌定位塑造珠宝产品的情感诉求,挖掘对品牌核心内涵的理解,创造品牌溢价。

3. 渠道的创新

不同的企业(品牌)有不同的定位,不同的渠道服务于不同类型的消费者,如高端商场或专卖店专门服务于高端消费人士,网络渠道以年轻的消费者居多等。珠宝品牌的渠道选择应该是与品牌定位一致的,且渠道模式和类型并非越多越好,只有创新性地精选渠道,方能提升品牌形象。

4. 形象的创新

通过专业的品牌形象设计和艺术表达,让品牌形象有一种"鹤立鸡群"的感觉。周大福的很多连锁店都是以店中店的形象出现在各大商场中,突显与其他品牌的不同。另外,商品陈列的风格也有助于建立独特的品牌形象。陈列设计是与消费者最基本的沟通渠道,要以艺术化的技巧生动地表达品牌信息,展示产品的特征,彰显品牌内涵。

5. 科技的创新

外观精美是珠宝产品的构成要素,注重珠宝产品的科技含量,将绝妙的设计融入科技含量可以吸引消费者的眼球,成为说服消费者购买的理由。

6. 营销方式的创新

尤其是在同质化严重的珠宝市场环境里,营销方式的创新就显得更加迫切。珠宝营销的本质是创造价值,如果将珠宝的营销置于价格战层面是没有意义的,只有在珠宝产品中注入文化,珠宝产品才更有价值,珠宝又是稀缺的商品,创造稀缺才能使珠宝更有意义。创新珠宝营销方式是实现珠宝价值的有效途径。

7. 服务的创新

在珠宝企业服务意识不强或服务理念尚不健全时,服务方式有很多创新点,且优质的服务容易得到消费者的认同和拥戴。从消费行为特征来看,大多数属感性消费。感性消费的特点是冲动性和暂时性,不利于形成品牌忠诚度。这时,要通过优质的服务建立起珠宝企业(品牌)与消费者之间的桥梁,将品牌深深根植于消费者心里,通过持续的沟通和提醒,为他们创造持续购买的理由,通过对品牌的肯定和认同,形成忠诚的客户群体。

8. 文化的创新

特色的企业(品牌)文化是维系一个企业(品牌)正常运作的纽带。只有将企业文化植入每个员工的心里,才能对全体员工产生强大的凝聚力,形成一股向上的合力。而企业文化的内涵是在企业管理的实践中不断丰富和发展的,企业文化的不断创新可以给企业带来新的活力。

第三节 产品创新与珠宝设计理念的突破

一、珠宝产品设计的创新思路

如今的社会,消费者的珠宝消费观念变化很快,不再只是一味的追求一成不变、人人享有的东西,而是更多地去突出自己的与众不同,展示自己的个性特点。如何设计个性化珠宝产品已成为当代珠宝设计所面临的全新挑战。在这样一个市场环境下,要求珠宝设计师突破"旧"壁垒,寻求"新"思路,走大胆创新的设计之路,同时以人为本,注重切身感受,善于捕捉新想法,敢于提出新问题。

1. 突破"旧"壁垒,寻求"新"思路

现在很多珠宝企业一方面苦于产品款式/系列的设计思路匮乏,一方面又无大力气投入产品设计,甚至大面积出现"吸收"其他品牌畅销款式的现象。我国的珠宝行业经过改革开放后几十年的发展,大部分企业管理由"创业一代"向"创业二代"过渡,完善的企业管理结构、产品开发流程和品牌运营管理急需导入到这些企业。新产品开发与设计是当今我国珠宝企业在标准和完善的企业管理结构下的管理重点。产品开发设计部门需要重视各类设计想法和市场动向。"新"的设计想法总是在"旧"的基础之上不断涌入,这就要求珠宝设计师善于思考,敢于突破创新,敢于在"旧"的作品之上,寻求"新"灵感。

创新设计不一定是要完完全全设计出一个全新的产品,反而更多的时候一些"旧"产品会带来新灵感。比如旅行箱是路易威登的成名之作,而在2014年的时候路易威登的创意总监就把这种极具标示性的品牌设计元素运用到了首饰的设计中,它没有很复杂的设计款式,仅仅是将旅行箱按照尺寸进行了缩小,缩小后的旅行箱可爱而灵动,不失精致而又散发时尚气息,完美诠释了路易威登的品牌文化(图6-1)。一经推出便获得广泛好评。

图6-1 路易威登的旅行箱及以此元素设计的首饰

突破"旧"壁垒还要求珠宝设计师不能形成思维定式,不能给自己设定框限,要善于观察生活,发现美的事物,激发自己的创作灵感。不能一味地肯定或否定自己的创作能力,要敢于大胆创新,走出自己固定的"圈子",不要人云亦云地抄袭"爆款"来迎合市场。要用自己的创新作品带动市场,使得创新的设计风格被更多的受众群体所接受,从而进一步地推动中国原创珠宝设计走向世界。

2. 以人为本,设计为"人"

珠宝产品的设计是以人为核心的设计,所以创新设计离不开"人"。以人为本的珠宝产品创新设计是将人的佩戴感受放在第一位的,强调珠宝产品的舒适性和使用性。不再仅仅只是市场上的大众款式,更加注重对于每一个人的贴身设计,个性定制,要做到满足不同受众群体的要求,实现一款多变、同款多式,以创新化、个性化取代批量化、单一化。

真正创新为人,设计为人,就要站在"人"的角度去看问题,感受"人"的感受,从而才能创造出以人为本的产品。做设计的要善于回归本真,感受人性,释放自然美。既要适应花花世界,又能追求朴素生活,既能快速捕获"人"的细节,又能一笔带过化繁为简。创新型的个性定制被越来越多的消费者所喜爱,他们将这种首饰的创新作为一种个性的展现、情感的表达,更多时候用首饰的符号作用来标榜他们的性格,这正是当代首饰的发展方向。

3. 换位思考,设计消费者喜欢的首饰

设计师都有自己独特的审美观念和设计理念,所以他们能发挥自己的艺术特长,设计出独具特色的首饰。但是,如果设计师的作品需要得到更多人的认同和接受,或者说使自己的设计作品更为出色、拥有更多的忠实客户,就必须学会换位思考。所谓换位思考,就是从客户的角度来想一想,设计师的设计理念毕竟是代表自己的喜好和对设计之美的理解,有些客户会忠实于设计师的设计,有些客户可能会有自己的想法,换位思考,就是要从客户的角度去打开设计的思路,设计客户喜欢的首饰。

不仅要从客户的角度考虑,还要研究客户的预期,在客户的预期之内,可以满足客户的需求,客户不会失望;如果超出客户的预期,会给客户意外的惊喜。一名优秀的设计师会认真分析客户的需求,体察客户的审美,设计超出客户预期的产品,而不是站在自己的立场上强制客户接受自己的设计理念。

二、加强对外交流与合作

当今社会是一个开放的社会,文化的多样性、信息的通达性使得全球共住"地球村"。在这样的时代机遇面前,我国珠宝企业的设计师应坚持"走出去",多交流、多沟通,学习先进理念,取长补短。珠宝企业应根据自己的核心产品和细分市场定位仔细调研市场后,不断更新产品设计,并与同行、艺术机构和其他时尚品牌进行交流,吸取精华。

中国有着上下五千年的璀璨历史文化,而近现代为什么没有享誉世界的珠宝设计品牌,究其原因还是近代故步自封,闷头做设计,"两眼不闻窗外事,一心只读圣贤书"。在信息如此便达的今天,更要求设计师走出国门,去学习先进理念。借鉴、学习别人设计思想和文化精髓,又不忘记本国的文化特色,在某种程度上达到完美的平衡统一。交流、学习别人对于灵感来源的表达方式,一个好的灵感固然重要,但怎样把它完美的诠释出来更加重要,有了好的灵感,但枯竭于没有很好的呈现方式,最后设计出的首饰不能如自己所愿。这就要求珠宝设计师在学习的同时要善于同其他设计师交流设计思路、设计想法,从别人的设计切入点中得到新的启发。

加强对外交流不仅是珠宝企业的设计师学习了国外的设计理念,同时也可以把中国文化的精粹推向世界,让世界一同感受中国文化下珠宝设计的魅力。当代中国珠宝设计师们就在用自己的绵薄之力,让世界重新认识中国珠宝设计。这其中最具有代表性的要数陈世英(Wallace Chan),从做学徒时期就对雕刻感兴趣的他在1987年开创了以自己名字命名的雕刻法,这种雕刻法融合了多种工艺,使宝石的外在美与内在美交相辉映,充分表达。他也成为了应邀前往法国巴黎大皇宫参加巴黎古董双年展的首位华人珠宝艺术家。在他的设计作品中无不流露出中国的文化魅力,结合了"禅"精神,以形写意,富有哲理,又不失美感,被誉为"现代文艺复兴全才"。在他的推动下,国外刮起了一阵中国珠宝的艺术风潮。

三、建立特色设计体系

纵观世界首饰的发展历史,一个好的珠宝品牌,必定是在文化的传承中寻求发展,在发展中不断缔造新的文化。就像卡地亚珠宝传承百年的纯手工工艺,每一款首饰都坚持精工细作,在卡地亚的首饰中既能看到公元前3000年的金银丝细工工艺,也能看到"猎豹"这一经典元素的现代演绎,更创新的是将两者合二为一(图6-2),在不断创新中体现文化传

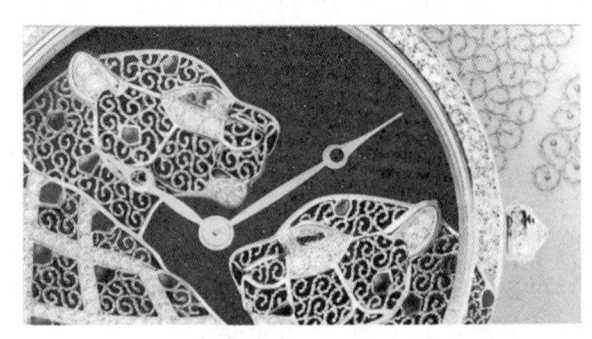

图6-2 卡地亚金银丝细工工艺制品

承。我国的珠宝首饰在不断发展的同时,也不能丢弃中国历史悠久的文化,要以文化为依托进行设计创新,形成以中国文化为核心的中国珠宝首饰体系。在中国文化中,早有远古人拿石钻孔,佩戴贝壳作为饰品;又有惊叹世界的唐三彩、明清近代景泰蓝以及花丝镶嵌等工艺的兴旺发展,这些巧夺天工的工艺制作都是一笔文化财富,但这些真正沉淀文化底蕴的传统工艺慢慢渐行渐远,中国当代的设计师们难道不会掩面惋惜,扼腕长叹?而其中的一些珠宝企业早已洞察并开始采取行动,以传统的珠宝工艺为核心,进行设计创新。

珠宝品牌潮宏基就是立足传统文化,创新传统工艺的企业代表。他们花了10年的时间,建造了一所珠宝首饰博物馆,将中国传统的珠宝手工艺品藏于馆内,在馆中3000多件藏品中,不仅可以看到不同的少数民族饰品,还能看到工艺精湛的贵金属制品以及濒临消失的手工艺品,堪称是中国首饰文化的"活化石"。说起建馆的初衷,潮宏基表示这源于在巴塞尔珠宝展的亮相,走出去的中国企业,更应该保留自己原汁原味的东西,首饰设计应该保留东方文化特点,这不免需要传统工艺作为支撑,于是便开始了重拾传统工艺之路。在潮宏基众多保护项目下,濒临消失的中国古代皇家首饰镶嵌工艺——花丝镶嵌应该算是重点保护项目。潮宏基不但组织很多90后跟着师傅参观学习这门工艺,使更多的人对此产生兴趣,还在北京、上海、深圳等多地举行花丝精品巡回展,普及知识,引领大众对花丝工艺的认识。潮宏基还把花丝工艺带出国门,让世界也能欣赏这一濒临消失的艺术。在保护的同时,潮宏基还不忘将这一门传统工艺融入到现代的首饰设计中,他一直坚信从传统的精髓中汲取精华才是品牌发展的王

图6-3 潮宏基"善缘系列"

道。"善缘系列"就是花丝工艺与时尚结合最完美的诠释,精巧流动的造型,处处散发着东方之美,赋予了花丝工艺极强的现代性和实用性(图6-3)。继承的同时予以发展,发展的同时予以创新,真正实现了具有本土特色的设计体系。

珠宝企业管理　ZHUBAO QIYE GUANLI

第四节　产品的开发与创新

在产品的开发中进行创新是珠宝企业最常见的创新方式,产品的创新包括款式的创新、材质的创新、工艺的创新、彰显品牌个性的创新、功能的创新等。

一、珠宝首饰款式的创新

珠宝首饰是文化饰物,为满足消费者的审美需要,迎合不同时期的市场流行趋势和消费潮流,或者反映品牌首饰的特殊设计理念,植入不同的故事或文化内涵,需要对首饰造型的简单与复杂、对称与非对称、设计元素的单一与多样、镶嵌方式的变化、金属材质与宝石材质搭配方面进行不同的组合。

珠宝首饰款式的创新是珠宝企业(品牌)最常见的创新方式,通过款式的创新开发新产品,满足消费者求新、求异的需求。但是,款式的创新需要遵循两个原则,一是款式创新一定要强化品牌特色,任何款式的变化即不能与品牌特色相背离;二是款式创新要与品牌诉求相一致,围绕同一主题不断强化品牌诉求。背离品牌特色和品牌诉求的设计不是有效的设计。

卡地亚是全球知名的珠宝奢侈品品牌,被誉为"皇帝的珠宝商、珠宝商的皇帝",在其产品设计中,"豹"形是卡地亚品牌的特色作品,利用南美豹外表的温驯与动作的凶悍喻意皇帝的至尊与威严,成为卡地亚的标志性产品之一。卡地亚来到中国后,为了适应中国的文化特色,于2003年推出卡地亚"龙之吻"系列。龙是中华民族的图腾,是帝王威严的象征,"龙之吻"系列产品中大量使用龙形元素(图6-5、图6-6),既迎合了中华传统文化,又不失品牌特色。

二、材质的创新

当今的社会是一个个性张扬的社会,珠宝首饰机械化的批量生产已经无法满足当下追求流行时尚的消费群体,他们富有内涵,追求时尚、与众不同,渴望通过造型独特的饰品来表达自己。传统的珠宝首饰材料已经有上百年的时间,目前已达到相对饱和状态,已经无法满足现今绝大多数受众群体,呈现出审美疲劳的状态。材料的创新正好迎合了当下的潮流趋势,新材料的出现给了设计师们更多表达自己设计灵感和设计思想的机会,多种材料的运用使得

第六章　珠宝产品设计与创新管理

图6-5　"龙之吻"系列之翡翠戒指　　图6-6　卡地亚"龙"形元素的打火机

更多更好的设计产品得以投放市场,满足了当下消费群体的消费诉求。而材料的"创新",不仅是新材料的创新使用,也是创新材料的创意结合。传统材料的新设计也为饱和的市场寻求了突破口。

（一）新材料的使用

(1)塑料。塑料作为现代的产物,使用率以及普及度都很高,在日常生活中也比较常见。塑料的颜色多样,抗腐蚀能力强,价格低廉,而且容易被塑造成各种形状。随着3D打印技术的发展,塑料这种可塑性强的材料在珠宝行业也开始崭露头角(图6-7)。

图6-7　塑料首饰　　　　　　　　图6-8　木头首饰

(2)木头。原生木材给人一种返璞归真、贴近自然的感觉。在生活节奏较快的当下,人们渴望回归自然,感受鸟语花香。而木质的首饰产品除了给人充足的安全体验,也带给人们回归自然,追寻心灵安谧的感受(图6-8)。

· 145 ·

(3)皮革。皮革材料很早就在装饰材料上予以运用,皮革耐磨性好,柔软舒适,适合贴身佩戴。而作为首饰材料,皮革本身的整体造型给人朋克、摇滚的感受。可弯曲,易多变,足足的分量感等特点深受一批叛逆少年的喜爱(图6-9)。

(4)纸。纸也是常见的材料之一,它轻薄便于携带,整体散发着温柔却又饱含底蕴。剪纸画是我国流传至今的民间艺术,纸作为创新材料运用在珠宝首饰上,不仅潮流环保还富有历史文化(图6-10)。

图6-9 皮革首饰

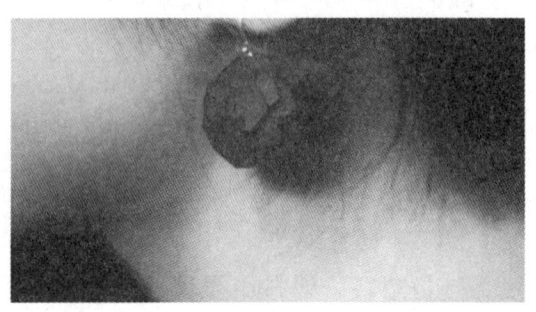

图6-10 纸质首饰

(5)混合材料。许多设计师在各种混搭材料中探寻设计,不断迸发出新的灵感。多种看似不相干的材料有意无意的"乱搭"在一起,竟绘出一幅"和谐"之图。

(二)传统材料的创新

如何通过对传统材料的创新搭配,使传统材料焕发生机,重新赢得市场,这是很多珠宝企业和珠宝设计师创新思路的一个方向。传统的金银贵金属材料以及珠宝玉石材料在设计搭配时,无非就是华美的宝石搭配贵金属,没有新意,容易造成消费群体的审美疲劳。对于传统材料的创新,首先就是搭配设计的创新,不再拘泥于一般思维的款式搭配,无论是金属与金属之间相互碰撞还是珠宝与玉石之间的混搭设计,都会给人眼前一亮的感觉。在这方面卡地亚就是作为先驱者的典范。卡地亚推出的"Trinity"三色金戒指就创新性的打破了金属与珠宝之间的混搭,这个系列用黄K金、白K金和玫瑰K金打造,金属体之间相互缠绕象征着世间最美的忠诚、友谊和爱情,设计的创意夹杂着材料搭配的创新,一经面世便广受好评(图6-11)。国内的珠宝企业也不甘落后纷纷在传统材料中寻求可能性。周大福的"china story 瓷爱一生"就创新性地把 18K 金与传统的陶瓷相搭配,设计感十足的同时也兼顾着舒适,此外周大福还选用了高硬度的陶瓷,更容易日常佩戴(图 6-12)。在传统材料的探索创新方面,我们还属于初级阶段,应坚持不断的尝试可能,大胆设计搭配,让传统材料与新材料一道点亮新型珠宝市场。

图 6-11　卡地亚的三色金戒指　　　　图 6-12　周大福"瓷爱一生"对戒

钯俗称钯金,与铂同属铂族,外观颜色金属光泽都与铂金相似,都是非常稀少的贵金属,但金属性能(如延展性)不如铂金。2003 年以前,仅作为电镀液镀于贵金属的表面。2003 年以后,随着钯的国际交易价格大幅下跌,珠宝企业开始研究钯金,改善其金属性能,成功地开发出钯金首饰,特别是钯金与珐琅工艺结合的首饰,大大丰富了贵金属首饰的类型(图 6-13)。

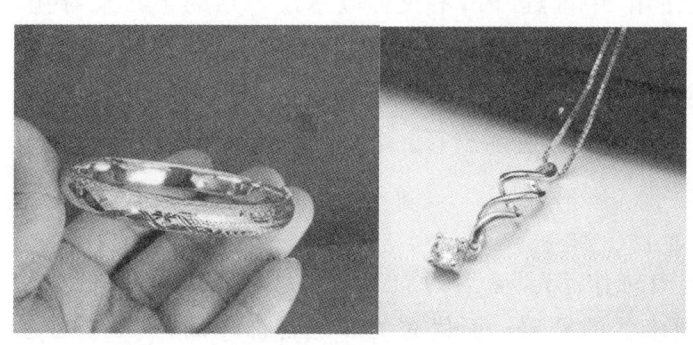 

图 6-13　钯金首饰及钯金镶嵌首饰

不同颜色、不同材质的珠宝玉石有机地搭配在一起也是创新的重要手段。珠宝首饰颜色的搭配在镶嵌加工过程中至关重要，完美的珠宝首饰作品，首先其配色就一定会吸引眼球，进而才会吸引人进一步地去观察它的镶嵌工艺及设计灵感。高级的颜色搭配会使整件珠宝作品光辉明艳，闪闪动人；而一般的颜色搭配会使作品不易跳出俗套，更不会激起购买的欲望。西方的珠宝设计作品很重视颜色的搭配使用，众多珠宝品牌也都遵循这一规

图6-14　Tiffany的吊坠

律，配色大胆创新，且不失品牌的风格，每一品牌都有自己独特的配色方式，让人过目难忘，同时每一系列也都将设计师的良苦用心植入其中，每一件作品的配色细心考究，可谓每一件作品都是经典配色。就如图6-14所示的Tiffany的吊坠，跳脱了色彩和比例的规则，配色大胆创新，把相近冷色系的颜色叠加使用，不但没有出现色彩搭配上的不和谐，反而整体看起来大气华丽，并且大量蓝色宝石的使用也恰恰迎合了Tiffany的颜色标识。

中国珠宝设计作品给人的感觉就是配色不够大胆，除去市场影响因素外，大体上表现用色单一，颜色整体不出彩，普遍红色过于滥用且配色没有新意，不同珠宝品牌的用色基本相同，使得很多设计感不错的作品埋没在颜色搭配上。这就要求国内的设计师运用颜色要大胆创新，不仅可以冷暖色系相搭配，也可以同色系相结合；在使用"中国红"时，不仅可以拿浅色系的宝石来衬托，也可以用不同过渡颜色相互搭配，更甚者可以全部选择亮色系来搭配，营造整体明艳感。对于企业来说，也要重视珠宝设计颜色的搭配，只有好的配色加上好的设计，才能使设计出的珠宝产品更加出彩。

三、工艺的创新

对于一件完美的珠宝首饰作品，其背后的加工工艺总是隐形的，人们往往关注其外表的华丽而忽视工艺的繁琐。而优秀的珠宝首饰作品，一眼望去总是觉得"特别"，但又说不出是哪里特别，这正是"工艺"在幕后起的作用。工艺的创新是珠宝首饰产品创新的重要一步，也是关键一步，珠宝工艺发展的水平

高低决定了珠宝设计能否实现,以什么样的形式呈现在大家面前。创新的工艺决定了珠宝产品的高度,让珠宝设计样式有了更多的可能性。随着消费者对珠宝首饰多样化的不断追求,珠宝企业也加大了对新工艺、新科技、新技术的研发力度,各行各业的创新科技也被应用到珠宝首饰的制作中来,工艺的创新使得本就绚丽的珠宝行业,更加锦上添花。

1. 宝石琢型的创新

合理的琢型切割款式能使普通的宝石一下子变得华美特别,宝石的琢型切磨可以有效地增加宝石的明亮度,突出宝石的颜色特点,掩盖宝石细小的瑕疵。根据宝石的属性在设计的过程中扬长避短,把宝石的美放大出来,这就好比为宝石穿上一件华丽的外衣。中国宝石的琢型款式设计相对单一,在市场上常见的无非就是圆刻面型、椭圆刻面型、祖母绿琢型以及各种弧面型,极少见到花式琢型和异型的出现。反观国外珠宝的切磨设计,在宝石的琢型选择相对广泛,结合不同宝石的性质来创新琢型也成为现代西方珠宝切磨发展的方向,新琢型配上独特的设计款式即可成为另一件灵动的作品。随着科学技术以及 3D 打印技术的不断发展,我国的珠宝切磨师以及珠宝设计师应随着时代发展的脚步,利用新技术不断地去开发和完善新的琢型款式,用琢型的创新配以设计的创新带来更美的宝石艺术感。

2. 首饰工艺的创新

面对现代消费者不断追求个性化、定制化以及独特性的需求,首饰工艺的创新也是必不可少的,如近年来首饰行业推出的硬金工艺、表面处理工艺等。首饰工艺的创新给首饰设计带来技术支持,使珠宝首饰设计作品能够呈现工艺多样化,是推动我国珠宝产品进步必不可少的一个环节。在这方面国内许多珠宝企业也都进行了相关技术的探索研究,并取得了一定的成果,这其中就以打"创新、低碳"牌的深圳永基泰珠宝企业为优。

案例:永基泰珠宝创立于与 1998 年,在发展过程中,企业逐渐认识到国内的珠宝市场过于同质化,而要想在这样高手林立的珠宝市场中站稳脚跟,就要形成企业自己的品牌特色、产品特色,以工艺和设计为重点,以市场为导向,增加品牌的竞争力。永基泰从 2003 年做 K 金开始,便坚持不懈,一直致力于工艺技术的研发和款式的设计。他们设计出的 K 金"空管系列",创新了 K 金的加工工艺,填补了市场空缺(图 6-15)。整套"空管系列"真正做到了环保低碳,在传统工艺的基础上创新性地省去了污染环节,使产品实现了节约材料与时尚设计并存。通过不断的改进完善,现在的永基泰空管工艺不但可以做出戒指、手镯这样的基本造型首饰,还可以使空管作品设计化,推出了一系列具有设计感的造型产品,在此基础上企业还不断创新,突破了不能在空管上镶嵌的技术难题,使得在首饰设计上有了更多的设计方向(图6-16)。工艺创新带来了产品的创新,而现今,企业仍在K金上不断探索更多的可能性,而这些可能性会带来更多完美的产品。

图6-15 永基泰K金空管镶钻系列

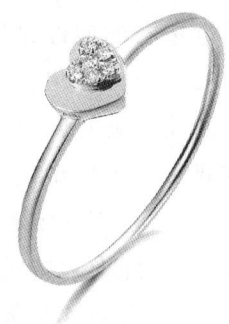
图6-16 永基泰K金镶钻系列

3. 镶嵌工艺的创新

传统的镶嵌方式包括爪镶、包镶、迫镶、轨道镶、钉镶等,不同的镶嵌方法代表了时代的演变,展示了不同的风格,传递了不同的情感,使宝石和金属的组合相得益彰。近年来,在镶嵌方式上的创新使首饰镶嵌更加多样化、更加美丽。如近年来出现的共齿镶、压边镶等镶嵌工艺不仅是工艺的创新,也是首饰工艺的进步。共齿镶使左右相邻的两个钻石共用两个齿,减少了齿的数量,使钻石的镶嵌更为紧凑,感觉没有间隙,看上去更简洁,但是对镶嵌工艺的要求更高。此外,在传统工艺的传承与创新上,近年来也有很大的发展,在此不再赘述。

四、设计思路创新

设计思路通俗地讲就是珠宝作品的设计灵感,灵感对于珠宝设计师来说至关重要。一个好的灵感可能会成就一件好的作品。设计起源于灵感,而怎样把灵感所要表达的内容与设计理念进行完美结合,这就需要珠宝设计师们有丰富的阅历,可以巧妙的融会贯通,把所见所想与现实相联系,最后设计出好的珠宝作品。灵感来源于生活,懂生活的设计师更能设计出好的作品。灵感不是说说那么简单,也不是胡乱创作一通就说是灵感迸发,真正的创作灵感一定是经过生活阅历的沉淀,经过长期的生活积累而迸发出的小火花。设计师在进行创作时,高速运转的思维在生活的不经意间瞬间跳跃而出,这个过程的发生具有偶然性和突发性,灵感与设计找到了契合点,于是好的设计作品便应运而生。

设计思路的创新要求既有好的灵感又有好的设计作品,光有灵感做不出设计作品,说明设计师的阅历浅,看的和做的都少,没有办法做到灵感与设计作品相结合。中国国内珠宝设计师大多不缺乏具有创意的灵感,只是在设计作品时表达能力相对缺乏,无法实现用设计作品表达想法。这就要求设计师要多看、多实践、多交流,从与别人的交流实践中得到启示,进而完善设计作品。而对于那些缺乏设计思路的设计师来说,首先是要爱生活,从生活的点滴中汲取灵感,多读书、多旅行,增加自己的人生阅历;其次是在不断的积累中,敢于打破传统思想的束缚,从而寻求好的设计思路。

设计思路的创新不是一天两天就可以完成的。好的创新设计作品也不是靠想实现的;都是要靠着日常生活中不断去积累得到的。但现在有了想要去创新、想要去捕捉灵感的理念,这就跨出了创新路上里程碑式的一大步。

五、彰显品牌个性的创新

纵观珠宝奢侈品牌,它们都有能够反映品牌个性、彰显品牌个性的特色产品,且围绕品牌特色的产品开发从未停止。多年来,中国珠宝品牌缺乏品牌特色、品牌没有个性的问题一直存在,它已经成为制约中国珠宝品牌建设与发展的瓶颈之一。近年来,这个问题逐步引起了品牌运营管理者的重视,结合珠宝企业自身的品牌特色和品牌文化有针对性地进行产品开发创新,如周大福推出的"福星宝宝"、百泰首饰推出的"和合盘""囍福系列"等(图6-17、图6-18),对宣传品牌、突出品牌特色、彰显品牌个性起到一定的推动作用。

六、功能的创新

所谓功能的创新就是增加珠宝首饰的功能,如近年来出现的保健首饰——将首饰中置入芯片,拥有记录佩戴者的运动状况和反映身体健康状况

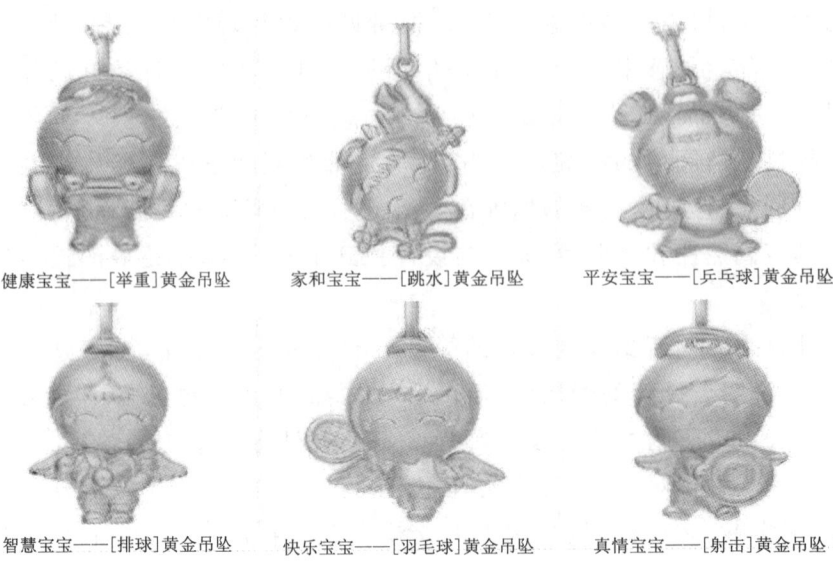

图 6-17 周大福"福星宝宝"系列产品

图 6-18 百泰首饰的"和合盘"

的各种指标;组合首饰——将首饰的各种组件单独成型、组合在一起,改变组合方式即可变成另一件造型、功能完全不同的首饰。我们不能从美学的角度评价功能创新的首饰,它完全是为了增加消费者的新鲜感。珠宝消费是感性消费,一旦消费者产生了新鲜感或者具有某种功能上的需求,下一步就可能产生购买行为。

第五节 珠宝企业产品设计开发部的组织架构

对于珠宝企业来说,随着企业之间竞争的日益加剧以及产品更新换代的日益频繁,唯有产品的不断创新才能使企业立足于不败之地,所以新产品的开发可谓是企业的"灵魂"所在。一个企业要发展,就要重视和加大新产品的开发力度和实效性,产品开发部在企业中也起到了核心作用。新产品的开发是一项创造性工作,需要由同样创新型的团队来共同完成,可以说有什么样的团队就有什么样的设计成果。对于珠宝企业产品设计开发部来说,主要职位分为开发部主管、产品工程师和设计工程师,职位之间相互影响、相互关联,共同研发新产品。

一、开发部主管的工作职责

开发部的主管起到了领导、管理开发部的作用。通常管理较为全面,受公司领导副经理等直接管理。其主要职责如下。

(1)根据公司新产品的开发以及工艺技术改进等问题进行规划,制订开发部的工作目标和工作规划,经批准后组织实施。

(2)组织制定产品开发部的工作程序以及相关规章制度、实施细则等,经批准后组织实施并安排相关工作,监督进度。

(3)按照工作程序与公司各部门之间做好横向的联系,并及时对公司部门之间提出的争议做出界定要求。

(4)主持产品开发、工艺改进等日常管理类问题。

(5)定期主持产品开发部的例会,准确无误地传达上级指示,并做好相关安排、监督、检查工作。

(6)全面了解并掌握珠宝产品开发相关知识和中间环节,熟练开展产品开发相关工作。

(7)参与产品质量检查相关问题,以及产品质量问题和不合格产品的审理。

(8)制定直属下级的工作任务,定期听取下级员工述职并对其工作做出相关评定。

(9)及时向上级直属领导汇报工作,反映部门真实任务进度,对难点工作定期汇报,必要时请求人力帮助和技术支持。

(10)受理直属下级上报的合理化建议,并按照程序进行处理。

(11)及时对直属下级在工作任务上的难点予以帮助,在工作任务中出现的争议做出裁决。

(12)填写直属下级的过失单和奖罚单,并在权限范围之内的流程程序予以执行。

(13)在权限范围内,予以直属下级相关奖励。

二、产品工程师的工作职责

作为珠宝企业的产品工程师,主要负责产品的技术支持和技术范畴类的相关工作。而新产品的开发往往是产品工程师最先牵头负责,以保证流程的顺畅性,使得每一环节紧密衔接,缩短产品的上市时间,从而获取最大效益。其主要职责如下。

(1)负责新产品开发阶段的设计、工艺和质量的监控,参与新产品的开发过程,负责研究并确认工艺技术,确定产品的可制造性。

(2)负责确认新产品的试制、认可以及与工艺流程设计相关的工作。

(3)收集同行业产品相关信息,并制作可行性分析报告,进行初步的分析研究。

(4)进行市场调研,广泛收集市场产品信息,对消费群体初步调研,撰写市场调查报告并分析目标市场对产品的需求。

(5)全面管理新产品生产进程的控制、新产品质量的监控并进行抽样检测以及管理新产品的定产。

(6)对外购进行相关管控,对供货商供货的产品质量提出相关要求,并达成协议。

(7)对代工厂的选择、价格的谈判、质量的保证以及服务的优劣起主导作用。

(8)协助采购部对外购产品的质量进行严格把关,提高产品的品质。

(9)跟踪新产品的开发进度,记录汇总新产品在技术开发过程中出现的问题,拟定整改方案并汇报给直属上级进行验证实施。

(10)详细地记录新产品的开发过程,不断完善产品的开发图纸。

(11)根据新产品的技术标准,编制各阶段的工艺流程文件,并进行流程的策划分析。

(12)收集相关老产品的不良信息,提出优化方案,制定改制措施,负责改善后的验证以及流程更改工作。

(13)对样件产品进行综合分析以及情况跟踪,并进行相关记录分析。

(14)收集客户对相关产品的满意度,以及对产品质量的相关问题协助分析解决。

(15)对不合格的产品及时分析,找出原因所在,并制定预防措施和纠错方案使之不断完善。

(16)处理好直属上级交代的临时业务等。

三、设计工程师的工作职责

作为珠宝企业的设计工程师主要负责新产品前期的设计以及技术整改和完善设计等工作,可谓产品开发部的核心,可以说一件新产品的诞生都出自于设计工程师之手。其主要职责如下:

(1)了解公司文化内涵,受众群体,通过定期的市场调研设计出具有市场认知度的产品。

(2)负责新产品的前期草图设计、电绘设计和产品制作及工艺的跟进。

(3)对珠宝设计有自己的理念,有自己的风格和思路,对设计中需要运用到的珠宝知识和材料有一定认知。

(4)熟悉公司的首饰产品、制作工艺、工作程序以及相关部门之间的配合协作关系。

(5)协助公司其他设计师的设计工作,相互交流意见,整改措施等。

(6)具有珠宝营销的相关知识,可以准确地把握珠宝产品消费者的消费心理和消费需求。

(7)完成产品款式的三视图、工艺生产图的设计工作,负责联络工厂沟通制作细节并确保成品的效果。

(8)记录所有设计款式的相关信息,并尽可能安排设计号。

(9)了解市场的动向,对设计出的产品款式在市场的发展方向有一定预判。

(10)对公司产品的生产加工工艺、原料成分以及成本预算有一定了解。

(11)对有定制要求的客户,能很好地领悟到客户对设计作品的要求、款式的喜好,具有一定的创新意识和沟通能力。

(12)按照公司制度要求做好各类设计工作相关内容的保密。

第六节 新产品开发流程

一、珠宝首饰新产品开发流程

随着产品和服务生命周期的缩短,市场消费群体以及目标群体的多样化,催促着产品多样性的产生。而企业为了适应市场竞争,降低产品的淘汰率,有效占有市场,实现利润的最大化,就必须不断开发消费者喜爱的新产品。对于珠宝企业来说,不断地推陈出新是企业必然的选择方向,而在创新产品的过程中,企业不仅要有技术和足够的资金支持,还要保证创新出的产品可以有效的获取消费者消费需求,激发消费者的购买欲望。

珠宝首饰新产品的开发流程一定是在企业层面的战略指导下稳步进行的。将新产品的创意、想法通过一系列的开发、预测和控制程序最终转化为营销计划投放市场的这一系列过程,称为新产品的开发过程。对于珠宝企业来说,新产品的开发过程包括产品构思、产品筛选、编制产品计划书、产品设计、产品试制、产品评定、产品试销和商业性投产八个简要步骤(图6-19)。新产品开发的成功与否还要通过前期的市场调查以及投放市场后的销售情况来综合分析考量。

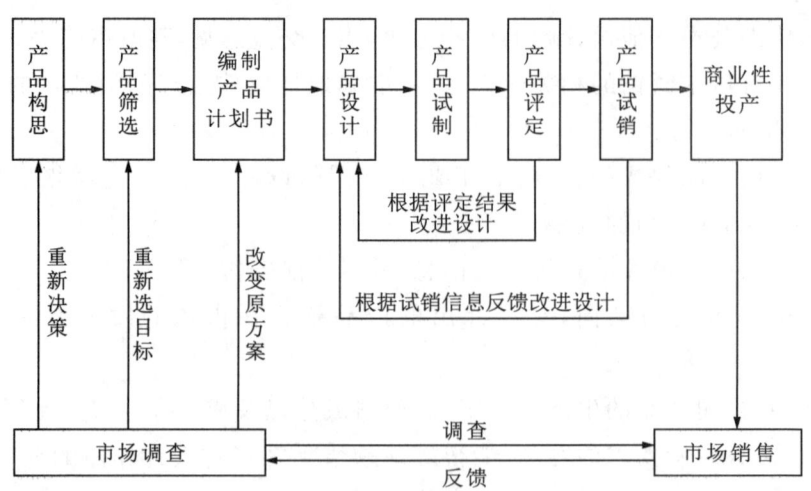

图6-19 新产品开发流程图

产品的概念阶段:包括产品的前期构思和设想假设等。它是一个以市场调研为基础形成想法概念的阶段。这其中包括了对新产品的期望要求、概念设计以及投放市场预期得到的目标和目标市场的确定。在产品概念阶段,企业要对产品构思的可能性予以验证。

项目确定和产品设计阶段:主要包括了产品前期筛选、编制产品计划书和产品设计的内容。一旦项目确定,就进入详细设计阶段。这个过程是对产品的款式予以初步筛选,筛选的基础是以目标消费群体为依托,以详细的市场调查分析为依据。对于产品未来的市场情况作全面的分析并制定各种情况下的应对措施,预估产品的市场生命周期,在市场生命周期下分析各种可能的目标期望值。而产品设计要符合目标市场的需求,对技术及工艺也要有初步预判。

产品和过程确定阶段:包括了产品试制、产品评定和产品试销。产品的试制有助于企业及时发现产品中的问题,包括采用工艺材料的合理性、设计的不足以及与预期效果的差别比较等。试制中出现的问题可以再返工设计,修改方案。对试制产品进行初步评定,有助于今后的优化改善。而产品的试销也是为了更好地听取目标消费群体的意见反馈,对产品最后投放市场至关重要。试销可采用小规模、针对性强的群体。

产品推出阶段:新产品开发流程的成果阶段,主要是商业性的市场投放。新产品进入商业市场时,要及时关注市场的销售情况,总结报表分析,及时找出问题。同时也要关注消费者的反馈,归纳共性问题。新产品投放市场后的分析优劣,直接影响到其在市场中寿命周期的长短。

除了四个重要的流程阶段外,一个新产品顺利的投放市场,也离不开企业各部门间的相互配合。为了便于新产品工作的展开,一般由各部门抽调经验丰富、有组织协调能力的人员组成跨部门的小组专门负责新产品的开发工作。核心的小组成员包括了前期项目制订计划、产品设计、产品的确认过

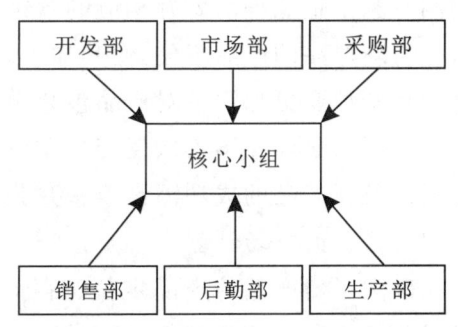

图6-20 新产品开发的内部支持

程和最后的投放市场产品销售工作等,几乎涵盖了企业与产品相关的各个部门(图6-20)。

二、新产品开发计划及进度控制

(一)新产品开发计划

珠宝新产品的开发计划是一项复杂的项目工程,它涉及到的因素有很多。新产品的开发计划需要珠宝企业市场部提前做好市场调研,以市场为主结合多种因素综合考虑,制作好完备的项目开发计划书。新产品的开发计划不外乎从内部因素和外部因素两方面来着手分析。

1. 内部因素

1) 新产品的选择

新产品的选择和设计首先就是要遵从市场优先原则,也就是说新产品的开发要以满足市场需要为前提。在掌握产品技术的同时,更多的要关注目标市场的需求。目标市场的反馈对新产品性能和设计的改良都有巨大的推动作用,其中消费者接受与否是评价新产品好坏的唯一标准。对新产品的上市做出合理的预估以及对潜在市场做出分析,都是新产品开发阶段需要慎重考虑的。新产品的开发选择是以企业盈利为出发点,以消费者满意为目标。

2) 新产品的研究分析

新产品的研究要着重分析调研同等产品的竞争情况,对珠宝首饰来说首先要重点关注相同材质下工艺和设计的水平,争取做到在材质相同情况下有工艺和设计的创新;其次对新产品生长曲线的预判也很有必要,对产品周期性的预测有利于企业提前做好相应的营销策略和市场策略,把风险控制在最小。调研分析新产品的产品定位,使其加工设计更有针对性,另外因为珠宝首饰新产品的特殊性要更加注重对产品包装设计和前期宣传、产品促销的研究调查,要做到既吸引眼球又不落入俗套。在对新产品的深入研究分析阶段也要把法律因素以及新产品的成功因素等一并分析。

3) 新产品的市场计划

在确立了新产品的产品定位、目标市场和对同等竞争产品的分析比较以及销量数额做出相应预判后,其市场计划还包括对新产品的公共关系、广告的选择、销售促进以及价格、营销渠道、商品的柜台陈列、商品的售后服务等。对于珠宝首饰的新产品来说市场计划的好坏,直接影响产品的销售情况和产品的生命周期,与企业的利润直接挂钩。

2. 外在因素

1) 消费者的研究分析

珠宝首饰新产品的开发设计,需要针对目标市场的受众群体作重点研究分析。消费者的消费习惯在很大程度上影响着产品的销售情况。对消费者的购买动机、购买需求、购买习惯和购买倾向做出合理分析,有利于更有针对性地开发新产品,也为抢占市场先机埋下铺垫。对消费者的分析有利于产品的优化设计,什么样的设计产品让消费者喜爱,什么样的设计产品被他们摒弃,这一分析过程也是产品优化升级、适销对路的前提。其次不能忽视对购买者的购买时间和地点选择的分析,这对产品上市后数量配额以及商品陈列等都是至关重要的因素。

2) 与竞争者的综合比较分析

在相互较量、激烈竞争的社会大背景下,企业除了会把产品与同类竞争产品相互对比分析外,相同的企业之间也充满了竞争和比较。同类产品之间的良性竞争有利于产品的优胜劣汰,有利于市场的优化升级,而竞争者之间的良性比较除了有助于产品的优化外,也有利于竞争者之间相互学习,共同进步,共同推动行业的发展。竞争者之间的综合比较包括企业规模与组织架构,管理的规章制度以及财务生产能力,其次对于员工素质、推销能力以及营销团队建设等都是企业综合分析竞争对手的考虑因素。

3) 国家政策、社会环境与文化背景的分析

一个政策优良、环境平和、文化丰富、经济昌盛的国家是企业不断向前发展进步的先决条件。近年来,国家财政部、国家税务总局、海关总署和中国人民银行等多部门联合行业协会为了促进国内珠宝玉石市场行业的健行发展,加大对珠宝行业的扶持力度,相继出台了多种法律法规,其中在《关于钻石及上海钻石交易所有关税收政策的通知》中就取消了钻石进口关税并下调消费税,这不仅有利于钻石行业的发展也推动了整个珠宝市场的进步,相关的政策和法律覆盖了行业的方方面面,既在规范行业的同时也为行业的发展提供了良好的环境。除了法律政策外,社会的文化程度、教育水平、人均收入、社会架构以及社会风俗等都会对市场的发展和产品的开发起着重要的影响作用,并且是新产品开发不可忽视的外部影响因素。

新产品的开发计划必须要结合内部因素和外部因素综合考虑。任何细小

因素的偏差可能会对产品的销售产生不利的影响。只有在开发前期综合所有因素一起考虑分析，才能使新产品更好地投放市场，使公司盈利。

（二）新产品开发的进度控制

对珠宝首饰新产品的进度控制，有利于企业产品开发的顺利进行，加强企业产品进度的控制不仅对国民经济的发展起到促进作用，还对缩短产品的开发周期、加快企业资本的运转、节约间接成本等有积极影响。新产品的开发项目一旦实施执行，就要根据其具体的影响因素和实际情况对整个开发进度动态监控，并将新产品的开发进度与其原先的产品计划逐一比对，如果存在偏差，则要分析偏差出现的原因以及在不在可控范围内，并采取相应的措施进行应对，在不影响整个项目进度的情况下，也可适当地进行项目计划的调整。新产品开发过程就是不断应对变化、调整计划的过程，只要做到监控及时，比对差异，完善措施，就可以把风险降至最低，实现完成新产品的目标。

对新产品进行进度管理时，仅仅观察进度因素，必将对项目的成本、质量等因素产生影响。只有综合多方面的因素、多角度地实行进度管理才能使产品的进度在规定时间内完成（图6-21）。

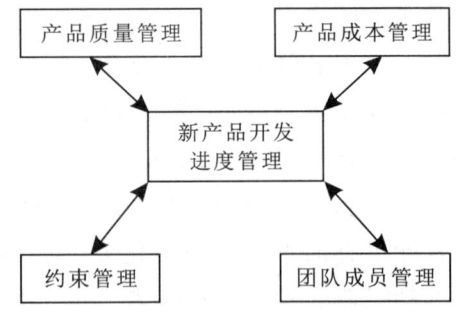

图6-21 新产品开发进度控制流程图

（1）进度控制。进度的控制保证了产品开发过程中按照原计划完成，有效地安排了各项任务的执行时间，协调各项任务之间的矛盾以及对偏差的分析，项目的最终完成离不开有效的进度控制。

（2）进度控制与质量管理。在新产品研发阶段初期，往往会出现前期项目时间花费过长导致与原计划有偏差的情况，为了最后项目的顺利完成必须加快后面的项目进度。而进度的加快不能意味着质量的降低，为了加强质量的监控管理，必须从重点监控和日常监控两方面综合考虑。保证在完成既定任务时产品的质量也没有偏差。

（3）进度监控和成本控制管理。新产品的成本控制包含了开发成本控制和生产成本控制，虽然新产品的开发成本在总成本中占的比重较小，但在进度监控中有效地控制成本更有利于项目的成功开发。成本的有效管理应与进度控制相辅相成,协调管理。

(4)进度控制和人员管理。有效的人员管理是保障项目进度顺利完成的先决条件,团队成员是否团结一致、协作向前,都会对新产品开发的进度产生直接影响。故企业在挑选项目团队成员时,要综合考虑分析各个成员的自身优缺点以及会给团队带来的利弊影响,只有保证团队成员之间相互协调并将主观能动性发挥到最大,才能使项目顺利完成。

(5)进度控制和约束管理。在新产品开发的同时,要借助相互协调、相互交叉的其他产品开发赢得更多的客户和获取最大的市场份额。但这种开发模式会因复杂的时序关系对产品开发产生约束,必须进行有效的进度控制,提高产品开发的效率,保障新产品按时完成。

综上所述,单一的进度控制必将是不全面、不周到的,完成一个新产品的项目开发必须要结合质量管理、成本管理、人员管理以及约束管理等因素来综合分析,才能保证新产品开发的顺利完成。

本章小结

本章主要探讨珠宝产品设计与创新的管理问题,对珠宝企业(品牌)来说,这是一个关系到珠宝企业生存与发展的问题,不注重珠宝产品的设计与创新,珠宝企业就会在改革开放的潮流中慢慢退去,直至衰亡。所以,企业管理者们应该用战略的眼光前瞻性地观察珠宝市场,对产品的设计与创新要做到:手中拿着一个(现有产品)、眼睛盯着一个(趋势产品)、脑袋里想着一个(未来产品),推广一代、开发一代、储存一代。这样,企业(品牌)才能走在市场潮流的前列。

珠宝产品的设计与创新是围绕珠宝品牌特色、品牌文化进行的设计与创新。作为一个珠宝品牌,要有品牌特色和恒久不变的品牌文化,但特色和文化也要与时俱进,没有变化、创新和创意的品牌不是恒久不衰的品牌,因为它无法吸引眼球。但是,太多的变化、创新和创意的品牌也是不行的,因为变来变去,消费者无法记住,品牌也失去了特色。所以,珠宝产品的设计与创新要像写散文,形散而神不散。品牌创新必须围绕品牌定位,紧盯产品的属性和特征,进行创意性设计,一方面求新、求变,另一方面万变不离其宗。

思考题

1. 简述珠宝企业创新的意义和作用。
2. 珠宝设计师如何获得创新的灵感？珠宝创新有哪些途径？
3. 简述珠宝企业（品牌）产品创新的内容。
4. 简述珠宝首饰工艺创新的内容。
5. 简述珠宝企业产品开发进度控制的内容和方法。
6. 分析我国珠宝品牌产品设计与创新的现状，总结产品设计与创新应注意的问题。

第七章　仓储与物流管理

　　自改革开放以来,我国各行业发生了翻天覆地的变化,珠宝市场更是从"零"起步,经过多年的发展,现在成为全世界最有潜力的珠宝首饰消费市场之一。为了适应市场的发展,我国珠宝企业大力实行连锁加盟或直营店的模式,实现了快速扩张,门店数量激增且范围波及我国越来越多的城市区域,不断加强存货管理和提高物流效率成为了现代珠宝企业降低成本、提高利润的一条必不可少的管理路径。

　　本章以处于珠宝行业中下游的大型黄金珠宝首饰企业的仓储与物流供应链系统为例来分析。中下游的珠宝加工和品牌零售企业在仓储和物流环节主要涉及的商业活动有原料采购、设计、研发、生产制造、批发分销、品牌直营、连锁专柜、专卖店等。

第一节　现代珠宝企业仓储与物流管理的主要特征

　　　相对于其他商品,珠宝首饰有其独特的产品特点。也因为其产品的特点形成了珠宝行业内仓储与物流管理的独特性。

一、低库存理念指导下的珠宝连锁企业的订单式生产与按需备货

　　低库存概念不等于是不实现库存,或者说完全没有库存。当今珠宝企业在零售环节面临的市场具有款式新颖、更新快、式样多、品类繁、批次广且批量小等特点。如果珠宝企业在零售环节产生大量库存无疑对企业来讲是灾难性的事情。实现"低库存"的主要途径大致有外包协作、配套协作生产、分包(承包)销售或依靠网络信息化控制各供应链节点等。鉴于珠宝产品的特殊性,"订单驱动"是实现珠宝企业全物流供应链"低库存"的最好方式。

　　珠宝首饰作为一类具备珍贵性、储备功能等属性的商品,往往具有高价值

的特点。过量的库存无疑会加大企业成本,导致企业规模效益缺失。同时珠宝产品还需具备高时尚敏感度,更新迭代速度较快的特点,过高的库存使企业对市场需求响应速度慢,从而无法有效匹配市场的供应和需求,导致库存积压、产能利用率低下。

黄金珠宝首饰企业的生产在整体上属于离散式分布制造模式。例如,一件镶嵌类珠宝首饰是由各类小部件镶嵌、装配而成,如一枚钻戒就由戒托、主钻以及若干碎(附)钻组成。企业根据订单数量和预估销售情况,进行小批量、多款式、多批次的生产。贵金属机制链部分则已经实现全机械化生产,属于(半)自动化制造。在黄金珠宝首饰零售企业中,很大一部分开始了B2C模式运营,通过计算机网络快速链接消费者和企业。消费者通过计算机或移动互联网终端浏览黄金珠宝首饰产品,通过网络购买可以节省大量人力和采购时间。

珠宝终端店面的库存商品包括店铺陈列商品和未上架商品,并且未上架商品需要维持适当的库存。珠宝终端店面除保证店铺正常的商品陈列外,还必须维持一定数量的库存,以便在商品销售以后,柜台陈列商品能够及时得到补充,不至于影响店铺陈列的美观和正常的销售活动。特别是那些热销的时令商品,销售后应该及时补充上架。

每家珠宝店铺都有其相应的市场定位,必须紧紧围绕目标市场的需求进行商品采购。珠宝首饰的种类很多,对任何一家珠宝店来说,绝不是什么货都可以进、什么货都可以卖,必须围绕店铺的定位、体现店铺的经营特色和店铺既定的产品组合,及时补充商品。因此,按需进货也可以理解为以销定进,即什么商品销路较好就进什么货,什么商品卖掉了就补充什么货,由市场需求或销售状况决定。

案例:低库存的经营理念是每个商贸类或零售类企业一直追求的。

在珠宝B2C领域,美国的Bluenile(蓝色尼罗河)公司是迄今为止最成功和著名的钻石销售公司,它开创性地将珠宝在网站上进行销售,形成了新的商业模式。在零售交易环节,Bluenile公司在网站上展示各类切割好的钻石(裸石)并进行标价,同时通过网络推荐各类镶嵌的款式,并进行整体报价,让顾客最大程度地了解价格和感受到价格的合理。为了达成低库存的管理目标,Bluenile公司通过供应链的信息化管理,建立与优质钻石(裸石)供应商的合作关系,通常等顾客向Bluenile公司下订单之后,Bluenile公司再向供应商调货和配送货物。至于结算,Bluenile 公司一直等到此订单完成后的一段时间内再向供应商结清各类款项。这种"零库存"和"零垫付"的管理思路直接降低了 Bluenile 公司的运营成本。

同时 Bluenile 公司也从另外一个销售渠道实践了低库存的管理理念。Bluenile 公司虽然进行网络上的 B2C 零售业务,但是也从其他网站的加盟代理中获取利润。很多美国网站加盟和代理销售 Bluenile 公司的产品(钻石定制),Bluenile 公司并不直接进行生产,而是委托各供应商贴牌生产,并设置交货后的账期,从而减轻资金压力和减少库存。

二、店铺仓储以节前预定和以进促销为原则

珠宝连锁企业的终端店铺在进货与配货时就要对商品的销售进行预测,即商品的受众人群是什么、采用什么物流通道、以什么形式进行宣传才能使顾客接受这类商品、商品的卖点在哪里等。也就是说,珠宝终端店铺在进货前就必须做好市场调研工作,对市场需求有充分的了解,一旦进货就要迅速利用各种促销活动,使商品进入流通环节,实现资金的快速回笼,为店铺带来应有的利润。

中国的珠宝销售主要是靠节假日拉动的,节假日到来时,一定要提前做好销售预测和商品采购计划,以免影响节假日的销售活动。因为一些商品需要委托加工,而加工需要一个加工周期,所有商家都集中在节前下单,就会给首饰加工厂的正常出货带来一定的困难。如果在节前销售预测的基础上提前准备,就会保证商品在节前顺利上架,不至于对销售造成影响。另外,珠宝销售有淡、旺季之分,在旺季到来之前,也要提前做好商品采购计划。珠宝首饰的商品配货因商品种类不同而不同,如黄金首饰、钻石首饰主要集中在深圳,翡翠首饰主要集中在广东等。配货人员对各类商品的产地情况、供应情况、价格情况和质量情况都应十分清楚,一旦店铺有采购任务,可迅速深入产地从事采购工作。

三、珠宝企业仓储与物流各环节运行以货品传送安全为基础

珠宝首饰产品从加工开始,就一直是各企业进行安全生产的关注重点。宝玉石加工流程及贵金属加工流程所产生的半成品及废料都具有高价值属性。在珠宝首饰产品零售市场上,商品的安全仓储与物流是各个企业和零售

终端关注的焦点。一方面，我国珠宝加工工艺水平不断提高，首饰产品的镶嵌和制造精度进一步提升，设计日益精致，随之而来的就是对应的仓储与物流管理难度增强；另一方面，运输与仓储过程中，珠宝企业需要完备的防盗系统，以及细致的产品保护措施，对珠宝产品需要避免发生各类安全事件和碰撞造成的破损等。

案例：2012年由北京一家公司发货至深圳某珠宝公司加工的一批黄金摆件，在深圳这家珠宝公司加工好后运送至北京途中，意外出现了，运至北京后不翼而飞。货物抵达当天，事主按照航班抵达时间去机场接收，却发现整件货物箱都不见了，当时箱内装有153件、总重4390克、价值超过百万元的黄金饰品。"当时正好是黄金销售高峰，金价一直持续走高，事主急坏了。"北京机场分局民警接到报案后，马上开始进行处理。由于事主无法确定货物丢失原因及具体地点，民警需要逐一排查。抵达货运现场后，民警详细了解了运输情况，调取监控录像和有关单据。并对参与运输的拖车司机、装卸工、货物搬运工等工作人员，进行——访问。在全面勘察场内货物进港运输线路及周边现场后，警方没有发现货物被盗的明显迹象，从而初步判断，货物被错运、遗漏、混装的可能性较大。约20天后，一名货运信息员发来线索，称在某库区的大量无主货物中，有一件货物箱疑似警方查找的丢失品。后经查实，搬运工人因工作疏忽，将货物错放了位置。

许多大型珠宝连锁经营企业对已覆盖的市场按区域分类，以区域为单位成立区域运营管理总部，在总部进行统一的仓储、分拣、整理等工作，按照不同连锁店的进货要求，统一调配货物。一方面可以有效降低商品采购与储运的成本，另一方面可以有效改善连锁经营企业的库存管理水平和物流效率，实现商品的快速流通。

第二节 现代珠宝企业仓储与物流管理目标

珠宝企业仓储与物流管理目的就是要保证物资供应全、周转快、消耗低、费用少，提高经济效益。珠宝企业仓储与物流管理具体目标是保质、保量、按时供应企业所需各种物资，保证生产顺利进行。最终实现控制库存，减少积压，加速物资和流动资金周转。珠宝企业的仓储活动主要任务与目的是适应商业生态的变化，弱化生产和消费地图上的界限，高效地提高产品流通效率、提高资金周转、降低各类物流供应链费用，最终为企业的核心竞争力提供支撑。综合来看珠宝首饰企业仓储物流管理的主要目标如下所述。

(1)珠宝零售连锁企业销售终端在日常运营时，珠宝首饰成品(半成品)需要实行专库储存、双人、双锁和双人台账及双人物流等管理制度。珠宝产品(半成品)价值高，仓储和物流是各类盗窃、抢劫犯罪活动的高发区。为了减少盗窃风险，珠宝企业需要用制度来规范各项物流接口和仓储活动。通过严格的仓储物流制度，规范相关岗位的一线人员行为，保障珠宝产品生产、仓储、物流和各类台账管理高效进行。在珠宝销售终端管理过程中，最标准的一项管理流程是规范的台账制度。珠宝零售终端每日需要及时做好各类商品进、销、存登记表，每月重点抽查账货，每季全面盘点，做到账货相符。

(2)仓储物流信息化管理为供应链提供各类管理分析。中国当今大型零售类型的黄金珠宝企业的零售终端(专卖店、专柜、店铺)大多都达到了几百家，门店规模不一、门店地理位置极其分散。后台零售管理系统极其复杂，其中采购、库存、调拨、理货功能、前店的销售、价格、促销、会员制度等方面管理全部涉及仓储(总部仓储或经销商库存)。利用信息化精确管理库存，为门店准确铺货，门店和仓位间快速调拨，控制在途库存，掌握每个物料的移动情况提供了良好的方法。

在零售环节，珠宝首饰的产品采购周期不只是成品的物流周期。例如，各类原材料(金属、宝石、玉石)的采购周期一般都在一周左右，加上生产制造需要的时间，一件珠宝首饰成品的生产期大概要一个月之久。珠宝首饰的物料价格普遍比较昂贵，库存资金成本较高。因此，黄金加工企业如何科学地调配物料、按需生产是整个仓储与物流管理的重要问题。通过信息化可以进行销售分析和需求预测，为物料的采购、生产能力的预判，提前做好计划和准备，从而提高生产的效率。

从珠宝零售终端来看，宝玉石产品及贵金属产品的单价高、价值昂贵，在零售端的周转率比其他商品低，资金占用比较多。所以珠宝企业的仓储和物流供应链系统需要关注各种资产的周转率、库存周转率、慢销和滞销货品、(经销商/零售终端)库存分析报表等各类报表，并且能够按多种条件查询，从多个维度来分析。

(3)珠宝企业的仓储与物流管理内容前提是企业顺利协调各类生产所需物资，保质、保量且准时地供应至企业，保证生产的顺利进行。珠宝企业设计物料品类众多,为提高企业仓储与物流管理效率,珠宝企业在进行订单化生产的过程中,需高效地管理供应链和供应商,能够做到物料随时配送、准时配送,并且供应品质达到生产需求。

例如,大部分珠宝企业使用的都是ERP系统,依据珠宝生产情况和本企业制造管理现实,制造和生产管理环节,主要实现报价管理系统、生产制造系统。通过ERP系统,可以掌握企业的物料储备以及生产计划情况,根据实际订单情况来进行生产。同时,及时补充不足的物料,满足企业经营、生产的要求。表7-1为周大福金行(香港)仓库改造主要核心功能配置表。

表7-1 周大福金行(香港)仓库改造主要核心功能配置表

主要配置	主要用途
阅读器及天线	此天线分别放在仓库门口的上下左右位置,以保证射频标签经过时能被识别到
射频标签打印机	此打印机能迅速解决物品入库没有射频标签的物品识别的问题
应用RFID技术的计算机网络系统	能及时处理射频标签被多次识别或多个射频标签在一起冲撞等问题
接口软件	保障与仓储管理过程中其他相关的软件无缝对接
自动贴标机	实现整个入库验收与出库分拣等工作的完全自动化
RFID手持终端(PDA)	实现在库内随时查询物品相关信息的目的,也可用于仓库内盘点工作
移动式阅读器天线	用于库内盘点作业

案例:周大福珠宝(香港)有限公司的物料仓库利用RFID提高仓储效率。RFID(Radio Frequency Identification),中文名称为射频识别,RFID技术在第二代公民身份证上得到广泛的应用。2008年,周大福集团的香港仓库在商业办公大楼上,仓库层高3m多,位于大厦的第25层,超过1000m^2。

在改造规划前,仓库入库暂存区与出库待发区、拣货区与成品存放区在同一个位置上,区域划分不太明显。在仓库分拣10个品种需要30分钟左右,平均拣货时间28分钟。仓库的品种总数是深圳仓库的3倍多,高频出入库的品种有20多种。

仓库改造前,区域划分成入库暂存区、出库待发区、文具存放区、服装存放区、包装区、配件物料存放区、零杂物品存放区,总共存放 4000 多个品种物品,仓库操作与管理人员总共需要 15 人,仓管员工作时间长,效率低,且拣错率高。

为了进一步提升仓库分货、拣货和出入库速度,周大福金行(香港)公司先在深圳技术学院物流实验室进行模拟改造测试。通过测试后,该公司进行了香港仓库的区域改造,使得仓库操作流程更加清晰,加上配备 RFID 技术和各种物流设备,从而提高物流仓库的出入库、拣货和分货速率。

(4)仓储与物流整合一体化管理。珠宝企业仓储与物流整合一体化管理策略是在与企业相关的(包含社会资源的)仓储设施环节中,创新性地与宝石及贵金属物料供应商、分销商、零售店统一整合,达到最优化的资源整合目标,在全面满足消费者的需求下,尽量降低库存率,提高企业的整体仓储物流效益。珠宝企业仓储物流整合一体化管理的主要目标有仓储成本最小化、宝玉石(贵金属)供应商反应速度最快化、缺货零可能和物流移动时间最短化。在这些目标的指引下,珠宝企业即可实现整体的快速仓储物流管理及低(库存)成本运营。

案例:2014 年 9 月,周大福珠宝文化产业园在武汉市黄陂区开始投产,周大福从此 10 年内将会有 60% 产量来自于武汉的生产基地,年产能可以达到 100 万件(套)。此基地有 1 万多个就业岗位和 50 亿元的投资规模。由于产业园(基地)位于九省通衢的武汉市,毗邻机场临空港,从武汉出发 2 个小时内飞行范围覆盖了周大福品牌的 80% 销售区,产业园的投产极大地支撑了周大福从 2000 家店铺增至 4000 家店铺的供货需求。武汉市有 100 多万在校大学生和 600 多万适龄劳动人口,完全能够满足周大福集团公司的各种专业岗位的人力资源需求。同时,产业园(基地)还有各类与珠宝生产相关的产业,如物流、珠宝加工配套产业、展销旅游区、工艺培训区和产品设计组织等。

另外,在顺德的周大福集团的产业中心,配送中心负责全国近千家门店的物料配送。配送中心以流程为中心,将任务分解成一个个工作流程,减少不必要的流程和环节,同时运用供应链仓储管理信息系统处理各项工作,保障了与门店间的信息对称,能够及时智能动态调整采购策略,合理采购;同时也很好地杜绝了各个门店盲目备货,导致某一品种大量积压某一个门店,而其他门店却大量缺货的矛盾。同时周大福集团运用电子标签分拣货架(图 7-1),提高了工作效率,降低了错误率,提高了货物的出入库时间,提升了物流效率。

图 7-1 物料配送流水线图

(5)珠宝企业应精确控制库存,防止库存超过警戒线,提高资金运作效率和各类物资流动率。珠宝企业的库存在普通意义上的理解是珠宝企业(生产类型或商贸类型的)用于生产或者满足产品贸易需求的珠宝商品或资源储备。更为深刻的理解应为在一定意义上库存是企业对市场的判读、对未来的预期和对未来的消费者的投资。

珠宝产品其特殊的属性,如高价性、奢侈品属性和稀缺性,造成了原料价格(贵金属或各类宝玉石)时刻波动,珠宝企业需要在订单需求预判与供应间隔期寻找最优经济控制量,实现经济生产,获取更多的库存利润。

案例:截至 2013 年上半年广东省的金银珠宝首饰厂商的数量超过了 3000 多家,其金银珠宝首饰的加工批发量占到全国的七成左右,仅番禺地区的金银珠宝首饰加工量就占到了香港出口量的六成。而一般一个大型的珠宝首饰企业的常年囤金量高达 2t 左右。

2013 年 4 月,国际金价开始大跌,在一度反弹后,再次上演跌跌不休的情景。金价连日下跌,作为全国黄金珠宝加工大省的广东,不少珠宝企业因资产缩水开始亏损。据广东省黄金协会和广东省黄金首饰商会的相关人士透露,据粗略统计,大部分广东省珠宝企业囤积的黄金未作套期保值锁定未来的原材料经营风险,目前因金价大跌导致资产缩水。按照广东省珠宝企业总囤积

第七章 仓储与物流管理

黄金量80t计算,金价从4月的390元每克跌到6月的250元每克,珠宝企业总体资产缩水达112亿元。

第三节 现代珠宝企业仓储与物流管理的趋势——计算机网络信息化

进入21世纪后,信息技术不断发展,我国的珠宝企业根据自身主营业务的特征及供应链的整体环境,开发适合自身企业的物流仓储信息管理系统,将信息网络化管理深入供应链、经销商和零售终端,提升仓储效率、配送效率,满足消费者个性化需求。

随着计算机技术和信息化的发展,中国大陆绝大部分大中型黄金珠宝首饰企业已经用信息化系统支撑了所有关键业务的流程环节。通过信息化管理,黄金珠宝首饰企业可以快速地调配各类流动物资、高效传输各类商务信息以及管理各类资金的动向,从而将物流及生产的整体效率提升,降低了库存和成本,减少了生产损耗。大型品牌零售类黄金珠宝首饰企业通过信息化可以支撑门店的快速增长、快速补货、基本经营数据传递和协助管理决策等。

珠宝企业的信息化管理主要从以下几个模块进行建设:物流及生产制造、零售终端协同、财务管理、人力资源管理、关键数据决策支持系统和客户关系管理。这些模块从实际物理空间来看是离散分布,在技术上虽异构但协同,从黄金珠宝首饰企业的业务流程及决策流程管理来看却是相互贯通的,各个系统紧密联系且数据流向相互交会。

黄金珠宝企业仓储与物流在供应链管理环节与普通的耐用产品或者时尚产品的管理有很大不一样。例如,在贵金属(黄、铂金)和宝玉石矿产资源方面,黄金的矿产规模、分布及开采权等方面与其他矿产都有很大的差异。在中游加工企业中,黄金珠宝企业与很多时尚产品等产业具有很多相似性,如追求时尚、多款式、小批量、生产批次多、需精加工等。但是在仓储方面,黄金珠宝首饰产品体积小,所需仓储和物流包装较小,但是物流费用高、库存周转率相对较低,长期占用生产和企业大量资金。在零售环节,黄金珠宝首饰产品的销售需要销售人员有很强的专业珠宝鉴定知识和搭配建议。

案例:著名的劳伦斯(Lorenzo)珠宝公司的信息系统就十分完备。为了全面掌握生产、批发销售、零售的经营情况,公司购买了Hyperion数据库和BI系统。在此基础上，定期集成 ERP 系统、零售系统、CRM 系统、电子商务的数据，利用 Hyperion 系统，为管理层提供综合分析报表。该公司主要集成基本商品资料、库存数据、销售订单、生产数据、零售数据，把各系统的原始数据，通过采集、转换，集成到数据库里，然后通过报表体系，展示出各种报表。每份报表都可以从多个角度（维度），以表格、图形的方式，按条件查看数据，报表包括批发、零售、采购、库存、发货、财务等几大类型。

在珠宝企业生产管理过程中需要合理组合生产物资，降低制造单位产品生产或完成单位生产工作量所消耗的物资标准。在珠宝贵金属加工成型企业里，我国珠宝企业的单位克重贵金属加工已经达到世界级水平。但是在宝石镶嵌和高级宝石加工工艺中，我国珠宝企业需要重视提高加工水平和加工精度。

随着信息技术的发展和商业终端数量的增加，珠宝企业的"仓库"概念逐渐转变为"仓储式配送中心"模式。传统的"仓库"与"仓储式配送中心"最根本区别主要在构架与设计理念的不同：传统的珠宝企业"仓库"侧重于空间，重点在于对空间进行管理；而"仓储式配送中心"更侧重于时间、空间与供应链的整体管理。总体来看，两个概念的本质区别是对时间及供应链的全方位管理。比如说以客户需求订单为驱动的定制物流及供应链物流的理念，被很多零售企业奉为指导思想。近年来，随着电子商务的发展，珠宝品牌如"钻石小鸟""佐卡伊"等，这类现代互联网珠宝企业也开始崛起，此类仓储物流模式也给珠宝首饰企业带来了新的活力。

例如，钻石加工计算软件在钻石加工业和钻石价值保存率上有相当大的贡献，它可以最大程度地计算钻石切割的比例，使得钻石在销售过程中，实现价值最大化。早在 3000 多年前的古印度时期，印度的工匠就开始使用钻石来对钻石进行手工加工打磨，这样的加工技术一直持续了 1500 多年。15 世纪在欧洲诞生了机械加工钻石的技术，从而使得钻石的机械化加工技术迅猛发展，加工的精度也越来越高。随着计算机技术的发展和机械控制技术的进步，从钻石毛坯的分选、设计、切割到整个钻石加工过程中，机械控制自动化、计算机软件计算加工精度和智能化制造已经到了一个全新的发展时期。

现在很多大型黄金珠宝首饰加工企业采购原材料环节都上溯到主要原材料的矿产开采，与很多的宝石（宝石、玉石、黄金）供应商保持着良好的关系，可以说是实行垂直的"从矿场至市场"策略。

我国大型黄金珠宝品牌零售企业的业务流程复杂但系统化,现以彩色宝石零售龙头企业 ENZO 品牌运营管理为例。ENZO 品牌珠宝首饰非常大的一部分业务是面向世界批发销售,通过多种渠道(如连锁店、综合商场、电视购物等)销往欧美、日本、澳大利亚、中国。另外一部分珠宝首饰,则通过自营的近百家 ENZO 品牌连锁店和在线珠宝网站,零售给中国大陆、香港、澳门等各大、中城市的消费者。ENZO 品牌珠宝首饰商品仓储和物流供应链业务示意图如图7-2所示。

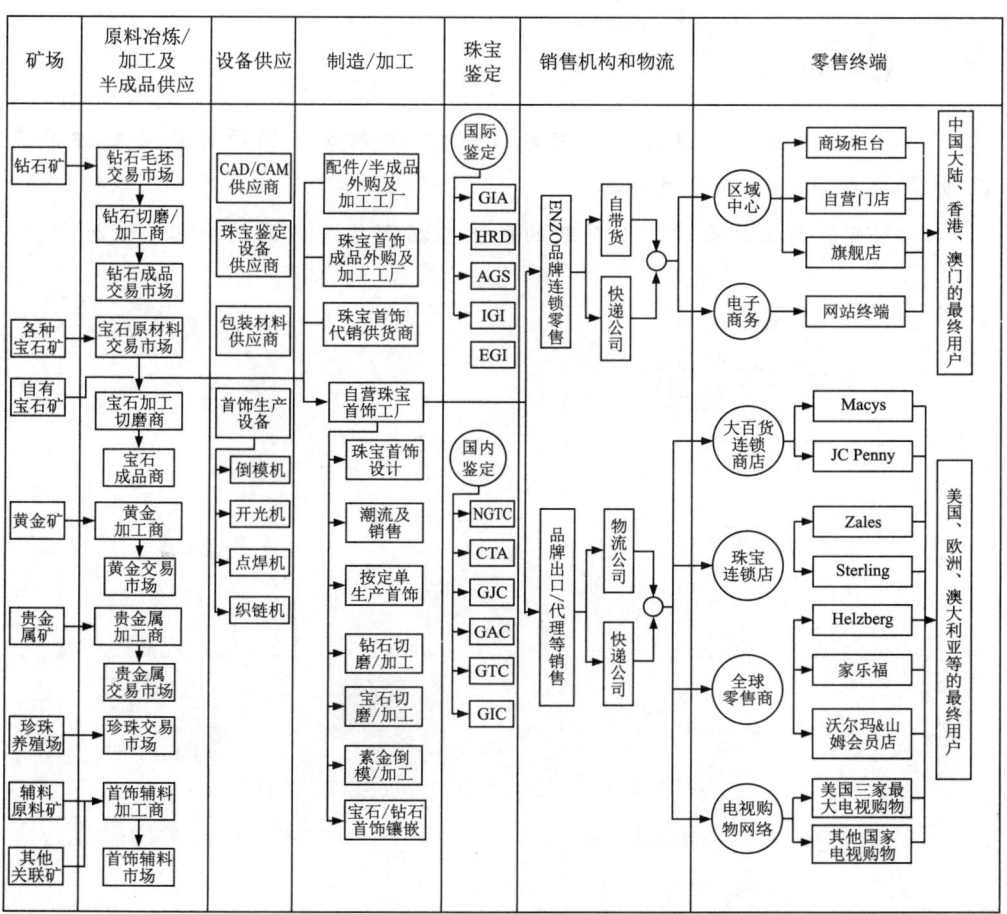

图 7-2 ENZO 品牌珠宝首饰商品仓储和物流供应链业务示意图

本章小结

珠宝企业应平衡需求和供给，精准控制库存，匹配仓储与物流。利用信息化技术进行管理分析，帮助企业安全、高质、高效、低成本的实现仓储和物流管理。同时，计算机网络在现代珠宝企业的仓储与物流管理中也发挥着重要作用，系统化、自动化以及科技创新是众多珠宝企业的不懈追求。

 思考题

1. 珠宝企业在产品设计和开发的过程中，如何既兼顾项目质量或订单产品质量，又兼顾仓储和物流效率？
2. 珠宝企业在物流管理中存在的风险包括哪几个方面的内容？试列举。

第八章　企业危机与冲突管理

伴随着我国改革开放的步伐和经济发展，中国珠宝市场迅速崛起，各种类型的珠宝企业应运而生，经过1992年以前的国有企业管理体制改革之后，珠宝企业逐步转型为以家族式管理为主的民营企业。由于珠宝行业发展太快，政策和法律法规不健全，家族式民营企业经营理念、管理理念和企业文化尚未形成，大部分企业从创立之日起几乎无一例外地发生过各式各样的危机，危及珠宝企业的生存和发展。珠宝企业在日常经营中会出现各种冲突，影响珠宝企业经营活动的正常开展。珠宝企业危机和冲突的管理已经成为珠宝企业管理中一个亟待解决的问题。

本章主要关注珠宝企业在各类组织管理、商业运营和适应市场发展变化中出现的各种危机与冲突。遇到危机，决策者需要采用科学合理的方法帮助企业有效地解决冲突，平稳地度过危机，并从中获取经验。

第一节　危机和冲突的概念及其产生原因

在开始探讨这个问题之前，先看一个案例。

案例：周大生珠宝钻石股份有限公司是国内珠宝行业的龙头企业。20世纪90年代，公司创立周大生品牌，并引入连锁经营的商业模式，在中国各大城市大力开展钻石首饰及其他珠宝饰品零售连锁经营业务，开启了周大生珠宝品牌建设与发展的传奇之旅。

2003年，中国珠宝行业已基本完成了从数量扩张、粗放经营向注重质量、打造品牌的转变，周大生顺应珠宝行业发展的潮流，凭借深厚的品牌形象沉淀，在经营中逐步建立了完善的连锁经销运营系统、全面的培训督导体系、完备的物流配送管理和系统的客户服务理念。凭借强大的品牌运营能力，周大生迅速成为中国珠宝行业最知名的珠宝品牌之一。2012年，周大生品牌的全

珠宝企业管理 ZHUBAO QIYE GUANLI

国市场份额占比约为9%,周大生公司拥有40个区域运营管理机构,营销网络覆盖全国31个省、市、自治区的300多个大中城市。2007年至2012年5月,周大生品牌加盟商数量和加盟店数量分别增加了7.5倍和4倍,创造了新的历史纪录。截至2012年5月,周大生品牌连锁店突破2000家。

2013年,央视3·15晚会上曝光了周大生廊坊店黄金专柜售卖的千足黄金质检不达标。明明是千足金,黄金成色却达不到99.9%的标准。记者通过暗访了解到,周大生销售的千足金饰品之所以不达标是因为其中掺有化学元素铱,并顺藤摸瓜牵出了周大生千足黄金饰品的供应商。

凭着强大的社会影响力,央视的报道可谓一石激起千层浪,在社会上引起了强烈的反响,对周大生品牌造成了严重的负面影响。

央视3·15晚会曝光后,周大生珠宝迅速做出反应:3月16日,集团董事长周宗文先生在央视黄金时间正式向社会公众道歉,并对外发布声明,在售产品都经过国家及地方权威机构检测,对廊坊店黄金专柜被曝光批次产品,已销售的43件产品正在安排召回,对未销售的105件产品进行下架处理,对涉及此次事件的千足金饰品1 499.28g,共148件全部进行复检。3月18日,官网再发公告:"43件已销售货品已部分召回,未召回部分已向广大消费者公示,提醒已购买该批次产品消费者至门店完成货品召回程序。"此外,周大生珠宝公司同时还表示,对于一些要求对已购商品进行复检的消费者,店方将积极配合,消费者可携带有效购买凭证到产品购买门店审验登记,公司将尽快分批安排检测,将产品统一送至第三方国家权威机构检测。

事情发生后,尽管周大生品牌尽了最大努力补救已在社会上造成的不良影响,然而,树欲静而风不止,这一事情毁掉了周大生多年来辛勤经营积累的品牌信誉。消费者再也难以相信周大生品牌了,周大生珠宝品牌的行业龙头地位岌岌可危。此事发生后,周大生专柜全国大范围下架。据多家媒体报道,北京、南京、廊坊、南昌、兰州、长沙等地的周大生专柜已有部分黄金饰品下架,大量消费者退货;不到20天的时间,200多家加盟商退出周大生品牌加盟;竞争对手趁此时机打压周大生品牌,将央视3·15晚会的现场录像在店内循环播放,引发了竞争对手店铺与周大生品牌店铺之间激烈的冲突,市场份额一度大幅缩减。

此时,周大生公司已经进入首次公开募股(IPO)的关键环节,周大生品牌被曝光黄金掺和铱粉事件后,公司的IPO计划难以实现。面对突发事件对周大生带来的困境,他们没有气馁,持续开展品牌形象宣传和诚信经营,逐步消除此事件对品牌造成的负面影响,再加上2013年4月12日爆发的持续半年的"中国大妈抢黄金"现象,迅速淡化了此事在消费者心目中的印象。经过4年的调整与努力,周大生珠宝经历短暂的波折后继续发展。2017年,周大生珠宝在国内的连锁加盟店增加到2500多家,并成功在深圳证券交易所上市。公司管理者与全体员工一起用智慧和勤劳的汗水,彻底摆脱了2013年的危机阴影,换来了公司(品牌)更大的发展空间。

一、危机和冲突的类型

1. 危机的类型

企业面临的危机一般有八种:信誉危机、决策危机、经营管理危机、财务危机、法律危机、人才危机、媒介危机、灾难危机。

1)信誉危机

信誉危机是企业在长期的生产经营过程中,广大消费者对企业产品和服务的整体印象和评价偏向负面,或者因媒体对企业(品牌)的负面报道,由于企业应对不及时使负面效应在社会上广泛发酵,从而对企业或品牌声誉造成重大影响,导致企业信誉下降,失去公众的信任和支持而造成的危机。如周大生品牌被央视3·15晚会曝光的事件,如果不是周大生品牌采取了及时的应对措施,很可能演变成一场信任危机。

2)决策危机

决策危机是企业经营决策失误造成的危机。企业没有根据环境条件变化趋势正确制定经营战略,而使企业遇到困难导致无法经营,甚至走向绝路。

案例:著名的香港珠宝品牌谢瑞麟珠宝的发展和壮大就是不断在危机中度过的。1981—1982年间,谢瑞麟因为不满足于单纯做珠宝生意,便贸然涉足地产和眼镜零售业务,用珠宝生意赚来的资金大量买入商铺和物业。就在此时,香港却遇上中英谈判引发的信心风波,地产价格应声大跌,谢瑞麟在此役中铩羽而归。此后谢瑞麟重新投入自己的老本行珠宝事业,在艰苦经营之下,谢瑞麟珠宝在1987年正式上市。谢瑞麟在1990年成功夺得裕兴地产公司控制权,作为集团投资地产信号。在1997年6月(即亚洲金融危机前夕)香港楼市接近顶峰时,谢瑞麟又斥资5亿元,向丽新集团购入尖沙咀宝勒巷的宝利商业大厦，另外谢瑞麟参与的多项股票投资也宣告失利。于是，在1997—1998年度，谢瑞麟集团的负债升上最高位，金额达13.4亿元，负债比率升至自1992年以来的最高点，达100%。为了偿还债务，谢瑞麟于1998年6月推出"10亿元钻石大倾销"，在两个多月内为集团套取了近3亿元的资金，但仍然无济于事。最终谢瑞麟因为拖欠苏伊士亚洲控股债务逾5000万美元，于2000年被对方入禀申请破产，其他债权人也相继加入追讨债务中。2000年9月25日，谢瑞麟被法院颁令正式破产。

3）经营管理危机

经营管理危机是因企业管理不善而导致的危机。包括产品质量危机、环境污染危机、关系纠纷危机等。企业在生产经营中忽略了产品质量问题，使不合格产品流入市场，损害了消费者利益，由此引发消费者恐慌，消费者必然要追究企业的责任，从而产生经营管理的危机；企业生产中涉及的环境污染问题如果处理不及时、不彻底，使有害物质泄露（如电镀液的随意排放），造成环境污染，使周遍居民不满，导致环保部门的介入，也会引起经营管理危机；企业缺乏正确的经营理念、采取不正当的经营方式、忽视经营道德、员工服务态度恶劣、出售假冒伪劣商品等在社会上产生严重恶劣的社会效应，也会给企业带来经营管理危机。

4）财务危机

这同样是一个企业决策问题。由于企业投资决策的失误、资金周转不畅使企业暂时出现资金断流，难以维持企业正常运转，严重的造成企业瘫痪。2008年，中国政府为了应对全球金融危机对中国经济带来的冲击，制订了4万亿投资计划，导致"热钱"大量流入市场，不仅推高了房价，也导致了翡翠价格的急剧上涨，一些企业大量投入资金，囤积翡翠原料。2011年以后，翡翠价格回落，这些企业终因资金周转不畅而倒闭。

5）法律危机

法律危机是企业高层领导法律意识淡薄，在企业的生产经营中涉嫌偷税漏税、走私贩私等行为，事件暴露后，遭到相关政府部门的处罚，将企业带入危机之中。中国改革开放初期，黄金市场尚未开放之前，深圳许多企业借助地域优势从香港走私黄金、走私钻石，被海关查获的案例不胜枚举，这些行为将企业推入严重的法律危机之中。

6）人才危机

人才危机是指人才频繁流失所造成的危机。珠宝企业大多是家族式企业，如果家族成员与企业核心管理团队成员之间在企业经营管理理念上或薪酬上发生严重的分歧，导致企业核心管理成员集体离职，企业的经营管理活动无法正常进行，给企业带来的危机也是比较严重。

7）媒介危机

真实性是新闻报道的基本原则，但是，由于它是一个专业性很强的行业，如果新闻媒体不够专业、不了解客观事实或为了吸引读者的眼球而夸大事实，就会给企业带来一场严重的媒介危机。例如，某媒体一篇"戴了×××（品牌），一戴就没得"的报道，说的是一位消费者购买了某品牌的钻石戒指，没戴几天钻石就掉了，这位消费者要求赔偿的诉求被商家拒绝，一气之下诉之媒体，媒体在不了解事实的情况下曝光了这个品牌。实际上，消费者购买的钻石戒指是一个"夹镶"的款式，如果使用不当而导致镶口变形很容易导致钻石松动甚至脱落。选购时，导购员已经向客人反复强调了佩戴注意事项，并要求她经常来店维护。造成钻石脱落的原因主要是顾客使用不当，而媒体的报道将企业推向了危机。

8）灾难危机

灾难危机即企业经营过程中由于重大灾难将企业推向危机。如企业因发生火灾或发生严重的盗抢事件，使企业无法继续正常经营。

2. 冲突的概念及类型

冲突通常是指企业运营管理中，两个及两个以上相关联的主体因互动行为所导致不和谐的状态。冲突的实质是观点差异，冲突之所以发生，可能是利益相关者对若干议题的认知、意见、需求、利益、基本道德观、宗教信仰持有不同的态度与处理方法，从而产生矛盾，这种矛盾的激化就叫冲突。小的冲突可能是适度的争执，大的冲突则可能要分出输赢甚至可能产生激烈的对抗。企业内部、外部的冲突发生会直接对各方的利益诉求、行动目标和行为规范产生影响，从而影响企业正常的经营与管理。

总体来说，冲突有两种类型：企业内部冲突和企业外部冲突。

1）企业内部冲突

企业内部冲突包括管理者与员工之间、个人与个人之间、个人与团队之间、团队与团队之间、个人与领导之间、上级与下级之间、家族成员与非家族成员之间在经营观念、利益分享、资源占用、责任与权利等方面沟通不畅造成的冲突。

2）企业外部冲突

企业外部冲突包括企业在经营过程中与各种类型的竞争对手之间的冲突、与供应链某个节点的冲突、与消费者的冲突等。

二、危机和冲突产生的原因

俗话说"冰冻三尺，非一日之寒"，企业经营环境错综复杂，包括宏观环境、市场环境、企业内部环境，在复杂的环境中不可避免地产生各种危机和冲突。以下对珠宝企业危机和冲突产生的原因做详细分析。

（一）危机产生的原因

企业危机产生的原因主要包括四个方面：企业内部管理、公共关系、企业违规运作或商业投机和商业竞争。

1. 企业内部管理

由企业内部管理引发的企业危机是由企业内部产生的冲突转化而来，由于冲突处理失败最终演变成危机。常见的是企业内部资金链、供应链、信誉或人力资源管理出现问题，最终演变成企业危机。

经营亏损是最常见的企业危机。如果经营亏损在短期间内存在，企业还可以通过内部资金加以克服此困境，但时间一长，就会考虑向金融机构借款，或利用企业间的商业信用借款，以获得暂时性的资金融通。当市场行情好，企业有发展机会时，企业急需资金，而银行也愿意向企业借钱，这时，潜在的危机就已经存在了。2011年，珠宝行业发展向好，大量"热钱"流入珠宝行业，深圳一些珠宝企业看到了市场机会，通过企业之间的互相担保向银行大量借贷，进行市场扩张。2014年，由于珠宝行业发展过快，市场剧烈膨胀，产品供大于求，企业投资无法收回，银行开始追讨贷款，这给深圳珠宝业带来了严重的危机，贷款企业和担保企业都受到牵连，于是出现了深圳珠宝企业的倒闭潮。更严重的是，一个企业或一个家族设立数家公司，然后相互作保。一家公司出现问题，就连带将所有的关系企业都拉下水，最后连原本可以存活的公司也奄奄一息。

多元化经营或过度投资，是导致危机产生的另一种风险。多元化经营，虽有分散风险的好处，但是在行业不景气时，其中任何一个部门都可能同时发生危机,结果其风险不但不分散,而且有集中加倍的可能。在中国房地产被热炒的时期,许多珠宝企业抽出资金投入房地产,同样因为珠宝行业的不景气导致企业资金不足,将企业置于两难的境地。

首先珠宝企业大多是家族式企业,如果发生人力资源管理问题,轻者降低生产力,重者动摇生存基础,其中股东是否团结、经营思想是否统一,是造成公司的危机的重要影响因素;其次家族式企业中容易产生人事不和、派别林立、互相诋毁,最终引起内部不满,这会加速公司陷于困境中。此外,员工素质低、没有团队观念,也会造成危机。再次是多数股东是注重短期利益的,企业一旦出现短期亏损,就可能会动摇股东对公司的信心,也可能因为延期发薪、减薪或没有加薪的希望引起员工的不满,此种情形,常会加速公司陷于困境。

2. 公共关系

公共关系不和谐是导致企业危机的一个重要原因。企业与国家相关职能部门的不和谐,如检验机构对产品质量的负面评价、消费者协会对企业产品和服务体验的负面评价、新闻媒体对企业的不利报道等,导致企业品牌形象受损。除了本章前面周大生珠宝在央视3·15晚会被曝光的案例,还有周大福的裂钻事件。

案例:长江商报2014年1月28日报道:周大福3200元钻石戴了1年开裂,专家称残次品。武汉市民杨女士向本报反映,她在庄胜崇光百货周大福珠宝店购买的钻戒出现质量问题。3200元买的婚戒,戴了一年多,钻石竟然从中间开裂。杨女士找到周大福珠宝店咨询,对方并不认为是钻石本身出了问题,同意免费返厂重新镶钻,但杨女士考虑到这对钻戒是婚戒,仍旧希望周大福能退款或换一对新的。专柜负责人直接拒绝了杨女士的要求。后经专家检验认定,这颗钻石的确是真钻,但肯定属于残次品,商家有可能漏检了钻石,使得残次品流通到了销售环节,如果要鉴定是不是钻石自身问题,可到第三方检测机构检测。此类负面报道严重损害了珠宝企业和珠宝品牌的形象,如果得不到及时的处理,很可能演变为一场企业危机。

3. 企业违规运作或商业投机

珠宝行业是一个古老而又新兴的行业,谓之古老是因为珠宝行业自古有之;谓之新兴,是因为它是中国改革开放以后才开始复兴起来的。珠宝行业复兴之初,业态是以国有珠宝企业为主体;20世纪90年代以后,国有企业改革,民营企业走向前台,企业规模小,尚未完成资本的原始积累,一切以赚钱为目的,忽略了企业的社会责任,投机倒把,走私贩私,偷税漏税,经营中以假充真、以次充好,利用消费者的珠宝专业性不强欺骗消费者,最终受到国家相关职能部门的处罚,将企业推向危机。例如,我国是一个钻石资源较为贫乏的国家,巨大的市场需求和严重的产品同质化使许多钻石经营企业为了降低商品成本,不惜铤而走险进行钻石走私、偷税漏税等而受到相关部门的罚款和法律责任的追究;另外,政府市场监督管理部门也会导致违法企业陷入危境。

对市场判断的失误也是企业危机产生的一个重要原因,包括对珠宝产品价格走向判断的失误、对市场流行趋势判断的失误等。珠宝首饰行业涉及的零售品种繁多,价值高昂的贵金属、稀有宝玉石和名贵藏品,一旦出现商业价格波动,会造成企业出现灾难性的后果。如何掌握黄金价格的波动是困扰各类黄金加工销售企业的经营难题,我国大部分珠宝企业均以销售黄金饰品为主要业务,由于执行传统的按克销售模式,工费较低廉,利润微薄,金价大幅下跌会使这些珠宝企业盈利大幅下降,且大部分涉及黄金的珠宝企业一般都会提前囤货,通过进货价与销售价的差额盈利。金价狂跌可能导致进价比售价要高的"倒挂"现象,一旦出现这种情况,可能会给企业造成经营危机。

案例:我国是传统的黄金消费大国,2002年中国黄金消费为202.3t,随着黄金价格的逐年上涨,很多消费者对黄金价格"只会上涨不会下跌"的观点深信不疑。2013年,中国珠宝市场黄金消费量达到1 176.4t,年均增长超过50%,一举成为全球最大黄金消费国。2013年4月,国际金价从1577美元每盎司暴跌至1321美元每盎司,极大地刺激了消费者的购买热情,掀起了"中国大妈抢黄金"的热潮。珠宝店内黄金饰品被抢购一空,黄金销售出现供不应求的状况。一些珠宝加工企业似乎看到了商机,纷纷投资兴办黄金加工厂,投入巨额资金购买黄金原料。2014年底,随着黄金抢购风潮的降温,这些企业出现巨额亏损,在一年多的时间内,位于深圳水贝珠宝产业聚集区里,倒闭的黄金加工企业就多达200多家。

4. 商业竞争

大型企业以歧视性策略与小型企业展开竞争,有时对小型企业带来的后果是灾难性的;同时,小型珠宝企业以低价格同大企业竞争,对大企业的定价造成困难;在商业模式多样化的今天,不同珠宝企业、零售企业对渠道的争夺都给大型珠宝企业的分销带来了更大的挑战。

在中国珠宝市场上,产品同质化的市场竞争问题始终没有得到很好的解决,不同企业之间产品相互模仿、相互抄袭,知名品牌也好,无名品牌也罢,产品没有特色,品牌与品牌之间没有区别,只能拿出价格竞争这个武器。知名品牌凭借品牌知名度和信誉度获取市场份额,靠规模效应尚能维持生存,无名品牌则在生与死的边缘苦苦挣扎。2010年以来,随着电子商务的发展,珠宝首饰的网上交易抢占了传统珠宝店铺的部分市场份额,给传统的店铺模式带来了严重的生存危机。许多珠宝企业不得不压缩经营规模,据报道,2016年,知名珠宝品牌周大福关闭了内地150多家专卖店。

(二)冲突产生的原因

我国珠宝行业复兴以来,珠宝行业的构成由国有珠宝企业演变到以家族式为主的民营企业,管理上从单纯的个体户简单贩售思维上升到利用现代企业管理制度管理大型公司的阶段,这些经历代表了我国珠宝企业日趋发展成熟。总体来讲,珠宝企业和大部分现代企业一样,冲突的产生可分为企业内部原因和企业外部原因。

1. 企业内部原因

由企业内部原因引发冲突的因素包括目标因素、资源因素、责权因素、沟通因素、经营理念因素、企业结构因素和利益因素。

(1)目标因素。不同的价值观和不同的目标追求,是导致冲突最主要的内在原因。企业内部员工由于有不同的价值观和不同的目标追求,在工作行为上表现出的工作主动性、发挥的主观能动性、责任担当意识等为人处事的方式各有不同。例如,在一个团队中有的追求短期的物质利益,有的追求名誉地位,有的追求长期目标,有的追求短期目标,这样一个团队生活、工作在一起就不可避免地会产生冲突。

(2)资源因素。团队为实现目标需要利用各种资源,包括资金、设备、人员、空间场地等。企业的各种资源都是有限的,各部门之间、各团队之间或不同员工之间为了完成目标任务,都希望占据企业的优质资源。对于资源的争夺,势必成为各种冲突的根本原因。只要资源匮乏存在,分配中的冲突就不可避免。

(3)责权因素。责权因素是最典型的造成冲突的主观因素。责权因素引起冲突的可能性有四种情况。第一,责权不清,即不同部门之间由于责权不清，在工作中就可能出现越权管理或工作相互推诿的现象；第二，权利不均，即对不同部门、不同团队的授权、工作任务的分配、利益的分享等方面缺乏全面均衡的分配，导致不同部门和团队之间因争权夺利而引发冲突；第三，责权逆转，即当团队的责权人被团队中另一个人取代时，可能引起团队分化，不服从管理，甚至相互拆台，进而引发冲突；第四，越权管理，即管理人员超出自己的权利参与企业的管理，尤其是小型珠宝企业，家族以内成员认为，不管是哪个部门的事，归结起来都是家族的事，于是，不管处于什么岗位，不管是否属于自己职权范围内事，都进行指手画脚，导致家族以外成员的反感，进而引发冲突或激烈的对抗。

（4）沟通因素。即企业个人与个人之间、个人与团队之间、团队与团队之间、个人与领导之间、上级与下级之间缺乏有效的沟通或信息沟通不畅或错误信息的误导引起的冲突，其中，有相当数量的冲突是由误解造成的。

（5）经营理念因素。即家族成员或管理者因经营管理理念不同导致的冲突。中国珠宝行业以家族式经营为主要特征，进入21世纪以后，珠宝企业普遍面临着"宝二代"接班的问题。第一代经营者认为，珠宝是一种具有保值功能的商品，应该将珠宝的价值呈现给消费者，让消费者看到实实在在的价值进而产生购买行为，于是，将首饰做成贵金属材料的堆积，又笨又大。而"宝二代"认为，珠宝首饰固然是具有保值功能的商品，但首先是装饰品，应该呈现给消费者首饰的美感和时尚感，通过美的展示激发消费者的购买欲望，于是，在产品开发时密切关注时尚潮流。两种观念的碰撞直接导致企业在产品开发、市场定位、品牌推广等一系列冲突。

（6）企业结构因素。即由企业管理结构引起的冲突。在企业发展壮大的过程中，企业的治理结构如果不能适应公司的发展，就很容易导致冲突。企业规模越大，发生各种冲突的可能性就越大。

（7）利益因素。即企业股东与股东之间、家族成员之间、家族成员与家族以外成员之间、团队与团队之间、个人与个人之间因利益分配不公导致的冲突。客观地说，每个人都会有私心，付出都希望得到回报。如果企业管理制度不健全或在利益分配中带有明显的倾向性，都可能导致股东、团队或个人的不满，进而引发冲突。

2. 企业外部原因

多数情况下，企业外部原因给企业带来的多是危机，但也可能会带来冲突,主要有公共管理因素、市场竞争因素和服务因素。

（1）公共管理因素。即由于企业管理问题引发企业与管理机构、市场监督机构、消费者之间的冲突。珠宝企业大都是以家族式为主体的中小型企业,尚未完成资本的原始积累,因而可能会忽略社会责任,在经营过程中游走于法律法规的边缘,抗拒管理和市场监督、偷税漏税,在产品质量上打"擦边球",大的违法违规问题可能引发公司危机,而小的问题则可能引发冲突。

（2）市场竞争因素。即在珠宝营销中企业与企业之间的恶性竞争引起的冲突。在一个成熟的珠宝市场中,企业（品牌）参与市场竞争靠的是别具一格的产品特色并由此形成差异化的竞争优势。而中国珠宝市场是一个同质化严重的市场,即不同品牌的产品具有相似性,这就为消费者购买同类商品提供了多种选择,谁给消费者让利更多,消费者就会选择购买谁的商品,这样,价格战就成了珠宝行业市场竞争的主要手段。为了争取更多的市场份额,除了价格战以外,不同品牌之间相互诋毁也是常用的手段,这是一个商业道德问题。比如前面所讲到的竞争对手将央视3·15晚会曝光周大生产品质量的现场录像在店内循环播放,引起了周大生品牌店铺与竞争对手店铺之间激烈的冲突。为了争夺客户,不同品牌相互诋毁是企业之间产生冲突的主要原因。

（3）服务因素。即珠宝企业在商业运作中企业与顾客之间因服务质量差异引起的冲突。服务因素引发的冲突有三种情况。第一,因导购员服务态度恶劣或产品质量有问题令顾客不满而引起的冲突;第二,导购员在售中服务中为了争取销售业绩,对顾客夸大事实,无底限地盲目承诺,但后续的售后服务不能兑现,或隐瞒商品质量的缺陷,采取欺骗性手段将商品推销给客户引发的冲突;第三,消费者对企业承诺的理解有偏差,希望企业承受超出承诺以外的服务被拒绝而引发的冲突。因服务因素引发的冲突是消费者与企业（品牌）冲突的主要原因。

以上分析了珠宝企业经营中危机和冲突产生的各种原因。综合看来珠宝企业危机和冲突产生其实都是企业在发展壮大过程中的必经阶段,是企业发展过程中的阵痛。许多人认为,珠宝行业之所以会爆发危机和冲突,是由中国家族式企业管理的性质所决定的,家族式企业为了家族的利益,可以忽略社会道德和社会责任,不顾一切为家族敛财。所以,提到家族式企业,人们就会想到它是一种陈旧的管理模式。其实这种看法是错误的,如果说家族式企业管理模式陈旧,那么全球500强企业中怎么会有175家家族式企业呢？尤其在中国,90%的民营企业都是家族式企业,否定家族式企业其实是在否定民营企业模式。那么,为何国人在提及"家族式企业"时首先想到的就是"一种落后的管理模式"呢?这其中的根源就在于,国内的家族式企业不仅仅是股份家族化,更是管理家族化。截至2015年,我国的珠宝首饰企业75.8%以上是民营企业,这些民营企业中71.8%的企业为个体工商户发展而成的家族企业(或成为家族管理的企业),这些企业在经营管理过程中,经常出现各类危机和冲突,而在处理这些危机和冲突的过程中,企业如果站在对社会、对消费者负责的角度,许多危机和冲突都能被顺利地化解。珠宝企业危机和冲突发生有其偶然性,也有其必然性,产生的后果轻者影响企业的正常经营,重者可能关系到企业的生死存亡,需要引起企业经营管理者的高度关注,采用一切手段防范危机和冲突事件的发生。

第二节 危机和冲突对珠宝企业的影响

从以上分析可以看出,危机和冲突的发生原因是多方面的,从不同的角度分析危机和冲突对企业的影响可能得出不同的结论,需要辩证地看待企业的危机和冲突,一般来说,危机对企业的影响要大于冲突对企业的影响。下面了解一下看待危机和冲突的两种对立(反面和正面)的观点,同时,为了引起企业管理者的重视,主要从负面的角度分析危机和冲突对企业的危害。

一、如何看待危机和冲突

1. 如何看待危机

一般来说,每一个危机事件的发生要么将企业带到生死存亡的边缘,要么给企业的经营管理带来巨大的困扰。所以,危机的发生对企业的影响通常是负面的。企业应对危机必须具有很强的控制能力,如果企业的控制系统、指挥系统非常灵敏、有效,可能会有效地化解或者暂时压制危机,将危机对企业的影响降至最小。但是如果企业反应迟钝,控制失灵,危机就会演变为公开的事件,给企业带来难以估量的损失或伤害。危机事件发生有几个必要的条件,内部条件是危机发生的主要动因,外部条件是危机发生的推动因素,如果内、外部条件都具备,就意味危机发生的可能性很大。危机的爆发还需要诱发因素,一旦诱发因素出现,企业危机就不可避免了。同时,企业运营过程中时刻都潜伏着各种诱因,任何一项管理的失误都可能将整个企业拖入危机。所以,对企业管理者来说,应该有危机意识,居安思危,大到经营理念、小到管理细节,从内部杜绝危机的发生,对内加强管理、对外加强公关,方能有效地防患。

危机对企业的发展固然是负面的,但也并非没有正面的作用。危机至少可以对企业起到警示和激励作用。危机的发生暴露的是企业管理问题,提醒企业管理者要注重企业文化建设,树立正确的企业价值观、道德观,注重企业的社会责任,遵纪守法,诚信经营。同时,危机的发生对企业也可以起到激励作用,考验着企业在逆境中的生存能力,一个具有优秀文化的企业是不会被任何危机所击倒的,危机会激励他们迎难而上,知耻而后勇,使企业的各项管理活动再上一个新台阶。

2.如何看待冲突

一个企业或团队是由若干个体组成的,观念的碰撞、利益的冲突在所难免。但是,企业冲突的发生会给企业带来什么影响呢?随着企业管理科学的发展,企业管理者对冲突的认识也在不断变化。传统的观点认为,冲突是由麻烦的制造者引起的,冲突一旦发生,会对企业的经营或团队的氛围造成不利的影响,必须对冲突的制造者进行坚决地压制;现代观点认为,冲突的发生是变化带来的自然结果,企业管理过程中,冲突是不可避免的。冲突是能够且应该被管理的事情,且对企业是有益的,化解冲突的过程也是团队内部沟通、协调的过程,有利于团队的团结、提高工作效率。

唯物辩证法认为,任何事物都有其两面性,对于冲突的认识,也可以从积极作用和消极作用两个方面来加以分析。

(1)冲突的积极作用。首先,为了消除冲突,就要寻求改变现有方式和方法的途径。在解决冲突的过程中有可能激发企业内部的积极变革。例如,某珠宝公司是一个新成立的公司,经过前期精心地策划,在品牌形象、产品定位和宣传推广上做了大量工作,但一直没有取得理想的销售业绩,导致企业内部各部门互相指责,产生了激烈的冲突。公司总经理招集各部门负责人一起分析原因,发现是终端销售出了问题。导购员都是新员工,在销售中未能在产品推广中突出卖点,因此不能激发消费者的购买热情,这是销售业绩不理想的根本原因。找到原因后,他们让导购员迅速改变推销方式,提高销售技巧,短期内使销售业绩得到了明显的提升。其次,企业管理者在决策的过程中,不同的参与者可能因为观念不同会引发冲突,通过沟通在管理层内部取得观念一致,有利于凝聚共识,避免造成决策失误,如果以提出反对意见或提出多种不同看法的方式来激发冲突,就可能提出更多的创意,提高决策的正确性和有效性。最后,冲突可能形成一种竞争气氛,促使员工振奋精神、更加努力。

(2)冲突的消极作用。冲突如果得不到及时的化解,也可能带来严重的后果。首先,冲突可能分散资源,使企业的资源不能主要用来实现既定目标,而是消耗在解决冲突上;其次,团队成员之间的冲突可能导致团队的分裂或形成小团队,不利于企业的团队建设,不利于形成凝聚力;再者,企业内部竞争引发的冲突,可能降低企业的工作效率,例如,当两个销售团队为了扩大销售额来赢得的奖励时,就可能因追求局部利益,在争夺资金、人员等方面产生冲突,如果处理不当,就可能对企业工作效率、经济效益产生影响;最后,严重的企业内部冲突如果得不到及时处理,可能使内部冲突转化为企业危机,例如,如果家族以内成员与家族以外成员之间产生矛盾,形成了尖锐的对立而又没有及时化解,很可能引发家族以外成员的集体辞职,进而演化为一场影响企业正常运营的危机。

二、危机和冲突对企业的危害

一般来说,危机对企业的影响以负面为主,而冲突对企业管理有正面的也有负面的。以下主要从负面的角度分析一下危机和冲突对企业的危害。

1.危机对企业的危害

如前所述,企业的危机大体可以分为信誉危机、决策危机、经营管理危机、财务危机、法律危机、人才危机、媒介危机、灾难危机等。危机给企业带来的危害主要有三种结果:企业倒闭、形象受损、经营受阻。

珠宝经营是一项专业性很强的工作,消费者不专业可以通过第三方检验机构保障自己的权益不受损害,但如果经营者不专业,对企业的伤害可能是致命的。例如,南京一家经营水晶饰品的珠宝公司,专门在五星级酒店设立专柜销售水晶饰品,为了取得消费者的信任,他们做出了"假一赔百"的承诺。某日,一位消费者在此专柜花了2万元人民币购买了一个水晶球,后经检测机构鉴定,此水晶球为合成水晶,消费者要求珠宝公司兑现承诺,但由于赔偿金额太大,无法满足消费者的要求,消费者无奈之下将珠宝公司告上法庭。官司以珠宝公司败诉而告终,珠宝公司终因资不抵债倒闭。

案例:在香港,"珠宝大王"谢瑞麟无疑是白手起家的典范。他13岁开始做打金学徒,从身无分文的打金匠到坐拥3亿资产的香港珠宝大王。1971年,谢瑞麟创立自己的品牌"谢瑞麟珠宝",于1987年以"谢瑞麟珠宝(国际)有限公司"之名上市,然而,20世纪90年代以后,谢瑞麟的发展并非一帆风顺。由于香港闻名中外的首饰工艺,吸引了大批大陆游客到香港购买珠宝首饰,谢瑞麟抓住这个机会大力扩张珠宝经营业务,高峰时期在香港开设了23家珠宝分店,但由于自身资金有限,再加上亚洲金融危机期间房地产投资的失误,使谢瑞麟的资本运营捉襟见肘,遭多家投资银行和证券公司起诉,白手起家的谢瑞麟最终难逃破产的厄运。由于谢瑞麟珠宝的购买者以来香港旅游的大陆游客为主,经营业绩取决于来店购买的游客数量,这样,与香港旅行社保持良好的关系就显得尤为重要。于是谢瑞麟与香港旅行社合作,以向旅行社职员用支付佣金的方式,让导游安排游客光顾公司的陈列室。据报道,1996—2005年期间,谢瑞麟珠宝(国际)有限公司向旅行社职员提供1.7亿港元的非法回扣,作为在业务上给予谢瑞麟珠宝优惠的报酬。这一事件终于在2006年东窗事发,香港廉政公署对谢瑞麟业务进行调查,谢瑞麟及其儿子与其他两名人士被指涉嫌串谋诈骗税务局,以逃避支付所得税,共21项控罪而锒铛入狱。这一事件虽然是谢瑞麟的个人问题,但谢瑞麟与"谢瑞麟珠宝"之间的关系严重影响了谢瑞麟珠宝品牌形象,制约了公司的发展。

2.冲突对企业的危害

冲突对企业的危害主要有两方面,一是降低企业工作效率,使企业产生内耗;二是影响企业运作,致使企业不能正常运营。

1)冲突使企业走向分裂

使企业走向分化的冲突主要来自家族内部或管理层。如前所述,在企业初创时期,家族式企业成员可以不计报酬、不辞劳苦为企业奉献,他们牺牲自己的业余时间,夜以继日地为企业操劳,目标是让企业尽快走上正轨,为家族创造利润。而一旦企业经营进入正轨,产生了利润,事业蒸蒸日上的时候,问题也随之而来了。家族成员为了争取在企业中的地位和职位互相攀比,为了取得更多的利益不顾亲情,最终导致公司分裂,家族成员自立门户,彼此之间成为竞争对手。我国珠宝行业中很多家族企业之所以长不大,很大原因就是由家族冲突引起的。

2) 冲突使企业运作瘫痪

企业的运营机构是由若干个职能部门组成的,各部门之间在工作上既有明确的分工,又有充分的协调和配合。如果高层管理者与某职能部门出现了冲突,可能会使企业的运作受到严重影响甚至瘫痪。如某企业的产品开发部经理因在企业产品开发方向上与市场部产生了分歧,产品开发部因此受到了企业高层的严肃批评,盛怒之下,产品开发部经理带着所有开发人员离开企业,另立自己的企业,导致原企业的产品开发工作处于瘫痪状态。

3) 冲突使团队分化

一个团队如果冲突太少或没有冲突也是不正常的,只能说明团队缺乏活力,成员之间情感冷漠、互不关心,工作能力普遍平庸,工作按部就班,缺乏创新意识和竞争意识,这样的团队必然工作效率低。团队冲突常常是团队成员有强烈的成长欲望和表现欲望,如果正确地引导,可以在团队内部形成一股比、学、赶、帮的正能量,反之就可能造成团队分化,在团队内部形成小团队,他们工作中互相拆台、互相诋毁,在企业内部形成一种不和谐的氛围,使工作效率下降。一些能力较强的人可能在团队中受到排挤而不得不选择辞职。

以上分析的是企业内部冲突与企业外部冲突,在多数情况下冲突也可能演化成企业危机,对企业造成更大的影响。

冲突对企业的危害是显而易见的,但可以通过科学的方法进行冲突管理,将损失最小化,甚至给企业带来意外的收获。但从整体发展的角度来看,很多冲突是有利于企业发展和壮大的。它使企业管理者在处理冲突中总结管理经验,逐步完善和建立现代化的企业管理制度,最终使企业走上正常的运转轨道。

第三节　危机与冲突的管理

危机和冲突对企业的影响是不一样的,以下分别探讨危机与冲突的具体管理办法。

一、企业危机管理

珠宝企业危机管理是珠宝企业管理的重要组成部分,是指企业借助危机管理的相关理论和原理,运用一定的策略、措施和技巧改变企业所面临的危机局面的手段。现代商业环境复杂多变,各类媒体推广扩散迅速,珠宝企业危机管理不仅要有事先的预定方案,而且需要应急的反应机制。我国传统危机文化具有居安思危、未雨绸缪、临危不乱、转危为机、造危为机、慎终如始六个方面的观点。这些理论都表明珠宝企业要有危机防范意识,一旦危机发生,要保持清醒的头脑,要建立快速反应机制,理性分析,沉着应对,化解危机甚至转危为机。

1. 做好危机预防

危机产生的原因多种多样,有些危机是偶然发生的,但多数危机是企业经营理念落后、管理疏忽、服务观念不健全造成的。正因为如此,企业首先要树立强烈的危机意识,将预防危机作为危机管理的首要环节。让企业的员工面对激烈的市场竞争时充满危机感,将危机的预防作为日常工作的组成部分。企业管理者要经常对员工进行危机管理教育,让员工认识到危机的预防依赖于全体员工的共同努力,培养全员的危机意识,提高企业抵御危机的能力,预防危机发生。其次,企业要建立预防危机的预警系统,随时监控企业经营管理过程中可能出现问题的每一个环节,及时加以分析和处理,把危机消灭在萌芽状态。再者,对市场环境进行密切的监控,关注政策导向、舆论导向,经常分析竞争对手可能攻击企业的方式,对未来可能发生的危机类型及其危害程度做出预测,并在必要时发出危机警报。最后,要建立危机管理机构,制定危机处理的工作程序,一旦发生危机,可以迅速投入处理。

2. 准确进行危机确认

危机管理人员要善于捕捉危机发生前的信息,在出现危机征兆时,尽快分析危机的类型、预判危机可能对企业造成的影响以及危机处理的方式等,为有效地控制危机做好前期工作。要想将危机处理在对企业造成不良影响之前,就要及时采取行动,决不让危机造成恶劣的社会影响。如果企业不能左右危机,就要确认危机的类型、可能造成的影响和处理方式。

3. 积极应对媒体

事实上,企业的许多危机事件都是通过各种媒体炒作放大的。面对复杂的商业环境,珠宝企业管理者面对企业危机时,应该勇敢地面对媒体,有担当危机的勇气,而不是躲避,要尽快地对危机做出响应,这对危机的处理至关重要。本章开篇提到的周大生珠宝黄金成色不足被曝光的危机事件,集团董事长周宗文先生第一时间站出来在央视黄金时间向社会公众道歉,这对危机的处理起到关键作用。新闻媒体所造的舆论总体来看主要有三大特点:第一,舆论要说法。说法比事实还重要,说法一般需要先给态度再给事实甚至不必急于给事实。第二,舆论同情弱者。道德、法律、舆论都是同情弱者的,珠宝企业为了挽回局面拯救企业,处理媒体危机时要学会示弱。第三,舆论善变。媒体不断地提供新的信息来淡化、强化或转化不同的舆论趋势。为了应对媒体制造的舆论压力,珠宝企业需要管理应对各类公众。对内部公众要求统一口径,对政府公众要及时汇报,对媒介公众要诚信公开,对受害者要公开道歉。具体应该做到:第一,不争不吵。珠宝企业特别需要摆出尊重媒体的态度,留给媒体最后说话的权利。媒体喜欢"吵"带来的效果,与媒体争吵只会让企业处于劣势。第二,永远感谢。珠宝企业(特别是珠宝零售企业)要感谢媒体带来的机会,媒体会给企业带来危机,企业也可以借助媒体解决危机,认真说明真相、表达承担责任的勇气和解决问题的态度。第三,区别运用。媒体的类型有很多,不同类型的媒体受众群不一样,网络媒体传播速度快,平面媒体报道有深度,电视媒体画面带入感强,珠宝企业在面临不同的媒体危机时,需要选择合适的媒体类型来应对危机。

4. **主动承担责任**

危机发生后,公众会关心两方面的问题:一是利益的问题,利益是公众关注的焦点,因此无论谁是谁非,企业应该承担责任。即使受害者在危机事件发生中有一定责任,企业也不应首先追究其责任,否则会各执己见,加深矛盾,引起公众的反感,不利于问题的解决。二是情感问题,社会公众很在意企业是否了解受害者的感受,因此企业应该站在受害者的立场上表示同情和安慰,并通过新闻媒介向社会公众致歉,解决深层次的心理、情感问题,从而赢得公众的理解和信任。实际上,公众和媒体往往在心目中已经有了一杆秤,对企业有了心理上的预期,即企业应该怎样处理,公众才会感到满意。因此,正如上所述,企业绝对不能选择对抗,态度至关重要。

5. **真诚沟通**

当企业处于危机漩涡中时,企业便成为公众和媒介的焦点,一举一动都将接受质疑。因此,企业不要有侥幸心理,企图蒙混过关,应该以诚意、诚恳、诚实的态度主动与新闻媒介联系,与社会公众沟通,说明事实真相,促使双方互相理解。诚意,即在事件发生后的第一时间,公司的高层应向公众说明情况,并致以歉意,从而体现企业勇于承担责任、对消费者负责的企业文化,赢得消费者的同情和理解;诚恳,即不回避问题,及时与媒体和公众沟通,向消费者说明进展情况,重拾消费者的信任和尊重;诚实,即不回避企业的失误,诚实地还原事件的真相。诚实是危机处理最关键也是最有效的解决办法。公众会原谅企业的错误,但不会原谅企业说谎。

6. 权威证实

危机发生后,企业不要整天叫冤,试图通过向社会公众解释获得消费者的谅解,其实是徒劳的。企业要迅速请出权威的第三方机构站出来为企业说话,利用第三方机构的公信力解除消费者对企业的误解,重获他们的信任。珠宝是消费者不甚了解的商品,一些因消费者使用不当导致的问题常常被认为是产品质量问题,甚至被消费者投诉到媒体,被不明真相的媒体曝光,让一个普通的珠宝售后服务问题上升到消费者对企业产品的信任危机。在前文中提到的周大福钻石开裂事件,报道虽然请出了专家站出来说话,但媒体没有报道第三方检测机构检测结论,不具有权威性。周大福迅速做出反应,利用第三方权威检验机构在媒体上回应裂钻事件,明确责任,再借助媒体的力量迅速化解了危机,也是应对危机事件的典型案例。

7. 积极善后

企业的诚信形象,是企业的生命线,危机的发生必然会给企业诚信形象带来影响,甚至危及企业的生存。矫正形象、塑造形象是企业危机管理的基本思路。在危机管理的全过程中,企业要努力削减危机对企业诚信形象带来的影响,争取公众的谅解和信任。因此,危机的善后工作首要的是消除危机处理后遗留问题,采取一系列善后措施挽回可能已受损的企业形象或信誉。首先要进行危机总结,对危机管理工作进行全面的评价,包括对预警系统的组织和工作程序、危机处理计划、处理过程等进行评价,详尽地列出危机管理工作中存在的各种问题。其次要进行内部整顿,多数危机的爆发与企业管理不善有关,通过内部整顿提出改正措施,责成有关部门逐项落实,完善危机管理内容。最后是寻找化危为机的途径和办法,危机给企业创造了另外一种环境,企业管理者要顺势而为,善于利用危机探索经营的新路子,采取各种措施重塑企业形象,努力使危机转化为商机。

总之，危机并不意味着企业经营失败，危机之中往往孕育着转机。危机管理是一门艺术，是企业发展战略中的一项长期性工作。珠宝企业在不断地追求技术、工艺、市场、管理的创新和组织制度变革的同时，应将危机创新管理放在重要的位置。一个企业在危机管理上的成败能够显示出它的整体素质和综合能力。成功的企业不仅能够妥善处理危机，而且能够化危机为商机。

二、企业对冲突的管理

企业管理运营过程中，冲突可以说是不可避免的，有些冲突对企业是有利的、正面的，而有些冲突对企业是不利的、负面的。冲突可以对珠宝企业起到警示的作用，冲突可能妨碍企业运作，也可能带来绩效的提升，管理者对冲突的管理就是要控制冲突，引导冲突向对企业整体最有利的方向发展。

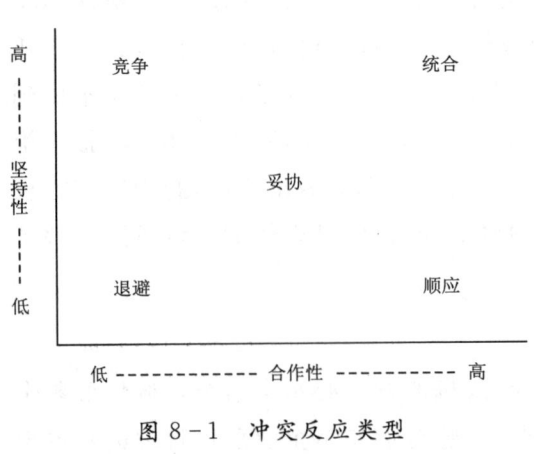

图 8-1　冲突反应类型

为了有效地管理冲突，将冲突控制在适当的水平，首先要了解冲突发生时，冲突双方在不同的情景下出现不同的冲突反应类型，如图 8-1 所示。综合统计来看，在珠宝企业面临的各类冲突中，当事各方由于面对冲突的坚持性和合作性的差别，大部分会出现五个反应阶段：①退避，对冲突采取逃避或压抑的态度；②顺应，冲突一方愿将对方的利益置于自己利益之上的态度；③妥协，冲突双方都愿意放弃某些事物的态度；④竞争，双发都追求自己利益最大化；⑤统合，冲突双方都期望能完全满足对方需求。

由此可见，珠宝企业管理者要引导冲突双方推向统合的态度来解决冲突。在设计统合方案时，需要分析几个关键性问题：冲突因何而产生，冲突是否能促进企业运作，双方能通过什么样的方式解决冲突。管理者在分析冲突产生的根本原因时，需要根据上述原因对号入座，对症下药。此外，还需要判断是否因资源稀缺而导致冲突，对资源双方如何各取所需，企业能否通过扩大关键性资源来促进发展。

中国珠宝企业多为家族式民营企业，企业内部发生冲突，可以通过以下方式避免或高效管理冲突：①确立公平处理的原则,成立冲突管理委员会；②建立规范以防不必要的冲突发生；③划分清楚工作职权；④加强主管人员的冲突处理技巧培训；⑤加强员工人际关系技巧训练。无论是解决内部冲突还是外部冲突,都需要首先分析冲突双方的意图,当冲突双方处于竞争状态时,解决冲突难度最大；其次需要分析双方的重要和次要问题,通过对比分析双方在两个程度问题上的差异来明确双方立场；最后求同存异,把双方的矛盾最小化,以达到解决冲突的目的。如果是顺应或妥协冲突的双方意图,则分析双方的目的与价值观、合作的风险与代价,通过让步来满足对方的需求。

具体地说,对于内部冲突,应强调修正冲突双方的观点和正面关系的培养。尽可能化解冲突。其具体方法包括妥协、回避、平滑、强迫、合作。

妥协是指通过协商冲突双方互相让步达成某种协议的局面。在使用妥协方式时应注意适时运用,特别注意不要过早采用这一方式,如果过早会出现以下问题：第一,管理者可能没有触及到问题的真正核心,而是就事论事的加以妥协,因此缺乏对冲突原因的真正了解,在这种情况下妥协并不能真正的解决的问题；第二,妥协有可能放弃了其他更好的解决方式。妥协是谈判的一个组成部分,妥协实际上也是通过谈判使冲突双方降低心理预期的过程。运用这种方法处理彼此的利益冲突时,企业管理者要了解到彼此的共同利益,并且让冲突双方明白,如果不妥协,可能会损害双方共同的利益。

回避是指在冲突发生的情况下采取退缩或中立的倾向,有回避倾向的企业管理者不仅要回避冲突,而且通常要担当沟通冲突双方角色。当其被要求对某一争论表示态度时,他往往推托说："我还没有对这一问题作深入的了解",或"我必须收集到更多的资料"等。管理者采取这一态度并不能解决问题,甚至可能给企业带来不利的影响,但在以下情况下采取回避的管理方式可能是有效的：第一,冲突的内容或争论的问题微不足道,或只是暂时性的,不值得耗费时间和精力来面对这些冲突；第二,当管理者的实际权利与处理冲突所需要的权利不对称时,回避的态度可能比较明智。例如,作为一名中低层管理者面对公司高层管理者之间的冲突时,采取回避的方式可能更合适。

平滑是指在冲突发生的情况下尽量弱化冲突双方的差异,强调双方的共同利益。采取这一方式的主要目的是降低冲突的紧张程度,着眼于冲突的感情面,而不是解决冲突的实际面,所以这种方式自然成效有限。

强迫是指利用奖惩的权利来支配他人,迫使他人遵从管理者的决定。一一般情况下，强迫的方式只能使冲突的一方满意，经常采用此种管理方式来解决冲突实际上是一种无能的表现。当处理下级的冲突时，经常使用诸如降级、解雇、扣发奖金等威胁手段；当面临和同级人员之间的冲突时，则设法取悦上级以获得上级的支持来压迫冲突一方，因此经常采用这种解决冲突的管理方式往往会导致负面的效果。

合作是指冲突双方愿意共同了解冲突的内在原因，分享双方的信息，共同寻求对双方都有利的方案，采用这一管理方式可以使相关人员公开地面对冲突和认识冲突，讨论冲突的原因和寻求各种有效的解决途径，是一种比较科学的处理冲突的方式。

本章小结

本章详细分析了危机和冲突的概念、类型和产生的原因，危机和冲突对珠宝企业的危害以及如何进行危机和冲突管理。多数情况下，危机和冲突对企业的影响是负面的，如果不及时处理，轻则影响企业的运营，制约企业的发展，重则关系到企业的生存，对危机和冲突的处理是考验企业管理者的智慧。同时，危机和冲突是可以管理的，是体现企业管理艺术的重要内容，通过对危机和冲突的管理，可以化危为机、化冲突为企业发展的动力。所以，珠宝企业要重视对危机和冲突的管理，建立危机和冲突管理的常态机制，保证企业经营活动的正常运转。

思考题

1. 什么是企业危机？珠宝企业危机有哪些类型？
2. 哪些因素可能导致珠宝企业产生危机？
3. 什么是冲突？珠宝企业的内部冲突有哪些？
4. 以你的观察和分析，你觉得珠宝企业在哪些方面最容易产生危机，如何防范？
5. 危机管理中应如何应对媒体？
6. 危机事件发生后，为什么说企业要主动承担责任？
7. 简述企业内部冲突处理的方法。

第九章　绩效考评与薪酬管理

绩效考评与薪酬管理是企业人力资源管理的重要内容。企业绩效与员工绩效休戚相关，绩效考评是对员工工作的肯定和鞭策，将工作绩效与员工薪酬和职业生涯联系起来是现代企业管理的必然要求。通过绩效考评对每个员工的工作做出客观公正的评价，可以让员工了解他们的工作状况，有助于提升员工的工作绩效，员工工作绩效的改进与提升自然带动了企业绩效的提升。

珠宝企业以民营企业为主体，其灵活的用人机制需要建立一套完善的绩效考评制度和薪酬管理体系。这对珠宝企业建立一支积极向上的稳定的员工队伍，充分调动员工的工作积极性，在企业内部形成良好的竞争机制，都具有十分重要的意义。本章首先探讨员工绩效考评的相关问题，接着探讨绩效考评结果如何与薪酬管理联系起来，建立一套行之有效的绩效、薪酬管理体系。

第一节　绩效考评

绩效考评是绩效考核与评价的总称，是指考评者对照工作目标或绩效标准，采用一定的考评方法，评定员工的工作任务完成情况、员工的工作职责履行程度和员工的发展情况，并且将上述评定结果反馈给员工的过程。绩效考评包括三个工作步骤：一是绩效考核，即用一定的方法对员工绩效进行客观的描述；二是绩效评价，即根据客观的描述来确定绩效的高低；三是绩效反馈，即将考评结果反馈给员工。

一、绩效考评的意义和作用

绩效考评主要是对企业全体员工进行的定期考评，考评的过程实际上是员工在一个考评周期内工作表现的总结过程，也是对企业阶段性经营目标是否达成的检验过程。管理者通过绩效考评可以肯定员工的工作业绩，发现经营中的问题。管理者通过与员工的沟通,让团队更加明确经营目标和实现经营目标的路径,为薪酬体系的建立和激励方案的实施提供了依据,也为管理者的经营决策提供了依据。所以,绩效考评的意义和作用主要表现在如下几个方面。

1. 有助于帮助企业达成经营目标

企业经营目标常常分解成年度、季度、月度经营目标,与绩效考评的周期大致一致。绩效任务中规定的目标也是企业的经营目标,绩效考评的过程是不断督促员工实现预定经营目标的过程,它让每位员工都明白本经营周期的经营目标、完成情况、努力方向,从而帮助企业达成经营目标。

2. 有助于管理者了解企业员工的工作状况

绩效考评是对企业员工工作态度、个性、能力状况、团队观念、工作绩效等基本状况的全面考核和评价,有助于管理者全面了解团队的整体素质现状,为企业科学地选拔人才、合理地调配岗位、制订和实施奖惩制度、制订培训计划及员工的职业规划等提供信息依据。

3. 有助于规范员工的工作行为

绩效考评本质上是一种过程管理,是对员工在考评周期中工作表现的综合考评,而不是仅仅对结果的考核。绩效考评规定的具体考评内容实际上也是员工工作过程中的行为规范指南,能规范和引导员工的工作行为,找到工作行为与工作目标之间的差距,加强员工的自我管理,发掘最大的工作潜能,提高工作绩效。同时,绩效反馈可以实现员工与管理者之间的良好沟通,增加彼此间的信任,让员工知道自己工作中存在哪些不足,树立明确的努力方向,明白团队建设的重要性,有利于建立一支和谐的、有战斗力的经营团队。

4. 有助于管理者发现经营管理中存在的问题

绩效考评的过程是一个计划、执行、检查、处理的PDCA循环过程,包括绩效目标的设定、绩效目标的达成、考评内容的修正、绩效考评反馈的沟通、绩效的改进等,都需要在预定的绩效考评计划执行过程中验证其合理性,不断修正考评方案,再制订新一轮绩效目标的PDCA循环。绩效考评的执行过程也是不断发现问题、改进问题的过程,可以带动整个企业经营管理水平的改进和提高。

5. 有助于企业建立完善的薪酬体系和激励机制

绩效考评常常与员工的工资挂钩，但其最终目的并不是单纯地进行利益分配，而是促进企业与员工的共同成长。不与利益挂钩的绩效考评是没有意义的，主要表现在薪酬体系的设计和激励机制的建立上。珠宝企业在设计薪酬时，一般将薪酬分解为固定工资和绩效工资两个部分，绩效工资的高低正是通过绩效考评等级以不同的金额体现出来，除此之外，还可以对绩效优异的员工采取职位晋升、给予进修机会等其他激励方式，对员工的工作业绩进行肯定。所以，绩效考评是建立完善的薪酬体系和激励机制的基础，薪酬和激励是对员工工作绩效的评价结果的具体体现。如果绩效考评不与薪酬和激励挂钩，在相当大的程度上就失去了考评的意义。

二、绩效考评内容及权重设定

不同企业的经营性质不同，同一类型企业的不同部门的工作性质也不同，绩效考评的内容都会有差别。总的来说，每个部门、每个工作岗位都有相应的工作职责，但工作职责并不足以说明管理者要求员工如何去工作。因为大多数工作职责并不是为某一特定的工作岗位而编写的，其适用对象往往是某一部门或工作团队，是一个总的行为规范框架。以导购员为例，不同专柜的导购员工作职责也会有细微的差别。为了让不同岗位的员工都能按照管理者希望的方式去工作，必须对每个工作岗位确定具体的、可衡量的绩效评价标准。

（一）绩效考评内容

不同岗位的员工，其绩效考评的范围和侧重点是不同的；在企业不同的发展时期，工作重心的不同，绩效考评的内容设置和侧重点也会不一样。如在珠宝零售店中，导购员是考评的主体，一般每月考评一次，考评结果与绩效工资挂钩。考评内容一般包括工作态度、规章制度遵守情况、专业知识、销售技巧、销售业绩、团队精神、沟通能力、服务意识等。

（1）工作态度。主要考察导购员日常言行表现。包括是否正确理解并宣传企业政策，是否支持企业的各项政策方针，日常工作中的工作热情、工作责任感，对上级、同事和顾客的态度，是否具有乐观的心态等。

（2）规章制度。主要考察导购员对行为规范的遵守情况。包括出勤情况（迟到、早退、事假、加班）、仪容仪表情况以及日常工作是否达到导购员的行为规范。

(3)专业知识。主要考察导购员对店铺经营的产品材质、产品工艺、宝石知识(宝石学特征、产地、适合人群)、宝石文化、产品卖点、产品保养及佩戴注意事项的了解程度。

(4)销售技巧。主要考察导购员的销售能力。包括销售技能(运用FABE销售技巧推荐产品的熟练程度、是否能够熟练自如地处理客户的异议、对产品做比较分析的能力、激发顾客购买能力、议价能力、有效说服顾客的能力)、识别顾客的能力(顾客类型的熟悉程度、判断顾客类型并采用恰当应对方式的能力)、售后服务能力(顾客投诉的处理能力、协助维修员解决顾客投诉的能力、解决顾客投诉并控制局面的能力)等。

(5)销售业绩。主要考察导购员的个人销售情况。包括个人销售任务完成情况、销售业绩排名、销售利润率、达成率等。

(6)团队精神。主要考察导购员的团队意识、在团队中是否愿意与他人合作、参与团队活动情况、在团队中的凝聚力以及是否具有奉献精神等。

(7)沟通能力。主要考察导购员与管理者、同事、顾客之间能否保持有效的沟通。包括基础的沟通能力、与管理者的沟通能力、与顾客的沟通能力、与同班导购员的沟通能力等。

(8)服务意识。主要考察导购员在销售接待过程中的服务态度和服务水平。如接待顾客是否热情、是否使用标准的服务礼仪和服务规范、顾客对服务是否满意等。

所有营销型团队的绩效考评内容都可以参照以上内容进行设计,技能型团队和管理服务型团队的绩效考评内容也可以根据具体的工作参照这些内容进行有针对性的设计。

(二)绩效考评权重设定

绩效考评权重设定是指管理者为了确定导购员的工作绩效,根据企业的管理需要和实际情况对每项绩效考评内容赋予相应权重的过程。不同类型的珠宝企业或同一珠宝企业在不同的发展阶段,根据企业业务发展的需要,在考评内容的权重设计上可能也有差别。例如,营销型的珠宝终端店铺以珠宝零售为主要经营业务,管理的重心是如何提升销售业绩,所以导购员绩效考评也是围绕销售业绩来进行的。销售技巧和销售业绩占有较大的权重,但在店铺成长的不同阶段,可以通过调整考评内容的权重或增减考评内容,强调不同时期不同考评内容的重要性,如在店铺初建阶段,导购员的工作态度和团队精神的养成对店铺非常重要,就可以加大此项内容的权重,而工作态度和团队精神一旦形成,则可降低这些内容的权重,重视销售业绩在考评中的权重。技能型珠宝企业(如珠宝生产企业)的绩效考评则可能着重考察技能水平的高低、工作质量和工作任务完成数量;服务型珠宝企业可能更注重服务态度、服务质量和服务效率等。珠宝终端店铺常用的考评内容及权重如表9-1所示。其他类型的企业可参照此内容设置相应的适应企业需要的绩效考评内容。

表9-1 珠宝终端店铺导购员绩效考评内容及权重示例表

考评人		被考评人	考评时间	总评得分	
考评项目		考评内容		分值	考评结果
一、工作态度		1.工作热情:对同事、顾客是否具有热情的态度		5	
		2.工作责任感:是否维护店铺荣誉、利益,是否具有敬业精神,工作是否认真负责等			
		3.对上级、同事和顾客的态度:是否尊重领导,关心和团结同事,尊重顾客			
		4.是否具有积极乐观的心态			
		5.学习的态度:是否积极参加店铺组织的学习和接受新知识			
二、制度遵守		1.是否遵守店铺管理条例		5	
		2.是否遵守导购员日常行为准则			
		3.是否遵守导购员绩效考评管理制度			
三、专业知识	1.产品材质	(1)贵金属(千足金、铂、钯、18K金)的特点及优势		10	
		(2)翡翠的质量评价知识、翡翠A、B、C货及相似玉的鉴别知识			
		(3)钻石的质量评价知识、钻石仿制品相关知识			
		(4)各种彩色宝石的质量评价			
	2.产品工艺:产品的工艺类型、特点、适合人群				
	3.产地:不同宝石的产地特征				
	4.宝石文化:每种宝石背后的故事、文化、卖点				
	5.首饰保养和佩戴注意事项:珍珠、钻石、翡翠、素金等如何保养,佩戴中应注意什么问题				

续表 9－1

考评人		被考评人	考评时间	总评得分	
考评项目		考评内容		分值	考评结果
四、销售技巧	1.销售技能	(1)运用 FABE 销售技巧推荐产品的熟练程度		25	
		(2)是否能够熟练自如地处理客户的异议			
		(3)是否有对产品做比较分析的能力			
		(4)是否激发顾客购买能力			
		(5)是否具有良好的议价能力			
		(6)是否能有效说服顾客购买并达成交易			
	2.市场研究	(1)是否进行市场研究			
		(2)对竞争对手的产品类型及特点的了解程度			
	3.识别顾客	(1)顾客类型的熟悉程度			
		(2)判断顾客类型并采用恰当应对方式的能力			
	4.售后服务	(1)顾客投诉的处理能力			
		(2)协助维修员解决顾客投诉的能力			
		(3)解决顾客投诉并控制局面的能力			
五、销售业绩		1.个人销售任务完成情况		25	
		2.个人业绩排名			
		3.个人销售业绩增长率			
		4.销售利润率			
		5.达成率			
六、团队精神		1.愿意与他人分享,能帮助其他导购员提高销售技能		15	
		2.表达不同意见			
		3.与同事良好合作			
		4.参与团队工作活动			
		5.愿为团队牺牲个人			

续表 9 - 1

考评人		被考评人		考评时间		总评得分	
考评项目		考评内容				分值	考评结果
七、沟通能力	1.与管理者的沟通能力和技巧					10	
	2.与同班次同事、不同班次同事及销售协同人员的沟通能力						
	3.与顾客的沟通技巧,能否与顾客保持良好的关系						
八、评分标准	优秀:90分以上;良好:80~89分;合格:70~79分;基本合格:60~69分;不合格:59分以下						
评语:							

三、绩效考评的流程与方法

绩效考评是整个企业的重要工作之一,一般是由人力资源部门或相关管理人员对本部门工作人员的工作绩效进行考评。考评人必须熟悉绩效考评技术,结合各种绩效考评工具,按照一定的流程和方法,客观、公平、公正、全面地进行绩效考评工作。

1. 绩效考评的流程

绩效考评主要步骤有界定考评项目、评价实际工作绩效、绩效考评反馈。

1)界定考评项目

界定考评项目是指按照企业各部门工作职责的要求对考评项目和考评内容提出进一步具体化或量化的要求,并按照重要性对每项考评内容赋予一定的权重。因为绩效考评内容的工作标准是管理者要求做到或必须做到的,所以界定考评项目时,管理者要同员工进行充分的沟通,就工作职责和工作标准达成共识,让全体员工充分理解每项考评内容的具体内涵和行为规范。

2)评价实际工作绩效

评价实际工作绩效就是将员工的实际工作绩效与考评内容中的工作标准

进行比较,评价每个员工的工作绩效等级。借助各种绩效考评工具,考评者结合考评内容与员工的工作表现及工作业绩,对每个员工的实际工作绩效做出客观的评价。

3)绩效考评反馈

绩效考评反馈就是考评者将考评结果反馈给考评人,双方经过有效沟通,对考评结果达成一致的过程。因为考评结果涉及到对员工评价的客观性和公正性,员工可以对考评结果提出异议,而一旦员工对考评结果提出异议,管理者就要组织考评参与人员对该员工的工作表现和员工反映的实际问题进行复议,所以这一过程可能要经过一次或多次反馈。在这期间,管理者应当同员工进行充分的沟通,对他们的绩效和进步进行充分讨论,对考评依据和结果做充分的解释,直到达成一致的意见,使绩效考评真正成为推动员工进步和成长的动力。

2. 绩效考评的方法

人力资源管理中,绩效考评的方法有很多,珠宝企业可选择的绩效考评方法有交替排序法、配对比较法、量表评价法、关键事件法和目标管理法等。

1)交替排序法

交替排序法是采用员工与员工之间相互比较的行为导向型主观考评方法,是根据某些工作绩效评价要素将员工的工作绩效从最好的到最差的依次进行排序(图9-1),比较适用于那些员工人数较少、绩效不易量化的单位或部

```
1. 工作绩效最好的员工        10. _____
2. _____                    11. _____
3. _____                    12. _____
4. _____                    13. _____
5. _____                    14. _____
6. _____                    15. _____
7. _____                    16. _____
8. _____                    17. _____
9. _____                    18. 工作绩效最差的员工
```

图9-1 交替排序法示例

门的绩效考评。例如,一家珠宝店铺或专柜,团队人数有限,如果以个人销售业绩作为绩效考评依据,可能会导致员工之间互相争抢业绩,造成员工之间的不团结,团队意识就会降低;如果以销售业绩为参考,并综合员工各方面的表现进行绩效考评,采用交替排序法就比较具有可操作性。且通常来说,从员工中挑选出表现最好的和最差的比对他们的绩效进行绝对的评价要容易得多,因此,交替排序法是一种运用得非常普遍的工作绩效评价方法。其具体操作方法是:第一步,将需要进行评价的所有员工名单列举出来,然后将不是很熟悉而无法对其进行评价的员工名字划去;第二步,运用图9-1所示的表格来显示;在被评价的某一项特点上,哪位员工的表现是最好的,哪位员工的表现又是最差的;第三步,再在剩下的员工中挑出最好的和最差的。如此交替排序,直到所有必须被评价的员工都被排列到表格中为止。

运用交替排序法对员工进行绩效考评简单易行,但这种排序只是员工表现好与坏的相对顺序,且考评者必须对所有员工的工作表现都非常了解。如果考评与薪酬挂钩,还必须运用其他方法评价出员工绩效等级或分数。

2)配对比较法

配对比较法同样是采用员工与员工之间相互比较的行为导向型主观考评方法,这种考评方式尤其适用工作绩效不能量化的单位或部门的绩效考评,使排序型工作绩效评价变得更为有效。其具体做法:将所有的被考评者就某一项考评要素,与其他每位员工一一作比较,最后将所有被考核者按绩效高低依次排列(图9-2)。

考评对象	A 张三	B 李四	C 王五	D 赵六	E 钱七	考评对象	A 张三	B 李四	C 王五	D 赵六	E 钱七
张三	0	+	+	-	-	张三	0	-	-	-	-
李四	-	0	-	-	-	李四	+	0	-	+	+
王五	-	+	0	+	-	王五	+	+	0	-	+
赵六	+	+	-	0	+	赵六	+	-	+	0	-
钱七	+	+	+	0	0	钱七	+	-	+	+	0
	0	4	0	-1	-2		4	-2	-2	0	0

图9-2 配对比较法示例

在图9-2中,如需要对5名员工进行工作绩效考评,在运用配对比较法时,只需列出这样一张表格,在表中标明被考评人的姓名及需要考评的所有项目,然后将所有被考评人根据某一考评项目进行配对比较,用"+"表示好,用"一"表示差,标明谁好一些,谁差一些,最后将每一位员工得到的"+"的次数相加,就可以得出在某一考评要素上哪位员工的绩效是最好的。

3) 量表评价法

量表评价法是一种采用员工与工作标准相比较的行为导向型客观考评方法,适用于那些参与考评员工较多、需要对员工的表现进行综合评价的企业的绩效考评。具体方法是:先设计好表9-1所示的等级考评量表,列出考评要素,再就每一项考评要素给出一定的权重分数,并说明每一等级的具体考评分数要求。绩效考评时,首先结合每个员工的具体工作表现,按照考评内容的具体要求,评价员工每项考评内容的考评分数,然后将每一项的得分相加计算绩效总分并确定等级,即得到其最终绩效考评结果。

4) 关键事件法

关键事件法也是一种采用员工与工作标准相比较的行为导向型客观考评方法。关键事件法中,每一位被考核人都有一本"工作日记"或"工作记录",上面记载的是日常工作中员工突出的、与工作绩效密切相关的事件,既可以是极好的事件,也可以是极坏的事件。

关键事件法通常不作为一种直接的绩效考评方法,而是作为其他绩效考评方法的一种补充。它有很多优点:首先,它为员工绩效考评提供确切的事实依据,避免考评者在考评过程中的主观误差;其次,可以避免考评中的近期化误差,特别是考评周期较长(如年度绩效考评)时,前期的某些突出表现可能被忽略了;再次,在绩效考评中,如果对某人的考评结果出现异议,关键事件是最好的说理依据;最后,保持一种动态的关键事件记录还可以使管理者保存一份关于下属是通过何种途径消除不良绩效的具体实例。所以,作为一种补充手段,它在认定员工特殊的优秀表现或不良表现时十分有效,而且对制订改善不良绩效的规划也十分方便。

5) 目标管理法

目标管理法是结果导向型考评中最为常用的方法,一般适用于年度、半年度或季度销售目标等中、长期的绩效考评。目标管理法的实施主要有以下六个步骤:第一,确定企业的经营目标,即制订企业下一年度的工作计划,确定企业总的经营目标。经营目标可以是销售目标、市场拓展目标等与企业发展战略有关的阶段性目标。第二,分解经营目标,即将经营目标按月度或季度进行分解,并将目标分配到各店铺、专柜或各事业发展部门。第三,讨论分解的目标,寻找目标实现的路径,特别是为每位员工或员工团队如何为目标的实现做出贡献找到具体的办法。第四,各团队负责人与员工共同确定每个人的目标或短期行动目标,表明其与总目标之间的关系或重要性。第五,工作绩效评价,即对取得的工作成果进行审查,团队负责人与团队每位成员就实际工作绩效与事前商定的预期目标进行比较。第六,提供反馈,团队负责人定期召开绩效评价会议,与下属展开讨论,考察目标达成进度情况,寻找达成目标的具体方法。

目标管理成功与否的关键是目标的制定是否合理,它应满足以下要求:第一,目标不宜过多,过多的目标在实施过程中有些可能会相辅相成,有些可能会顾此失彼,会使考评陷入混乱;第二,目标必须是可以用数量、质量等标准进行衡量的;第三,目标是可以接受的,一般而言,确定的目标应略高于员工的能力,但是经员工的努力是可以达到的;第四,目标是与员工的利益和前途相关的,即目标的实现可以让员工得到实惠;第五,为员工制定的目标与企业总目标是一致的;第六,目标的完成是有时间约束的,一般以考评截止时间为完成时间。

四、终端店面绩效考评的有效工具

珠宝终端店面的绩效考评是对员工的工作表现、工作业绩等全方位的综合测评,为了使绩效考评能客观、公正、系统、全面地反映员工的真实表现,必须借助一些有效的工具。这些工具包括各种工作表格和统计数据。

1. 工作表格

工作表格是员工日常工作的真实记录,它真实地反映员工的工作态度、敬业精神、团队意识、服务意识和履行职责的情况,具体如下。

(1)考勤表:主要记录员工出勤情况,如迟到、早退、病假、事假等情况。

(2)例会记录表:主要记录员工参加各种企业例会的表现情况以及对企业管理、市场拓展和营销提出的合理化建议情况。

(3)员工日常工作记录表:主要记录员工在日常工作中的典型优、劣事件,参加店铺公共事务的情况,员工在关键工作(如大型活动或任务)中的言行、品格、工作态度和精神面貌。

(4)顾客意见统计表:主要记录员工的服务意识、服务态度及服务规范掌握和运用情况、顾客的反馈意见。

(5)业务学习和专业知识测试成绩统计表:主要记录员工的学习情况、专业知识掌握情况和进步情况。

(6)销售业绩统计表:主要记录各大类商品销售额、店铺销售总额及每位销售人员的销售业绩情况。

(7)民主评议表:记录员工工作表现、能力素质、人际关系、团队意识等员工自评和互评的统计情况。

(8)工作自评表:由员工对自己的综合表现进行测评,如年终总结、阶段性工作总结、项目结题总结等。

(9)日常工作职责履行记录表:记录员工岗位职责履行情况,是否保质保量完成本职工作。

(10)绩效考评表:按照公司绩效考评要求、考评内容和考评方法设计,用于员工绩效考评,是决定员工绩效的基础资料。

(11)绩效考评反馈信息表:绩效考评结束后,由考评者结合各项成绩给各专柜或员工提供详细的考评结果反馈。考评的结果和不同考评时期的工作改进情况是重要的参考资料。

(12)绩效面谈记录表:绩效考评结束后,为了进一步改进员工绩效,店长会指派专人与员工进行绩效面谈,制订绩效改进计划,并作记录。

除以上表格以外,管理者还可以根据绩效考评的需要设计其他表格。

2.统计数据

统计数据主要是统计销售业绩数据,便于计算团队绩效和个人绩效。

(1)月度销售统计数据:如销售总额、各大类商品销售总额等。主要用来考察团队绩效或销售目标完成情况。

(2)销售人员销售技巧数据:成交率、体验率、客单价(Average Transaction Value,ATV)、客单量(Units Per Transaction,UPT)、平均销售折扣率等。这些可以综合反映销售人员的销售能力、沟通能力和销售技巧。

以上列举了与绩效考评相关的表格和统计数据,它们都是绩效考评的有效工具。管理者应注重日常管理细节,加强店铺内部信息库的建设,根据考评目的和方法选择适当的工具,使绩效考评能客观地反映每位员工的真实工作业绩。

五、绩效考评中可能出现的问题及解决方案

一般来说,绩效考评可能会出现下列五种问题。

1. 工作绩效评价标准不明确或不全面

工作绩效评价涉及到员工工作表现的方方面面,即使管理者对考评内容规定得非常细致,也可能在某个细节上存在考虑不周或与实际情况有偏差的情况。如钻石批发公司对员工的绩效考评是以销售业绩为依据的,但对货款的收缴没有具体规定,于是员工积极进行推销,销售业绩达到或超过了绩效考评规定的要求,但却给公司留下了大笔应收账款。这就要求管理者在制定绩效考评内容时,一方面要认真思考影响员工绩效的每一个细节,制定周密、系统、尽可能量化的标准;另一方面,要为员工系统地解释绩效考评内容,让他们明确每一个细节的具体规范。一旦考评中出现异议,要真诚地与员工沟通,力争达成共识,消除异议。

2. 晕轮效应

晕轮效应即员工在某一考评要素上表现较好(差),已经在考评者的心目中形成了较好(差)的印象,会导致考评者对此员工在其他考评要素上也会评价较高(低)的现象。例如,有些员工见到领导总是毕恭毕敬、点头哈腰,让领导极不适应,形成了不好的印象,认为这种人只会溜须拍马,没有实际工作能力,那么这种印象就会影响这位员工在其他工作表现的等级评价。为了避免这一问题,关键是考评者本人要意识到这一问题,同时要多观察和侧面了解这名员工的平时表现,综合多方面的意见,尤其要多参照民主测评的结果,不能主观臆断。

3. 居中趋势

特别是在运用行为导向型主观考评方法或者考评内容缺乏量化指标的支持时,考评人员很容易形成一种居中趋势,即尽量避开高等级或低等级的差距,将大多数员工的绩效都评价在居中的位置上,拉不开工作表现好与工作表现差的员工之间的距离。例如,如果评价等级是从第1~7等级,那么他们可能既避开较高的第6、第7等级,也避开较低的第1、第2等级,将大多数员工的绩效评价体现在第3~5三个等级上。事实上,员工在某些方面要取得一点进步或者说要比其他员工有更好的表现,是要付出艰苦努力的,绩效考评不能鉴定这种努力,这种过于集中的考评结果会使工作绩效评价变得扭曲,使员工失

去努力工作、追求上进的动力,对员工的晋升或薪酬激励所起的作用就很小。所以,在选择绩效考评方法时,如果考评者不能克服这种居中趋势,最好选用能反映真实客观绩效的其他方法,尽可能真实地反映每位员工的绩效。

4. 偏松或偏紧的倾向

不同的管理者对员工的工作要求不同,有的要求较宽松,给员工的工作绩效会给出一个鼓励性的较高的评价;而有的较严格,会给出一个较低的评价。就像老师给学生考试成绩一样,有些老师愿意给学生高分,而有些老师总是给学生较低的分数。在运用量表评价法时,这种对工作绩效评价标准掌握得偏紧或偏松的情况非常容易发生,因为考评者对员工的要求不一样,就很容易给出偏紧或偏松的评价。为了解决这个问题,最好以管理者牵头组织一个绩效考评小组,对所有员工的表现进行系统的权衡,首先以强制分配法给出一个高绩效与低绩效的合理分布比例,再对每位员工进行评价。实际上,在绩效考评时,多种考评方法的联合使用,可能会使评价结果更加趋于客观。

5. 小团队意识

这种问题最容易出现在参照民主测评结果对员工进行绩效考评时的情形。多数情况下,珠宝店铺的团队员工总会有能力差别、年龄差别、性格差别,再加上工作中的争名逐利、专柜或个人之间的销售竞赛等因素,员工内常形成各种各样的小团队。如果团队建设不成功或少数人团队意识差,小团队往往会抱团取暖,导致小团队与小团队之间、小团队与个人之间绩效评价不符合客观事实的情况。在这种情况下,一方面,管理者要加强团队精神培育,要求所有员工有团队意识和大局观念,在民主测评中对每位同事都进行客观公正的评价;另一方面,对民主测评结果要进行客观分析,不能将那些明显有失公允的测评结果作为绩效考评的依据。同时要与那些具有小团队意识的人进行沟通,要求他们以正确的心态和客观公正的态度对待绩效考评,尽可能避免小团队对绩效考评的结果造成影响。

六、绩效考评的反馈

绩效考评反馈是指管理者按照一定的形式将绩效考评结果反馈给员工个人,并通过有效的沟通对考评结果达成一致的过程。绩效考评反馈是绩效考评的最后一个环节,也是能否取得预期效果的一个关键环节。绩效考评的目的是通过对员工工作表现的客观评价,让员工认识到自己的优点和不足,提出员工改进工作绩效的方案,并通过沟通取得员工对考评结果的认同,使绩效考评成为员工改进绩效的动力。为了达到这样的目的,绩效考评反馈是一个非常重要的步骤。

绩效考评反馈首先要将员工绩效考评结果反馈表(表9－2)反馈给每位员工,征求他们对考评结果的意见,如果有异议,则要经过多次反馈,直到达成一致。

表9－2　员工绩效考评结果反馈表

员工姓名		所在部门(专柜)	
职位		考评期间	
一、直接主管对员工的评价意见			
1.对照绩效计划,取得的绩效成绩和值得肯定的主要方面			
2.对照绩效计划,绩效有待改进的主要方面			
3.为了更好地实现绩效计划,员工应发展的能力建议			
直属主管签字:			
二、单位审核意见　　　　　　　　　　　　　　　　　　　　　　　　　　　　　　　　　　　　考评等级:＿＿＿＿＿＿＿＿＿＿　　　　　　　　　　　　　　　　　考评部门(盖章)　　日期:			
三、被考评人意见　　　　　　　　　　　　　　　　　　　　　　　　　　　□我已阅知并接受上述绩效考核结果　　　　　　　　　　　　　　　　　□我已阅知但不接受上述绩效考核结果　　　　　　　　　　　　　　　　　□其他意见:			
备注		本人签字:　　　　日期:	

接下来是绩效考评面谈。在面谈时,应注意以下问题。

1. 面谈内容要直接而具体

绩效考评面谈的过程也是沟通的过程。要反映员工工作表现的真实情况,必须结合员工日常工作中的具体表现对员工进行真实的综合评价,包括工作态度、工作质量和工作行为等,既要肯定成绩,又要指出不足,加强引导,达到改进绩效工作的目的。尤其是对员工有异议的评价一定要以客观事实为依据,力争在所有问题上取得共识。

2. 面谈内容要全面

绩效考评是对员工工作表现全方位的评价,评价结果也必须全面系统地反馈给员工,既要谈员工表现优秀的一面,也要谈表现不足的一面,还要有员工改进工作绩效的具体建议或方案。

3. 绩效面谈要以鼓励为主

绩效面谈要突出绩效考评的激励导向,突出优点,鼓励员工进一步努力工作,也不回避缺点,但谈缺点时要注意谈话艺术,将员工的工作绩效与绩效标准进行比较,客观地指出其差距,决不能将员工个人的工作绩效与他人的工作绩效进行对比。

4. 绩效面谈要让员工多说话

绩效面谈要注意倾听员工的心声,不要只是考评者自己夸夸其谈而不知道员工在想什么、说什么。要鼓励员工把自己的真心话讲出来,有时还有必要加以引导,使员工的心态回到正确的轨道。否则,绩效面谈达不到沟通的目的。

5. 严格兑现绩效面谈的承诺

在多数情况下,绩效考评的结果是与激励挂钩的。为了取信于员工,绩效面谈及制定目标任务时许下的承诺要兑现,对考核优秀人员进行奖励、提拔,真正激励先进;对那些工作表现极差、工作绩效不佳、业务能力很低、纪律性和责任心不强的不合格人员,要敢于处罚。应根据员工绩效与店铺要求的差距开展针对性培训,促进员工提高工作绩效。

第二节 绩效考评与薪酬激励

通过绩效考评对员工的工作表现和工作业绩进行实事求是的评价,同时也让管理者全面了解员工的能力和工作适应性等方面的情况,并作为奖惩、培训、辞退、职务聘用与晋升的基础和依据。但是,绩效考评如果不与激励(晋升、薪酬)机制挂钩,其意义就会大打折扣。所以,只有以绩效考评为依据,以薪酬激励为目的才能激发员工的工作热情,为提升企业绩效贡献全部的智慧和力量。

一、薪酬激励额度

薪酬激励额度是指用于分配给员工的绩效工资占销售总额的的百分比。在市场竞争日益激烈的今天,价格竞争是主要手段,珠宝企业的利润率在不断地降低,绩效工资实际上是企业毛利润的一部分,如果额度过低,就不能有效地激励员工的工作积极性,而额度过高,又降低了企业的利润率。所以,科学地设计薪酬激励的额度是薪酬激励成功与否的关键。

1. 薪酬激励额度的设计原则

绩效工资作为员工薪酬的一部分,额度的高低直接影响到员工的总收入水平,进而影响到员工队伍的稳定性和工作的积极性。同时,不同类型的珠宝企业绩效工资的计算方式是不同的,如珠宝批发企业和零售企业是以销售额并参照其他表现为依据的,而珠宝生产型企业是以生产数量和质量为依据的。关于生产型企业的绩效工资计算方法,已做过探讨,这里以珠宝零售企业为例(珠宝批发企业也可借鉴),探讨薪酬激励额度的设计原则。

珠宝零售企业中,不同类型的产品销售额与利润率是不成比例的,需要按产品类别分别计算提成额度,在团队内部不同专柜的绩效工资的分配还要相对均衡。所以,管理者在设计薪酬激励额度时,应该在对店铺销售业绩做准确预测的基础上,充分考虑这些因素,制定合理的薪酬激励额度。

(1)薪酬激励的额度要对销售人员有吸引力:薪酬激励是为了调动员工的工作热情和销售积极性,所以如果额度过低,不仅不利于营销队伍的稳定,也不利于调动员工的销售热情,薪酬激励不能起到应有的作用。一般来说,薪酬激励的额度要与员工的总收入结合起来考虑,使总收入略高于当地或同行业的收入水平。

(2)薪酬激励的额度要在企业利润之间取得理想的平衡:薪酬激励的额度越高,越能调动员工的销售热情,但激励的额度是企业毛利的一部分,激励额度太高会影响到企业利润,同时可能会引起同行业的不满。所以,额度的设计既要在企业利润与额度之间取得理想的平衡,既能最大限度地调动销售人员的销售热情,又能保证企业的利润。

(3)不同的专柜有不同的提成机制:不同专柜销售额与利润率是不成比例的,对企业利润的贡献率是不同的,且不同专柜对销售技巧的要求程度是不一样的。如黄金专柜销售额可能很高,但创造的利润率较低,且销售技巧要求程度低;玉器专柜销售额可能不高,但创造的利润率较高,且销售技巧要求程度高。这就需要根据产品类别制定不同的提成机制,且同一产品类别不同的产品类型可能也有差别。

(4)薪酬激励的额度应鼓励销售人员为企业创利:当今多数珠宝店铺的销售方式是以打折销售为主。折扣幅度越大,企业的利润空间越小。如果管理者片面强调销售额,就会导致销售人员为了成交而尽可能地给客人更大的让利空间,直到店铺规定的折扣底线,这样的销售政策对店铺创利是非常不利的,应鼓励销售人员避开折扣这个话题,以独特的销售技巧在客人满意与可能低的折扣率之间寻求理想的平衡,为店铺争取更大的利润空间。

2.薪酬激励额度的提成标准

按照薪酬激励额度的设计原则,下列提成标准可以为珠宝店铺所借鉴。

1)贵金属首饰的提成

贵金属首饰包括黄金首饰、铂金首饰、钯金首饰等以克为单位进行销售的首饰类别。这类首饰工艺较直观,质量评价以成色为标准,销售额度大,创利水平低,但资金周转快,销售价格以每天店铺公布的排价为准,没有更大的价格谈判空间,所以对销售人员的销售技巧要求不高,提成额度相对较低,且不同类型的商品提成额度稍有差别。

黄金首饰:按当天的排价,金条每克提成0.5元,其他的每克提成1元。有时出现去零头的情况,视去零头的大小适当减少提成。

铂金、钯金首饰:按当日排价或高于9.5折销售,每克提成2元;8.8~9.5

折销售,每克提成1元;低于8.8折销售,没有提成。

2)镶嵌首饰的提成

镶嵌首饰包括18K金、铂金、钯金等贵金属镶嵌的钻石首饰、宝石首饰和18K金首饰,不包括镶嵌玉器首饰。这类首饰质量评价复杂,销售额度较大,利润空间较大,成交难度大,销售业绩在很大程度上取决于销售人员的销售技巧,提成额度相对较高。但各地的珠宝店铺折扣幅度不同,有的店铺以一口价销售,提成方式没有统一的模式,一个总体原则是鼓励导购员尽可能少打折,即让利越少,提成额度越高。以折扣底限4折或一口价销售为例:6折以上或一口价不打折,提成3%;5.5~5.9折或一口价9.5折,提成2.5%;5~5.4折或一口价9折,提成2%;4~4.9折或一口价9折以下,提成1.5%;4折以下,没有提成。

3)玉器首饰的提成

玉器首饰包括翡翠、和田玉及其他玉种的镶嵌与未镶嵌首饰。这类首饰的消费者对中国传统玉文化有独特偏好,质量评价极为复杂,销售额度高低不等。由于消费者对文化内涵的理解程度不同、工艺水平的重视程度不同和对质量的偏好不同,导致不同的消费者对同一件首饰认同的价值空间非常大,要求销售人员有较丰富的营销经验、玉文化知识和销售技巧。正因为如此,玉器首饰提成额度也是所有商品中提成最高的。以折扣底限4折为例:高于4折,团队绩效提成3%,个人绩效提成2%;低于4折,团队绩效提成2%,个人绩效提成1%。

一个营业日结束后,由各专柜柜长对当日营业额进行统计,按月度计算总绩效薪酬额度。如果店铺实施目标管理,对完成销售目标或超过销售目标的个人或团队可另外制定奖励办法,对目标责任人(如店长、专柜柜长)还要有特别奖励。

二、绩效薪酬的分配

对于批发型企业和生产型企业来说,绩效薪酬的分配较为简单,因为多数情况下都是个人绩效,直接面向个人分配即可;但珠宝零售店的绩效薪酬分配相对复杂,因为零售店的销售业绩是全体销售人员共同努力实现的,是全体销售人员共同享受的经营成果。薪酬激励可以是团队激励,也可以是个人激励,两者各有优劣。就个人激励而言,其优势是计算简单,能使每位员工的积极性得到充分发挥；其劣势是为了个人利益而争功夺利,造成团队内部不团结,个别能力强的员工会受到排挤,员工团队意识差,有利可图的事大家争着干,公共事务无人关心。团队绩效正好相反,它强调团队协同意识,能够调动每个员工的销售热情,在团队内部形成比、学、赶、帮的团队氛围；劣势就是团队内部绩效工资分配相对复杂,需要与绩效考评密切挂钩,还可能在团队内部形成责任推诿的现象。另外,团队绩效还可以有效避免各专柜激励额度不均衡的问题。

团队建设已成为当今企业管理的一种潮流趋势。珠宝店铺的薪酬激励也要遵循以团队激励为主、个人激励为辅的原则,即对在销售中有特别贡献或需要特别知识、技能的人或小团队实行单独激励。如翡翠销售需要特别的知识和技能,可以在团队激励的基础上单独设立个人激励提成,不仅可以激励对销售有贡献的人,还可以对其他人起到促进作用。

按绩效考评的结果将绩效薪酬分配给每位导购员即构成导购员的绩效薪酬。绩效薪酬的分配涉及两个变量：每位导购员的出勤天数(D_i)和绩效考评分数(C_i),假如绩效薪酬总额为 P_d,则导购员的绩效薪酬(P_i)为：

$$P_i = D_i \times C_i \times \frac{P_d}{(D_1 \times C_1 + D_2 \times C_2 + D_3 \times C_3 + \cdots + D_n \times C_n)}$$

假定某销售团队(共 10 人)绩效薪酬总额为 50 000 元,导购员考评总分为 10 分。每位导购员的绩效考评分数见表 9-3,根据营销团队管理方案,每位导购员根据个人出勤率和绩效考评分数分享 50 000 元的绩效薪酬。每位导购员具体的绩效薪酬计算方法如下。

表 9-3 10 位导购员的绩效薪酬

导购员	A	B	C	D	E	F	G	H	I	J	总计
出勤天数 D(天)	25	25	25	25	23	25	22	25	25	25	245
考评分数 C(分)	8	9	9.5	7	8.5	8	7	7.5	6.5	8	79

$$(D_1 \times C_1 + D_2 \times C_2 + D_3 \times C_3 + \cdots + D_{10} \times C_{10})$$
$$= 25 \times 8 + 25 \times 9 + 25 \times 9.5 + 25 \times 7 + 23 \times 8.5 + 25 \times 8$$
$$+ 22 \times 7 + 25 \times 7.5 + 25 \times 6.5 + 25 \times 8 = 1937(分)$$

这样,导购员 A 的绩效薪酬:

$$P_A = D_A \times C_A \times \frac{P_d}{(D_1 \times C_1 + D_2 \times C_2 + D_3 \times C_3 + \cdots + D_{10} \times C_{10})}$$

$$= 25 \times 8 \times \frac{50\ 000}{1937}$$

$$= 5\ 162.62(元)$$

如此,便可计算出 10 位导购员的绩效薪酬。

第三节 薪酬体系的设计与管理

一、珠宝企业薪酬管理中存在的问题

在我国,珠宝行业的薪酬并没有一个通行的标准,各个企业按照自身的用人需要、工作性质和岗位职责要求设计自己的薪酬体系。不同的城市或地区由于消费和收入水平不同,薪酬会有一定的差异,但同一城市或地区的薪酬水平差异并不大。

在珠宝行业,一个普遍存在的现象是人员流动十分频繁,给相关企业的工作带来严重的困扰。造成这一问题的原因有很多,其中不乏与薪酬管理有关,概括起来有如下几个方面。

1. 职位设计问题

珠宝行业本来是一个人才缺乏的行业,在国内从事珠宝教育的高等院校中,大多只设两个专业:宝石鉴定专业和首饰设计专业。部分学校设置了珠宝营销专业,但没有学生选择这个专业。这种现象导致了珠宝院校培养的人才中,懂珠宝鉴定和首饰设计的不懂珠宝营销,而懂营销的不懂或不了解珠宝的商品属性。珠宝行业真正需要的是懂珠宝的管理人才。所谓懂珠宝,并不是简单地懂珠宝鉴定或首饰设计,而是要在此基础上懂得珠宝背后的文化、珠宝的商品属性以及如何以奢侈品企业的运营思路来管理珠宝企业。珠宝教育存在的问题导致人才进入行业后,不管是宝石鉴定人才还是首饰设计人才,绝大多数都加入了营销队伍,专业的不对口导致他们不可能一走上工作岗位就能取得与他们专业水平相对应的薪酬水平。

根据二八定理,很多企业都存在这样的问题,即一个职位上的工作量,只

有20%的工作量才需要具大学学历的人去做,80%的工作量只需要高中生来完成。例如,一个镶嵌工厂,版房接待工作中可能只要1~2名懂设计的工作人员,他(她)们从首饰美学的角度指导客户选款、正确理解客户的需求和审美倾向,为客户现场设计款式。其他工作,诸如抄单、配石、对版等一些不需特别专业技能的工作,可以安排一般工作人员来完成。如果版房工作人员配置不当,全部配置懂设计的专业人员,在薪酬上就会体现出职位设计的问题。

还有,有些员工在大学学习期间可能是学习上的佼佼者,但由于他们缺乏实际技能的训练,导致他们走上工作岗位后,尽管有很高的学历,但由于缺乏实际工作的能力而不能取得与其学历相对应的薪酬。事实上,珠宝行业内重能力而轻学历的现象越来越明显。

2. 管理者对员工薪酬需要的认识问题

薪酬的本质是要满足员工的需要。根据马斯洛的需要层次理论,员工对薪酬的需要可以分为五个层次(图9-3)。

第一层次:生理需要,即员工期望所获得的薪酬能够满足自己的基本生活需要,如日常食宿、基本消费等。

第二层次:安全需要,即员工期望自己的薪酬更加稳定或者是稳定的薪酬收入部分有所增加,生活无忧。

第三层次:社会交往需要,即员工期望自己所获得薪酬与同事、同学之间具有一种可比性,得到公平对待,满足个人的虚荣心。

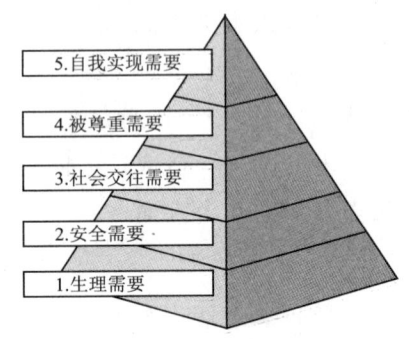

图9-3 员工薪酬需要的五个层次

第四层次:被尊重需要,即员工期望自己能够获得比他人更高的薪酬或得到一定的社会地位,以作为对个人的能力和价值的肯定。

第五层次:自我实现需要,即员工期望自己能够获得过上更为富裕、质量更高的生活所需要的薪酬,从而进入一种更为自由的生存状态,充分实现个人的价值。

一般认为,一个人只有低层次需要得到满足时,高层次需要才会起作用,且当低层次的需要得到满足以后,才会产生更高层次的薪酬需要,高层次需要满足途径要比低层次需要实现途径多,除增加薪酬外,还可以通过升职、改善生活条件等激励途径实现。而一旦高层次的需要不能得到满足,员工就可能采取极端行为——跳槽。因此,作为管理者,必须了解员工的需要是什么、处于哪一个层次,方能制定合理的薪酬体系。

3. 从业者的心态和期望值问题

首先,珠宝行业是一个专业性很强的行业,为了获得在珠宝行业的从业技能,需要在专业学习、培训中付出很多的金钱,既然有高付出,就应该有高回报。在取得从业资格过程中已经付出高成本的情况下,急于获得高收入;其次,很多人认为珠宝行业是高利润行业,特别是看到每天的营业额巨大,在不了解商品成本、经营成本的情况下,认为其中包括巨大的利润,既然公司赚了钱,就应该给员工更高的薪酬;最后,一些从高校毕业的学生认为,他们是经过专业培训的专业技术人员,工资水平不应比普通员工低,而实际上,当他们的实际工作能力还没有得到公司认同时,是不具备取得高工资的理由的。

4. 对薪酬的理解问题

对薪酬狭义的理解:薪酬就是发放到手的现金,不包括工作条件、生活条件、学习成本、社会福利、发展空间和其他待遇。例如,一家大型珠宝企业和一家小型珠宝企业同时招聘,小型企业承诺的薪酬水平可能略高于大型企业,其他条件都相同或相似,有些应聘者就可能选择去小型珠宝企业。殊不知,大型珠宝企业的发展空间会比小型珠宝企业大得多,而应聘者没看到这一点,仅将现时收益作为主要的应聘参考依据。

5. 相同的付出而收入有差距

其实,员工对薪酬的抱怨并非一定是因为薪酬的高低而起。珠宝企业大多数是家族式企业,家族成员与非家族成员之间在工作性质、工作强度、工作职责、工作能力等方面可能相同也可能不同,但在薪酬上没有表现出差异,或者家族成员高于非家族成员。同工不同酬会使员工常常以报酬不足为由发泄心中的不满。在这种情况下,简单地增加薪酬并不能从根本上解决企业由于内在薪酬不足而导致的冲突,家族以外的员工要么以消极怠工改变自己的投入与产出,要么采取极端行为——跳槽,离开原来的工作单位。

二、珠宝企业薪酬管理的原则

珠宝企业在薪酬管理中,一方面要遵循社会对薪酬认识的普遍性原则,另一方面要考虑珠宝行业和企业的特殊性。薪酬管理要遵循如下原则。

1. 公平原则

在所有的工作中,员工都将工资和收益作为最重要或次重要的指标。工资的水平在很大程度上影响了员工的工作态度、行为和业绩。员工对工资水平的评价主要有两个方面:第一,对内公平。员工工作的努力和业绩必须与工资平等,而在公司内部相同能力、相同工作的员工的薪资必须是公平的,不管员工是来自家族内部还是家族外部。所以只有内部公平了,员工才能在工作中感到公平和满意。第二,对外公平。员工会将自己的工资与本地区同行业的其他人(同学或朋友)、其他单位进行比较,从而产生公平感。企业薪酬必须具有外部公平,当员工感到自己的工资高于同行时,就会有优越感,这样就有利于企业留住人才,获得比较强的人力资源竞争优势。

2. 效益优先原则

每个企业都是以营利为目标的,所以珠宝企业的一切决策都是以利润最大化为基础。在薪酬管理中也必须以此作为基本出发点。企业内部的薪资、福利等都是为了要留住、吸引人才,以为企业创收为目标的,而每一个企业都希望花最少的成本获得最大的收益,这在薪酬管理中也是一样。所以,每一分薪酬必须与效益挂钩,通过薪酬管理对那些为公司创造效益的员工起到激励作用,同时对其他人起到促进作用。

3. 适应需要原则

如上所述,人的需要分五个层次。薪酬管理也是对人的管理,所以管理者要系统掌握员工的家庭背景、经济收入、工作目的等方面的需要,即掌握员工的真实需要,薪酬制度的设计一定要针对员工的不同时期、不同需要。只有对"症"下"药",才能达到薪酬激励的效果。

4. 显性薪酬与隐性薪酬相结合的原则

显性薪酬即按月发放到员工,所有员工通过正常的途径都可以看得到并且可以互相比较的薪酬。显性薪酬的设计一定要合理,一方面要充分考虑员工的学历、能力和工作表现；另一方面，设计要系统，包括国家、社会或企业规定的基本薪酬、激励薪酬、各种社会福利和政策性补贴。隐性薪酬即能向所有员工公开的非物质性薪酬或不向所有员工公开的物质性薪酬。能公开的如办公条件的改善、职位的升迁等；不能公开的如以红包或其他形式私下激励少数员工的薪酬。

5. 均衡原则

在企业内部，不同岗位的分工不同、责任不同，创造的效益也不同，但在薪酬管理上，相同或相似的岗位薪酬水平相对均衡，不同的岗位薪酬水平要具有可比性，这就是所谓均衡原则。如在同一企业不同的营销岗位上，一个从事翡翠营销的人和一个从事黄金营销的人，对公司利润的贡献率可能是不一样的，但在付出相同或相似的情况下，薪酬水平就应该相对均衡；还有，能力相似的两个人在不同的岗位上，薪酬水平也应该是相对一致的。即同一企业内，不同职位薪酬水平要相对均衡。

6. 关键职位的薪酬保护原则

珠宝行业是专业性、技术性很强的行业，一些关键职位如果缺乏专门的技术人员，就可能影响整个公司的运作或者影响产品的工艺质量。在这种情况下，一定要有专门的措施，对这些特殊职位实行专门的技术保护，针对职位的重要性设置特殊的薪酬管理办法。保证关键技术不致流失，保障技术人员的利益。

三、薪酬管理系统的设计方法

平常所说的薪酬管理系统应该是全方位的，包括经济的与非经济的报酬、直接的与间接的报酬、外在的与内在的报酬等。

（一）珠宝企业薪酬管理系统的构成

珠宝企业薪酬管理系统的基本构成应该包括基本薪酬、可变薪酬、间接薪酬等。

1. 基本薪酬

基本薪酬是指珠宝企业根据员工所承担或完成的工作本身或者是员工所具备的完成工作的技能或能力而向员工支付的稳定性报酬。如珠宝导购员的薪酬一般包括基本工资、工龄工资、加班补贴和其他政策性津贴（住房补贴、地区差异补贴）。基本工资一般根据不同地区的生活水平并参照其他企业的工资状况确定，总体原则是保持地区工资水平的均衡性；工龄工资是珠宝店铺为了保持员工队伍的稳定而制定的工资政策，工作年限越长，年限工资越高；加班补贴和其他政策性津贴按国家相关政策执行。这些工资项目一般都是固定的，它们构成了一个公司员工的基本薪酬。

基本薪酬一经确定，在相当长时间内是不会变动的，一般情况下，基本薪酬的变动遵循如下三项原则：第一，总体生活费用变化或通货膨胀的程度比较明显，并影响到人们的生活时；第二，其他公司支付给同类员工的基本薪酬发生变化时，薪酬水平不应低于其他公司；第三，员工本人所拥有的知识、经验、技能的变化及由此导致的员工绩效的变化。

2. 可变薪酬

可变薪酬即薪酬体系中与绩效直接挂钩的部分，有时也被称为浮动薪酬或奖金。由于这部分薪酬与工作绩效是密切挂钩的，因此每名员工的可变薪酬可能是不同的，每个经营周期的可变薪酬也是不同的。多数情况下，可变薪酬也同基本薪酬一样按月发放，根据每名员工绩效的高低计算绩效薪酬，可以起到激励和鞭策作用。部分公司也会根据整体业绩设置一个经营周期奖金（如年终奖）。绩效薪酬是薪酬激励的范畴，其激励的额度和分配方式直接影响到导购员工作的积极性，因而其设置的科学性和合理性备受企业的重视。

3. 间接薪酬

间接薪酬主要包括员工福利与服务，如员工的社会保险、医疗保险、养老保险、意外伤害保险、住房租金等。费用一般由雇主全部支付，但有些公司会要求员工分担一部分。间接薪酬作为员工的福利，其作用是薪酬其他构成部分无法取代的：首先，它减少了薪酬的货币支付，是公司合理避税的一个有效途径；另外，它为员工将来的退休生活和一些可能发生的不测事件提供保障，让员工对"后事"无忧。

（二）珠宝企业薪酬体系的设计

珠宝企业经营性质不同，或者同一企业不同部门的工作性质不同，要设计不同的薪酬体系。概括地说，珠宝企业需要设置两种不同的薪酬体系：职位薪酬体系和技能薪酬体系。

1. 职位薪酬体系设计

职位薪酬体系是针对珠宝企业管理、服务、后勤保障等工作业绩难以量化的岗位工作人员设定的薪酬体系。其方法是先对职位的价值或重要性做出客观的评价,再根据这种评价结果来赋予承担这一职位工作的人的基本薪酬。其特点是先定职位薪酬,再招聘与这一职位能力相当的人。这一薪酬体系确定的基本假定是:担任某一种职位工作的员工恰好具有与工作难易程度相当的能力,它不鼓励员工拥有跨职位的其他能力,一旦员工拥有更强的工作能力,就可能会寻求升职的机会。职位薪酬体系的优点是在操作方面比较简单和容易,适用范围较广。缺陷是当晋升机会较少时,员工缺乏向上的学习动力。

所以,实施职位薪酬体系的前提条件有五个:第一,职位内容要明确化、规范化和标准化,对工作内容、工作行为和规范、工作业绩的检验都要有具体的要求或标准;第二,工作职位的内容要基本稳定,并在工作内容范围内有相应的责、权、利;第三,要具备按照个人能力安排职位或工作岗位的机制,在某一岗位上员工适则上不适则下,不致形成人人自危、心有余而力不足的工作局面;第四,企业中存在较多的职级,员工薪酬提升通道通畅,具有工作能力的人会自然获得晋升机会;第五,企业各职位的薪酬水平应对员工有吸引力。

2. 技能薪酬体系设计

技能薪酬制度是指企业根据员工所掌握的与工作有关的技能、能力及知识的深度和广度支付基本薪酬的一种薪酬制度。珠宝企业的技能薪酬有两种类型:生产型技能薪酬和营销型技能薪酬。

1) 生产型技能薪酬设计

生产型技能薪酬是针对从事首饰设计和生产的技术性职位设置的薪酬体系,一般要根据技术含量的高低设置基本薪酬或保底薪酬。基本薪酬是指在完成公司规定的基本生产定量才能取得的薪酬。根据不同工序生产的复杂程度,不同的工序生产定量会有差别。为了保护某些特殊技能,有些公司对某些工序无论是否达到基本定量都会提供基本薪酬保证。超过基本定量部分则按公司规定另行计算薪酬,即技能薪酬,它使生产工艺、生产技能、生产效率与薪酬密切挂钩。基本薪酬和技能薪酬是生产型技能薪酬的主体部分,除此之外,还要与生产过程中原材料和工具的损耗挂钩。多数公司对生产过程中不同工序的原材料损耗或镶嵌过程中宝石的破损规定一定的损耗率,节余部分奖励

珠宝企业管理 ZHUBAO QIYE GUANLI

给生产者,超过部分由生产者自行承担。生产过程中工具的耗损也是如此。

如此设计生产型技能薪酬有很多优势:首先,基本薪酬可以稳定员工的心,特别是在生产淡季公司订单不足以满足工人完成基本定量时,基本薪酬可以起到稳定员工队伍的作用;其次,技能型薪酬体现了多劳多得的原则,在生产旺季需要工人加班加点完成订单时,提高技能薪酬对工人有很大的激励作用;最后,技能型薪酬鼓励员工提高技术和生产效率,只有熟练掌握了相应工序的生产技术,才能最大限度地完成生产定量,取得最高的技能薪酬。

当然,生产型技能薪酬也有不足:首先,精细的工艺是靠精细的打磨才能实现的,为了提高加工效率,员工在生产过程中可能会偷工减料,使工件的工艺质量刚好达到工艺要求,不能实现更好的生产工艺;其次,有些工作可能不是计件范畴内的工作,与薪酬没有直接关系的工作就可能没人愿意去做;最后,为了保证产品质量,不得不重视质检(QC)工作,需要投入大量人力物力,在质检上增加成本。

2)营销型技能薪酬设计

从表面上来看,销售业绩决定了营销型技能薪酬的高低,但销售业绩的取得有多方面的因素,首先是销售人员的个人特质,如亲和力、专业知识的掌握和运用的熟练程度、营销技巧使用的熟悉程度等;其次是销售人员的团队意识,即在公司销售团队中的表现,在团队中的声望,对个人、集体、公司的利益处理艺术等;再次是销售业绩为公司带来的效益,是高效益还是低效益,是现实效益还是潜在效益,是短期效益还是长期效益。总之,营销型技能薪酬的设计比生产型技能薪酬的设计要复杂得多,绩效考评的结果在营销型技能薪酬中起着重要作用。如此,营销型技能薪酬体系主要由两部分组成。基本薪酬(或销售保底薪酬)和销售提成。基本薪酬是指销售人员在完成销售保底后应取得的薪酬,基本薪酬的标准由公司管理层按照当地的消费水平和收入水平来制定,不同的地区会有所不同,同一地区大致相当;销售保底金额要按商品类型的不同有所区别,同时要考虑到公司在当地的市场竞争地位来做具体规定。销售保底的金额还与公司的管理理念有关,一般来说,销售保底是每个销售人员都能轻松完成的,如果公司的管理理念是调动员工的销售积极性,鼓励员工内部的销售竞争,也可以不设销售保底,所有销售金额全部计入销售提成。销售提成是将销售人员在一个经营周期内的(扣除销售保底)销售总额按照一定的比例提成作为销售人员的薪酬。制定提成比例时要考虑两个问题：一是提成比例的高低，管理人员要结合当地的销售情况预测和公司的经营目标制定合理的提成比例，让员工取得满意的收入；二是按商品类型的不同，提成比例要有所区别。很显然，不同的商品销售技巧是不同的，为公司带来的利润也是不同的，比如说，黄金销售不需要太大的销售技巧，虽然可能带来较大的销售额，但利润率是很低的；翡翠饰品的销售需要专门的知识和销售技巧，销售金额可能不高，但可以带来较大的利润率。

营销型技能薪酬的设计优势是十分明显的：基本薪酬可以满足销售人员的基本生活需求，让员工生活无忧，如果基本薪酬标准制定得合理，可以起到稳定员工队伍的作用；销售提成，一方面体现多劳多得的原则，另一方面也可调动销售人员的销售积极性，让所有销售人员努力争取更好的销售业绩，为实现公司的经营目标、提高经营业绩贡献力量。

但是，如果营销型技能薪酬的设计不尽合理，就可能对企业的销售业绩和团队建设带来诸多负面影响：首先，基本薪酬如果设计得过低，就会对员工没有吸引力，不能起到稳定员工队伍的作用，不时的员工离职和补充新员工，使销售队伍的整体素质参差不齐，增加了新员工的培训成本；如果设计得过高，固然对员工有吸引力，但增加了员工的安逸感，使员工失去了提升销售业绩的动力，特别是当需要很大的努力才能取得更高的绩效工资（销售提成）时，销售人员就会缺乏这种攻坚克难的动力和决心。其次，在销售提成的设计上，提成比例过高会增加公司的运营成本，降低利润、提成比例过低，不能调动销售人员的销售积极性。再次，在销售提成方式的设计上，如果以团队提成的方式，可能会在团队内部形成小团体，小团体之间互相拆台，或者团队内部部分人受到打压，使团队内部出现分裂；如果以个人提成的方式，则可能造成团队内部的恶性竞争，团队内部出现不团结现象，甚至会出现为争取销售业绩互相扯皮、吵架的现象；销售人员的一切工作都以提升销售业绩为中心，缺乏团队精神，公共事务没人去做、服务质量变差，以强化主客关系的顾问型导购员逐步被"猪手型"导购员取代，影响公司的长远利益。这些问题需要体现管理者的智慧，在薪酬体系的设计中综合考虑这些问题。

四、薪酬激励

薪酬激励是利用薪酬作为提高员工工作积极性的有效手段，可以有效地激发员工的工作潜能，提高工作效率，为企业带来更高的工作效率和更好的经营业绩。谈到薪酬,我们不得不谈激励问题。事实上,我们在前面谈到的薪酬体系的设计就是在充分考虑激励的基础上进行的。建立有效的激励机制,是现代企业管理的核心,对人力资源管理更具特殊意义。企业管理者应探索将多种形式的激励措施进行有效的组合,最大限度地调动员工工作积极性,激发每个员工的工作潜能,提升企业的工作效率和经营业绩。

如前所述,员工的薪酬包括基本薪酬、可变薪酬和间接薪酬,每项薪酬都可以作为激励的手段,这里主要探讨珠宝企业薪酬激励的方式以及如何把握好薪酬激励的"度"。

1. 薪酬激励的方式

由于行业背景、战略、企业文化不同,企业所衍生出的薪酬激励的方式也会有所不同。在珠宝企业的商业实践中,可以结合企业自身特点,相机抉择或有效组合以下薪酬激励方式。

(1)目标激励:通过建立团队目标和个人目标体系,激发员工为实现团队目标而努力完成个人目标,从而体现个人价值及其在团队中的地位和作用。个人目标完成了,团队目标也就自然实现了,在完成目标任务的过程中表现突出的人就应该获得奖励,表现优秀的团队也应该获得奖励。目标激励有利于激发员工的进取意识和奉献精神,并通过在目标体系运行中不断提出新的目标,推动员工向更高的目标努力奋进。

(2)参与激励:让员工参与企业决策,通过合理化建议、员工与各级管理层对话等民主管理方式,给员工某种参与制订计划和进行决策的机会,使员工感受到企业对自己的信任,产生主人翁责任感。员工对于企业的信任往往会心存感激并感到自豪,因而会更加努力地工作,不断提高自己的工作能力和绩效,不负组织的厚望。

(3)关怀激励:企业各级管理者通过对员工的体贴与关怀,使其工作和生活困难得到重视和有效解决,员工深感组织的关怀和企业这个大家庭温暖,就会把企业当作自己的家,把企业的事当作自己家里的事,把企业当作自己为之奋斗的归属。特别是在当今社会,市场竞争日益激烈,企业的组织结构正由金字塔形向扁平化转变,企业仅靠职位的升迁、薪资的增加来激发员工的潜能,其效果是微弱的。因此,为每位员工提供成才的发展空间、帮助他们解决工作与生活中的困难,是不可忽视的人性化激励机制。

(4)认同激励:当员工在工作中取得了一定的业绩或某一经营思想被企业采纳并在经营实践中被证明是正确的时,企业管理者应该在恰当的时机或恰当的场合,以祝贺、表彰、认可等形式承认员工所获得的成就或对员工为企业经营决策提出的思想进行肯定,从而满足员工的成就感,增强他们不断进取的积极性。

(5)物质奖励:是现代企业常用的激励方式,它是对在企业经营中为企业做出突出贡献的员工进行的一种特别奖励,如用企业经营的商品中有一定象征意义或特别为这类员工准备的有一定纪念意义的饰品作为奖品送给他们。这种奖励可以让受奖者感到惊喜,让周围的同事感到羡慕,进而对整个企业团队起到一种刺激作用,虽然被奖励的是少数员工,但可以给整个团队注入一支兴奋剂,促进员工向更高的目标奋进。

(6)现金激励:这是一种普遍的激励方式,它可以是与绩效考评挂钩的可变薪酬激励,也可以是一个经营周期或不定期对某一关键事件的现金奖励。前者是针对多数在一线从事生产和经营的员工,如果应用得好,可以在团队内部形成一种比、学、赶、帮的团队氛围;后者可以是针对在工作中表现突出的少数员工,除了可以激励奖励者,还可以起到在团队中树立标杆的作用。

以上是对基层员工或基层管理者的激励方式,对于企业的技术骨干、管理骨干等少数核心成员,还可以采用股权激励。这些于企业发展必不可少的人才,必须以股权或红利留住他们,同时还要为他们的业务发展提供更好的空间。

2.薪酬激励中"度"的把握

一般来说,企业的薪酬激励要把握好五个"度",即薪酬激励的广度、深度、频度、平衡度和透明度,珠宝企业虽然有其特殊性,但对这五个"度"的把握也不例外。以下结合珠宝企业的特征探讨如何在薪酬激励中把握好这五个"度"。

(1)如何把握薪酬激励的广度?这是对薪酬激励的范围而言的。广度即在多大范围内实施薪酬激励,多数情况下,激励是针对少数人的,如果激励带有普遍性,那就使激励变成了普遍享受的福利而不能起到激励作用。管理者在实施一项激励措施时,一定要考虑到激励制度能否调动真正优秀者的积极性,能否调动大多数人的积极性,是否打击未受奖励者的积极性等,使激励的效果达到最好。

(2) 如何把握薪酬激励的深度？这是对薪酬激励的纵向层次而言的。激励可以分为个人层面、团队层面、公司层面等，激励可以实施到不同的层面，在什么样的层面实施什么样的激励，可以有不同的深度。例如，一个销售团队如期完成一个经营周期的销售任务，一线销售人员会根据贡献的大小得到不同的奖励，不同层级的管理人员是否需要奖励？奖励的力度如何规定？这就涉及到激励的深度问题。一方面，在制订经营计划时就要制定好激励规则，对完成目标任务后的激励力度和深度做好细致的规划；另一方面，要把握好激励的原则，综合运用均衡、正向激励与负向激励、显性激励与隐性激励等激励措施，对薪酬激励的深度做好规划。

(3) 如何把握薪酬激励的频度？这是对薪酬激励的时间周期而言的。薪酬激励作为调动员工工作积极性的有效手段，要让员工时刻记住自己的工作表现和工作业绩是与薪酬挂钩的。很显然，如果激励的频度过小，员工在日常工作中就可能忽略了激励因素，起不到应有的激励作用。但是，如果激励的频度过大，又可能导致员工的厌倦，不仅起不到激励的作用，反而可能起到反作用。不同的激励方式可以设置不同的频度，例如，以促进销售业绩增长的导购员的薪酬激励一般以一个月为周期，但如果觉得这个频度过小，为了时刻提醒导购员，引起他们对销售业绩完成情况的重视，可以利用周销售数据甚至日销售数据对他们进行提示，让他们及时了解销售业绩及目标差距，促进他们向更好的销售业绩奋斗。

(4) 如何把握薪酬激励的平衡度？这是对薪酬激励的范围、方式、力度等因素是否均衡而言的。为了体现公平，一个企业的薪酬激励要讲究平衡，在正向激励与负向激励、团队激励与个人激励、精神激励与物质激励、长期激励与短期激励之间，要站在企业整体的角度全面考虑部门与部门之间、团队与团队之间、个人与个人之间的均衡。

(5) 如何把握薪酬激励的透明度？这是对薪酬激励是公开还是保密而言的。把握薪酬信息的透明度对珠宝企业尤其是中小型珠宝企业来说是十分重要的，因为珠宝企业是家族式企业，家族成员与家族成员之间、家族成员与家族以外成员之间的隔阂和企业内部的不团结很多都是因为薪酬或薪酬激励因素引起的。在企业内部，家族以外的成员本来就是以另外一种眼光看待家族以内成员的，如果在职位升迁、薪酬待遇上对家族以内成员稍有倾斜，就可能招致家族以外成员的不满，这就要求管理者在薪酬激励的透明度上具有一定的艺术性和灵活性,该公开的就公开,如果觉得公开后可能产生负面效果的,则要以灵活的方式处理。

本章小结

绩效考评与薪酬管理是人力资源管理的重要内容。绩效是对员工工作业绩的客观评价,也是员工取得薪酬和职位升迁的依据,必须科学地选择绩效考评方法。绩效考评的方法很多,上述的方法是最基本的、对中小型企业较为实用的方法。为了更好地做好绩效考评工作,必须做好三个方面的工作:第一,建立明确的绩效考评指标体系;第二,系统收集与工作业绩有关的资料;第三,选择科学的绩效考评方法并组建专业的绩效考评团队,在客观、公正、遵循考评原则的基础上进行考评。

薪酬管理是企业整体人力资源管理体系的重要组成部分。员工的薪酬包括基本薪酬、可变薪酬和间接薪酬,基本薪酬和可变薪酬也可称为货币性薪酬,包括工资、奖金、津贴、可以以货币计价的奖品等;间接薪酬包括养老保险、医疗保险、失业保险、工伤保险、住房公积金、有薪假期、休假日、病事假等,其他还包括亲切关怀、业绩认同、升职机会等精神层面的薪酬。薪酬管理的内容包括薪酬体系设计、薪酬日常管理两个方面,薪酬管理的核心是有效的激励,即通过薪酬激励机制的建立让强者更强,让弱者跟上强者的步伐。每个企业都要结合企业的实际制定科学有效的绩效考评和薪酬管理方案。

 思考题

1. 什么是绩效考评?绩效考评有什么意义和作用?
2. 简述绩效考评的内容和流程。
3. 绩效考评有哪些方法?简述其中一种方法,描述其考评过程。
4. 简述珠宝企业薪酬管理的原则。
5. 珠宝企业的薪酬由哪几个部分构成?各起什么作用?
6. 营销型技能薪酬设计如果不合理,会给公司带来哪些问题?
7. 简述薪酬管理的五个"度"。

珠宝企业管理　ZHUBAO QIYE GUANLI

第十章　企业理财管理

企业理财管理是一个广义的概念,是对企业财务活动所进行的管理,根据企业发展的需要和资金的运作规律,对企业筹资、投资进行预测、计划、决策、控制、核算和分析,提高资金的使用效率,实现资产保值增值的管理工作。狭义地讲,企业理财是通过资金的合理配置,尽可能避免资金闲置,发挥资金的最大效益。珠宝企业大多为中小型企业,资金实力比较有限,如何合理地进行投资,使有限的资金发挥最大的作用,取得最好的收益,是每个管理者都十分关心的问题。本章将从财务管理的视角探讨如何通过有效的财务管理,使企业有限的资金发挥最大的效益。

第一节　做一名重视理财管理者

改革开放以来,我国珠宝行业发展迅速,尤其是进入21世纪以来,珠宝企业呈现出爆发式增长的趋势,但快速增长给行业的健康发展带来了很多问题,首当其冲的是中小型企业普遍存在的资金短缺问题。企业要发展,就需要资金的支持。一些企业在成长的初期由于资金问题无法解决,企业达不到一定的规模,或者是在市场竞争中缺少竞争优势,来不及成长壮大就过早地被淘汰或因利润不及预期而退出珠宝行业;一些企业因缺乏资金的支持或者说长期受资金短缺的困扰,错过了企业快速成长的最佳时机而成为珠宝行业长不大的老企业;还有一些企业,在行业的黄金发展时期抓住了机会,有了资金的支持,但由于管理者不善于理财致使企业最终以倒闭而告终。

案例:深圳某珠宝企业是20世纪90年代末成立的家族式企业。企业成立之初,正是珠宝行业成长步入快车道的时期,他们凭着家族多年积累的技术优势兴办珠宝镶嵌厂,主营钻石镶嵌业务,良好的工艺和优质的服务很快获得同行业者的认同,几年之内,企业成为行业内公认的从事首饰镶嵌业务的大户,业务订单爆满,事业可谓蒸蒸日上。

2003年,珠宝行业的连锁经营之风悄然兴起,并迅速成为珠宝企业业务拓展的主流商业模式。企业也借助它在行业内的声望,不失时机地注册了两个珠宝品牌,在全国实行加盟经营,良好的人脉关系使品牌加盟业务进展十分顺利,短短三年内,两个品牌分别在全国吸收了400多家加盟商。

企业的镶嵌业务和连锁经营业务使企业迅速形成了资金的初步原始积累。

2007年,珠宝行业剧烈的市场扩张导致同质化的钻石市场竞争异常激烈,加盟连锁的步伐开始放缓,但对企业的钻石镶嵌业务并没有什么影响。这时,另一个市场机会出现了:由于资源的减少,翡翠饰品的价格加快了上涨的步伐。企业管理者看到了这一市场机会,决定投资兴办一个翡翠加工厂。说干就干,三个月之内,租厂房、买设备、培训技术工人,一个翡翠加工厂就迅速建成了。

从企业经营决策上来说,当企业具备了一定的经济实力后,必然会走上市场扩张之路,企业拓展翡翠加工与批发业务无疑是正确的,再加上当时中国政府的4万亿投资计划,使大量"热钱"流入玉器市场,从2008年开始翡翠的价格剧烈上涨,也为企业的翡翠经营提供了商机。但是,翡翠加工需要大量的资金囤积原材料,资金从哪里来?当时,深圳珠宝行业成立了一个叫"银联宝"的机构,通过银联宝和企业之间的互相担保,便可以获得银行贷款。通过这种方式,企业获得了两亿多元的银行贷款,全部投入到购买翡翠原材料上。

实际上,翡翠价格的上涨已经造成了翡翠饰品有价无市的市场局面,行业内部还在继续推高翡翠成品的价格。而成品价格的上涨必然导致上游原材料价格的上涨。截至2010年底,翡翠饰品的价格炒作到了最顶峰,企业的货品大量积压,但为了防止原材料价格继续上涨,当多数人已经持续吐货时,企业在2011年4月在缅甸翡翠公盘(翡翠原石拍卖会)上继续大量购买翡翠原料。

2011年6月,企业大量负债的消息在行业内不胫而走。为了回避风险,客户不敢到企业下单,加盟商不敢到企业进货,企业的经营业绩迅速下滑。2011年10月,银行贷款到期,在多次催还贷款无果的情况下,银行不得不一纸诉状将企业告上法庭,法庭依法对企业进行查封。曾经红极一时的企业就这样曲终人散了。

讲到这里,不得不说,在企业建立和发展初期,所有的经营决策都是没有问题的,问题在于企业管理者对翡翠市场走向的判断和对企业债务的偿还能力缺乏足够的预案。设想一下,如果企业管理者在决定继续大量采购翡翠原料前看一下企业的存货,再看一下企业的负债和流动资金,企业的运营会是今天的结果吗?

许多管理者都认为,企业经营管理就是管销售,如果企业没赚钱,那一定是销售出了问题,但从理财的角度来看,管理的问题可能不止是销售方面,还包括了存货、资金周转、资源分配甚至人员激励方面。企业的经营风险固然可以从多个方面表现出来,但企业财务是企业经营的一面镜子,所有经营情况(经营业绩、商品流动、资产变化等)都可以通过财务数据反映出来,所以,所有决策必须考虑财务因素。为了回避经营风险,企业管理者必须具有基本的理财观念,从理财的角度认真审视企业的每一项经营决策。

一、管理者应学会看懂财务报表

学会看懂财务报表是对企业管理者的基本要求。财务报表虽然只是财务中的冰山一角,但反映了企业的财务状况和经营业绩,管理者要能懂财务报表并学会分析一些关键信息。财务报表主要是资产负债表、损益表、现金流量表、利润分配表,这四个财务报表中的经营数据和反映出来的经营信息是企业经营决策极为重要的依据。

1. 资产负债表

资产负债表是一个静态报表,它能够反映一个特定经营期间(如一个月或一年)企业拥有的资产、资产分布状况的信息。在我国的会计报表中,一个月度经营期间一般是从上月29日至当月28日,企业的总资产是多少,负债有多少,资本有多少,都会一目了然地从资产负债表上反映出来。根据会计学上的复式记账法,企业的资产和负债在账上必须平衡,所以,资产负债表是一个资产与负债的平衡表。

2. 损益表

损益表也叫利润表,是一个动态报表,主要反映在一定的经营期间企业经营收入减去经营费用的收益,也就是从企业收入中除去成本费用、销售费用、管理费用、杂支费用等之后的利润总额,它遵从等式:收入－费用＝毛利润或收入－费用－税负＝净利润。经营期间的设定方法与资产负债表相同。它准确地反映了一个经营期间企业的赢利情况。

3. 现金流量表

现金流量表主要提供企业在一定会计期间内现金和现金等价物的流入与流出的信息,以便管理者了解和评价本企业获取现金或现金等价物的能力。它是投资决策的主要依据,现金流入和流出的流向、大小、能否快速回收等信息,可以从现金流量表中反映出来。

现金流量表一般分三部分:一是经营活动产生的现金流量,即企业运营中所产生的现金的流入与流出;二是投资活动产生的现金流量,即企业投资所产生的现金支出与收入;三是筹资活动产生的现金流量,即企业通过发行股票、发行债券或借贷等活动产生的资金流入与流出。

4. 利润分配表

利润分配表也是重要的财务报表,一般与损益表放在一起。利润分配表是指企业有了净利润后能回报给投资者多少钱。企业利润可以分红(即按照股份的占比分配给投资者),但必须留有足够的法定盈余公积金、法定盈余公益金,也可以为了企业将来有更好的发展将利润转增股本留在企业。这些都要在利润分配表中扣除。

以上四个报表中,小型企业一般只做前两个报表,但对大型企业(特别是上市企业)来说,这四个报表应该是齐全的、按月度制成的月报表。

二、管理者应学会做简单的财务分析

管理者要读懂、看懂以上四个报表的同时,还要进行简单的财务分析,重要的是注意分析三种比率,用来观察企业资产静态值与动态值的变化,它们是结构比率、运营比率、效能比率。

1. 结构比率

同一时期资产负债表中的两项相关数据的比率叫结构比率。财务分析中的结构百分比分析法或纵向分析法,是通过同一期间财务报表中不同项目间的百分比报表进行分析,即将财务报表中的某一重要项目(如资产负债表中的资产总额或权益总额)的数据作为100%,求出同一报表中其余项目额与这个项目的比值,以百分比的形式作纵向排列,从而揭示出各项目的数据在企业财务中的意义。它反映该项目内各组成部分的比例关系,代表了企业某一方面的特征、属性或能力。结构百分比实际上是一种特殊形式的财务比率,它排除了企业规模的影响,使不同比较对象建立起可比性,可以用于本企业与历史比较、与其他企业比较和与预算比较。通过结构比率分析可以揭示各项目的相对重要性和总体结构关系。其中很多比率是有意义的,具有代表性的有两个:①流动比率,即流动资产与流动负债的百分比,它反映企业偿还债务的能力。一般情况下,营业周期、流动资产中的应收账款和存货的周转速度是影响流动比率的主要因素。不同的企业经营的商品类型不同,反映企业债务偿还能力的流动比可以不同,这就需要企业管理者根据自身的经营性质设置合理的流动比。库存商品周转速度快的,流动比率可以小一些,而周转速度较慢的,流动比率就应该大一些,这样才能保证企业如期偿还债务。②速动比率,是指速动资产与流动负债的比率。速动资产包括银行存款、货币资金、短期投资、应收票据、应收账款等可以在较短时间内变现的资产,流动资产中的存货不应计入速动资产,因为其变现速度慢。速动比率是衡量企业流动资产中可以用于偿还流动负债立即变现的能力。一般来说,速动资产与流动负债相当,代表企业具备债务偿还能力,如果速动资产远远大于流动负债,则是一个危险的信号。

2. 运营比率

同一时期损益表中项目之间的比率,称为运营比率,也可称为营业比率。比如说,一个经营期间的毛利润与营业收入之比,称为毛利率;一个经营期间的净利润与销售收入之比,称为销售净利率;现金与现金等价物(不包括库存商品)与流动负债之比,称为现金比率。这些比率也是十分有意义的,比如说销售利润率,它实际上代表了企业的赢利能力,与竞争对手相比,它代表了企业产品的市场竞争能力强弱、市场定位是否准确、创新能力是否强、营销策略是否正确等。再看现金比率,如果现金比率很小,表明企业有较好的商誉,可以采购商品而不用及时付现;反之,表明企业投资比较保守,没有发挥资金的使用效率。要知道,经营中随时借入现金或商品的能力比持有大量的现金更重要。

3. 效能比率

损益表中的数据与资产负债表中的数据之比或者资产负债表中的数据与损益表中的数据之比,称为效能比率,也就是在这两张表中各取一个数字去计算比率。这个比率对分析经营效果十分有意义,比如说,净利润与总投资之比称为投资收益率;销售总收入与总资产之比称为总资产周转率;销售总收入与流动资产之比称为流动资产周转率;销售成本与平均存货之比称为存货周转率。这些比率应该是企业股东十分关心的。

在会计学和财务管理中,反映企业各种经营指标的比率有20多种。在以数据反映企业经营情况的企业管理中,管理者要掌握这些重要的比率,学会做简单的财务分析。

三、管理者要理解一些关键科目的意义

仅了解科目的名称是没有意义的,作为管理者,关键是要了解关键科目的意义,发现企业经营中已出现或可能出现的问题。管理者主要应关注资产负债表和损益表中的一些关键科目的意义。

1. 资产负债表中的关键科目

在资产负债表中,一些关键科目都是与企业经营状况直接相关的,理解这些关键科目十分重要,一旦发现问题,应该及时改进。比如说,如果应收账款特别多,表明钱都在客户那里,企业回款能力比较差,可能会影响到企业的资金周转;如果企业存货特别多,表明企业可能购买了适销不对路的商品,资金都积压在商品里面,可能造成企业的资金周转不灵;如果固定资产特别多,表明企业的资金投向有问题,会影响企业的资金周转和投资收益率;如果应付账款特别多,表明企业有较严重的负债,应关注企业的债务偿还能力。

此外,在企业的资金运作和资本配置中,流动资产与流动负债应是对应的,长期负债与固定资产应是对应的。

2. 损益表中的关键科目

在损益表中,一些关键科目都是与企业的赢利能力和运营过程相关的,比如说,营业成本,包括直接成本与间接成本,如果企业的商品销售价格并不低甚至高于其他企业,但利润率与其他企业持平甚至还要低,那么,企业管理者就要反省,要么是直接成本出了问题,如商品进价比其他企业高,要么是间接成本出了问题,如销售中出现过高的运营费用和管理费用。再比如说,营销费用,一个企业的营销费用应该占前一个年度利润的一定比例,在年初即要制定好系统的规划,如果营销费用过高,就应该反省企业的营销效果,是否存在策

划方案的不完善、是否存在过度营销等。还有,如果企业收入中存在较高的营业外收入,表明企业没有在主营业务上下功夫,是不务正业,那么,企业就应该考虑转行了。

所以,管理者只有理解一些关键科目的意义,才能对企业的经营情况、赢利情况做出科学的判断,对改进企业经营做出合理的决策。

四、管理者要用理财的观念要求财务人员

正所谓人无完人,管理者不会专注于财务,财务人员也不会专注于管理,如前所述,企业理财要求管理者必须具备一定的财务知识,至少能看懂财务报表并能解读报表上的一些关键科目。而管理者必须对财务人员提出懂一点管理的要求,因为如果财务人员不懂一点管理,他们对反映企业经营状况的报表就不会有太多的认知,对企业的经营贡献就显得十分有限。因此,管理者要用理财的观念要求财务人员,并做好如下三方面的工作:第一,关注财务数据;第二,向决策者解读重要的财务信息;第三,参加营销会议,根据数据向营销人员提出警告。

1.关注财务数据

每个经营期结束后,财务人员都会如期做出财务报表。作为财务人员,他们固然懂得报表中每个项目的含义,但是,他们更应该将报表内容与企业的实际运营结合起来,知道每个项目或比率的数据到了一个什么位置是临界点,懂得在临界点处为企业经营设置"红线"。比如说,企业商品正常的流动比的经验值为2∶1,偏离这个经验值,就表明企业将出现财务危机。如果大于2∶1,表明企业商品积压,资金流动乏力;如果小于2∶1,就表明企业可能出现债务违约的风险。对于所有的关键科目或比率,财务人员都要同管理者一起,结合企业的经营实际设置临界点,用数据为企业经营设置"红线"。

2.向决策者解读重要的财务信息

企业管理者和决策者不是专业的财务人员,不可能像财务人员那样,对财务报表上的每一个数据做专门的解读。但财务人员在向企业管理者或决策者递交财务报表时,不应该是一张仅仅只有各种经营数据的报表,而是经财务人员专业解读过的报表,即将设置"红线"的数据清晰地标记出来,将已经接近临界点的数据和比率通过某种方式向管理者或决策者作必要的提示,并有义务

向管理者和决策者详细解释各项财务信息。

3. 参加营销会议，根据数据向营销人员提出警告

许多财务人员认为，他们的职责就是财务管理和财务分析，企业的经营决策、制订营销计划和旨在提升销售业绩的营销会议与他们没有关系。殊不知，如果不了解企业的决策和工作计划，财务人员如何知道企业未来的发展目标，如何知道企业近期和中期要做什么，如何了解企业的资金投向并为企业的理财提供建设性意见，如何以数字为依据说服决策者的不当决策和营销人员的不当行为并为销售提供指导意见。所以，作为企业的财务人员尤其是财务主管，必须了解企业战略和经营方向，列席企业的经营决策会议，听取企业的各种销售计划，向营销人员介绍企业的财务状况，并从资金使用的角度提出个人意见和建议，防止企业因资金使用不当或对未来的投资计划决策不当而出现财务危机。

第二节 企业成立之初的理财

中国的珠宝行业自改革开放以来，走上一条快速发展的道路，珠宝企业如雨后春笋般在中华大地上涌现。只可惜，中国珠宝行业的复兴和发展走的是一条同质化之路，同质化的产品、同质化的营销方式，使珠宝行业的市场竞争演化为一场以价格为主要形式的大战，恶性市场竞争使珠宝商家的利润空间被无限压缩，而电商、微商的加入使珠宝企业更是雪上加霜。在激烈的市场竞争中，一些商家壮大了，一些商家退出了，一些商家还在苦苦的坚持。进入21世纪以后，珠宝首饰个性化的发展趋势让很多人看到了商机。对未来的珠宝行业，可以做出这样一个判断：壮大了的商家已经站稳了脚跟，苦苦支撑的商家要在转型中寻找出路，新生的企业必定是以特色鲜明、个性化为主体的小型企业。如果重复价格战的老路，注定是没有前途的。那么，新生的企业如何通过理财取得原始的创业资金呢？

一、创立好的商业模式，取得风投的支持

风投即风险投资（Venture Capital，简称VC），也称为创业投资。根据美国全美风险投资协会的定义：风险投资是由职业金融家投入到新兴的、迅速发展

的、具有巨大竞争潜力的企业中的一种权益资本。在中国,它是一个约定俗成的具有特定内涵的概念。广义的风险投资指一切具有高风险、高潜在收益的投资;狭义的风险投资是指以高新技术为基础,生产与经营技术密集型产品的投资。

风险投资是由资金、技术、管理、专业人才和市场机会等要素共同组成的投资活动。技术拥有者在将具有市场潜力的技术创新和产品构想经由具体的经营活动推向市场的过程中,还需具备资本与管理两项资源条件的支持,而这两者往往又是技术拥有者所欠缺的,在常态融资市场上筹集资金又有很大困难。在技术未转化效益之前,既无法从银行获得贷款,又很难去发行股票或债券,在这种情况下,风险投资很好地解决了这一难题。

风险投资多针对处于创业期的中小型企业,而且多为高新技术企业,投资方一般积极参与被投资企业的经营管理,提供增值服务。

从以上分析可以知道,寻找风险投资支持的前提是"具有潜力的技术创新和产品构想",如具有核心技术的专利产品、独特且具有市场潜力的商业模式等。进入21世纪以来,珠宝行业涌现出很多依靠风险投资取得创业成功的或将企业做大做强的案例,如"钻石小鸟""佐卡依""找珠宝"等。在崇尚"大众创业、万众创新"的市场环境里,年轻的珠宝行业创业者完全可以依靠独特的商业模式取得风险投资的支持,将商业模式转化为市场需要的产品,最终取得经营的成功。

二、没钱也能做生意

年轻人开始创业,首要的是要注册一家企业。以前注册企业时,需要一笔注册资金并向工商管理部门提交验资报告,这对年轻的创业者来说确实是一件难事,但近年来的改革使工商注册非常便利了。从 2014 年 3 月 1 日起,《中华人民共和国公司法》规定,将注册资本实缴登记制改为认缴登记制。公司登记时,登记机关只登记公司的注册资本,不再登记公司的实收资本,也不再收取验资证明文件和注册登记费。也就是说,创业者可以先在工商部门领取营业执照,然后从事一般性的生产经营活动,公司股东(发起人)自主约定认缴出资额、出资方式、出资期限等。这对为注册资本发愁的创业者来说,无疑显得更加便捷和高效。"没有钱也能办企业"已经不是梦了。

但是,没有钱如何做生意呢?只要用心,办法总是有的。起码有两个途径可以赚钱:一是用"心"赚钱,二是用"人品"赚钱。所谓用"心"赚钱,就是在日常工作中用心观察市场,了解珠宝行业的供求关系,了解市场上流行什么,上游供应什么,供应商在哪里;下游需要什么,需求者在哪里,企业在中间搭桥,扮演中间商的角色,促成供求双方的交易并从交易中获利,微信营销中许多微商就是这样起家的。所谓用"人品"赚钱,就是靠"借",依靠个人信用,没钱也可做生意。在工作、生活中广交朋友、广结良缘,真诚友善地待人,热心地助人,积累广泛的人脉关系,树立诚实守信的个人形象。有了这样一种形象,别人就会信任你,即使没有钱,也可以从其他企业借到货,借货做生意,交易后迅速结算。如此日积月累就会逐步完成资本的原始积累。

三、通过筹资积累启动资金

如果个人有一定的资金原始积累,用来兴办自己的企业当然是最好的。但是,中小企业发展初期,很少是一个人全部出资创立的。市场机会稍纵即逝,当市场机会来临但资金尚不足以支撑企业启动和运作时,就要开设多方筹资渠道,寻找一些合伙人。

中国有句古话叫作"物以类聚,人以群分"。办企业、干事业,一定要寻找志趣相投的人,志趣不相投者不以为谋。筹集资金最好找有共同兴趣、共同爱好、共同志向的人,家族内的人、同学、朋友当然是首选,他们是企业发起者最了解的人、最信赖的人,同时,他们也信得过企业发起人。但是,企业发起人一定要向他们讲清楚企业经营业务的现状、企业未来的前景和企业经营的风险,办企业、做生意永远是有风险的,一定要让合伙人既能看到企业的发展前景,又能看到企业可能面临的风险,在权衡收益和风险后自愿选择是否加入企业。

企业筹集启动资金时,有两个问题值得注意:一是不要因为资金问题而吸收股东,因为股东作为企业的合伙人,除了需要出资外,还需要向企业贡献智慧,有一定的能力参与企业管理,还要能与其他股东友好地相处。股东出资加入一个企业,目的是为了获利,但是,如果股东出资加入了企业,一不懂业务,二不参加企业的管理,坐等分红,甚至还对企业经营指手画脚,那么,问题很快就出来了,分红时嫌红利太少,亏损时唠叨满腹,经营遇到困难时对企业横加指责。试想,这样的企业还会有向心力吗?二是不要轻易开口向朋友借钱。每个人生活中都会有一定数量的朋友,日常生活中一起吃吃喝喝、朋友义气掩盖了每个人的自私。当遇到困难(特别是关乎自身利益)时,很少有朋友愿意站出来相助。当然,也不排除有些肝胆相照的朋友愿意提供无私的帮助,但在帮助的同时,他们的心理负担也是十分沉重的。为他人着想,企业经营不要开口向朋友借钱。

总之,在企业创建初期,获取资金的途径是靠智慧、靠信息、靠人品、靠诚信,在当今的社会环境中,只要勤劳肯干,吃苦耐劳,用心做事,付出总是会有收获的。同时,创业初期,要注意精打细算,控制成本,企业的资本是用来产生利润的,任何与利润无关的开支都要三思而后行,这样,才能加快挖掘"第一桶金"的速度。

第三节 企业运营中的理财

一个企业能否保持良性的经营运作,取决于企业能否拥有竞争优势,能否规划科学的产品组合,能否制定完美的营销组合策略,但从根本上来说,还是如何使企业有限的资金保持高速运转,通过卓有成效的资金管理使企业取得最好的收益。那么,企业管理者如何进行资金管理呢?本节探讨企业运营过程中有效进行资金管理的方法。

一、根据企业业务需要,保持一定的现金流量

企业在运营时,保持企业最大的资金流量十分重要,如果资金不能流转,过多地投入到固定资产或用于长期投资,那么企业就可能变成一潭死水。企业的资金要最大限度地流转,最好是根据需要投入到流动资产(如存贷)中,通过开发适销对路的产品和有效的营销策略实现产品的快速销售,实现资金的快速回收和流转。

追求最大的资金流量就意味着企业要有大量的资金投入。那么,为了产生最大的资金流量,企业是不是要把所有的流动资金全部投入到货品中呢?答案是否定的。一般来说,在企业的流动资产中,70%投放到货品中是正常的,现金、银行存款和应收账款保持在30%左右,或者根据企业运营的经验,手头上掌握一个经营期间(一般一个月)的流动资金,这样,一旦企业产品销售不畅,应收账款不能及时回收,产品组合在某些项目上投资失衡,短期债务到期,都有足够的资金去应对暂时的财务危机。

企业的投资无异于赌博,押注对了,企业会产生较大的回报,但是一旦押

注错了,企业就可能遭遇大难。作为一名理性的投资者,为了企业的生存和发展,为了全体股东的利益,决不能以赌博的心态对待投资,必须为企业经营留有回旋的余地,按照企业经营计划和对市场的预测,保持足够的现金流量。

二、密切关注市场流行趋势

珠宝行业是一个与时尚密切相关的行业,时尚的风向不断变化,珠宝企业必须关注时尚的流行趋势,紧跟时尚潮流。如今这个时代是一个信息高度发达的时代,信息的传播推动行业的快速变革,商业模式层出不穷,流行趋势瞬息万变,如果不跟上这种变化的节奏,企业就可能在社会潮流中被淘汰。

2014年以来,随着珠宝企业市场扩张,市场竞争异常激烈,珠宝终端店铺经营遇到前所未有的压力,销售额直线下降。据初步统计,珠宝终端店铺中钻石饰品和翡翠饰品的销售额下降了70%,许多企业因销售业绩的下降而关门。珠宝行业似乎真正遇到了严冬,但据珠宝行业协会的统计数据表明,全国珠宝销售总额并没有太大的变化。那么,客户都到哪里去了?通过分析得知,珠宝行业发生了如下变化。第一,电子商务的崛起,电商、微商的发展将很多钻石、翡翠客户引到了线上;第二,个性化定制的兴起,个性化趋势的发展将部分客户带到了个性化定制工作室;第三,流行时尚的兴起,近年来,在社会上兴起一个又一个流行时尚,水晶时尚、彩色宝石时尚、琥珀时尚……分流了部分客户;第四,黄金消费的回归,近年来,黄金饰品消费发生了很大变化,工艺的改进使黄金饰品款式从单一到多变,引导消费理念从注重保值到注重时尚,进而使黄金首饰的消费量稳中有升。

变化的时代,企业要跟上变化的节奏,否则,资金就会变成一潭死水,企业的赢利也只能变成奢望了。

三、密切关注企业资产静态值与动态值的变化

财务分析对企业理财非常重要。尤其是各种比率,可以反映企业的资金流动情况、债务与债务偿还能力情况、赢利与赢利能力情况等。这个问题在上一节已经做了些简单的分析,本节还将进一步阐述这一问题。

上一节中提到,作为企业管理者,在看懂四大财务报表的同时还要进行简单的财务分析,重要的是注意分析三种比率:结构比率、运营比率、效能比率。

结构比率实际上反映的是企业总资产及分布情况、流动资产分布情况、负

债情况。在企业理财中，注重结构比率及其变化是为了对企业资产进行有效管理。结构比率排除了企业规模（如总资产的大小）的影响，对不同比较对象建立起可比性，可以用于本企业与历史比较、与其他企业比较和与预算比较。对比分析各项目的比率与前期同项目比率，研究各项目的比率变动情况，也可以将本企业报告期项目比率与同类企业的可比项目进行对比，研究本企业与同类企业的差别、成绩和存在的问题，预警企业在资产管理中存在的不足和财务风险，提出化解风险的途径和方案。

运营比率实际上反映的是企业运营情况，是与资源利用有关的比例关系，它们反映了企业经营效率的高低和各种资源能否得到充分的利用。很多比率都是与经营效率有关系的，注重经营效率是每个经营者和管理者都要明白的道理，但简单地考察运营比率可能还不够，还要做具体的分析。比如说毛利率，如果简单地用毛利润除以营业收入就可以得出毛利率的数据，这个比率对经营单一产品的企业是有意义的，但对经营多种产品的企业没有意义，因为多数企业不是经营单一的产品，而是一个产品组合。概括地说，企业的产品组合分三大产品项目：金银饰品、镶嵌饰品和玉器，每个产品项目的毛利率实际上有很大差异。如果将产品项目做进一步细分，每个细分项目的毛利率也有差异。再与效能比率结合起来分析，才能看出问题的端倪。所以，简单地看运营比率没有太大意义，必须结合企业的实际状况进行细致的分析，才会对企业理财起作用。还是以毛利率为例，通过分析可以知道，金银饰品的毛利率很低，而玉器的毛利率很高，是不是意味着企业应该放弃金银饰品的经营呢？这个问题就要结合效能比率进行分析。

效能比率实际上是测定企业资产的经营效率的参数，用来衡量企业是否有效地管理和运用资产，包括存货周转率、销售流通天数、固定资产周转率与总资产周转率等。效能比率对衡量企业资产的使用效率非常有用。以存货周转率为例，在企业的产品组合中，通过运营比率分析发现，金银饰品的毛利率很低，似乎要减少投资，甚至放弃经营；玉器的毛利率很高，似乎要重点投资。但从存货周转率（存货周转率＝销货成本/存货）进行分析，可能得出相反的结论，因为此比率越高，表示存货周转速度越快，存货积压越少，即企业资产的经营效率越高。但也可能表示存货太少，因此，根据此效能比率进行投资决策，应该依企业的资金投向和具体的经营方式确定。

但是，在企业理财中，对产品的态度有一点是可以肯定的：珠宝首饰是消费者心目中的贵重商品,但从企业理财的角度来说,如果商品卖不出去,它就是废品,一定要尽快处理。如果继续留在存货中,既影响资金的周转率,减慢了资金的流动速度,又影响了资金的使用效率。所以,对这类商品,要么在企业做促销时,以特价(低价)处理掉,要么改款,增加资金的流动性。

四、注重积累企业的商誉

中国的珠宝行业很大,但珠宝圈子很小,一旦某企业有什么风吹草动,消息会迅速传遍珠宝圈子。在这样一个行业环境中,建立好的口碑不容易,但坏的口碑会迅速传播,尤其是知名人物或知名企业。所以,企业管理者要注重维护企业的商誉,因为企业经营常常要借债,这时,商誉就是企业的无形财富。

如何维护企业的商誉呢?第一,与供应商维持良好、稳定的关系,商业承诺说到做到。比如说,企业欠供应商的货款,到期前一定偿还。第二,在商品交易中既要考虑企业利益,又要考虑供应商的利益,尽量实现双赢。第三,在同行业者面前不弄虚作假,真诚交流,分享成功的经验、失败的教训,在同行中展现管理者的人格魅力。第四,对消费者诚实守信,公平交易,用心服务,礼貌待人,以真诚赢得顾客的尊重与信任。

商誉是企业的财富。有了商誉,供应商愿意支持,在企业有困难时愿意出手相助;同行尊重,在市场竞争中相互推崇你、不诋毁;顾客信任,有需求时就会想起。如此一来,企业的经营就会一帆风顺,财富自然会滚滚而来。

五、不做过度的促销

珠宝企业营销活动中常常会涉及到促销活动。其实,珠宝促销是正常的商业活动,品牌推广需要宣传,新品发布需要宣传,产品促销更需要宣传。所以,每个企业的经营预算计划中,一定少不了促销费用,甚至有人认为,促销费用投入得越多,商品就会销售得越多,获得的利润也会越高。但是,促销费用与销售额之间其实是不成比例的(图10-1),在促销的初期,随着促销费用投入的增加,企业的销售额会稳定增

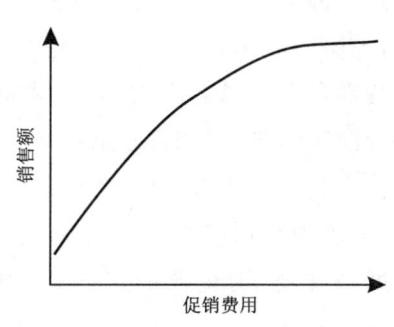

图10-1 促销费用与销售额的关系

长,继续投入促销费用,销售的增长会逐步放缓,直到销售额几乎没有增长,继续投入就称为过度促销。这里就涉及到企业利润最大化问题,要知道,促销费用是企业成本的一部分,增加一分促销费用,企业就会减少一分利润。所以,企业在促销时,要预测销售额不再大幅增加的临界点,过了这个点,促销活动就应该停止了。

在每年初的企业预算中,都要根据前一年度的销售业绩、当年的市场预测和销售计划,做出促销费用的预算。在促销计划的实施中,对每一笔促销费用的投入都要做准确的市场预测,找出促销费用与销售额或利润峰值的临界点,力争每次促销都能起到最好的促销效果,获得最大额度的收益。为此必须对每一次促销都要做精心的设计和准备。

1. 预测消费趋势,通过促销引导消费

珠宝首饰是时尚产品,不同的时期会有不同的流行趋势。在这种不断变化的流行风向中,企业的做法有两种思路:要么迎合,要么引导。所谓迎合就是紧跟流行趋势,流行什么企业就做什么;所谓引导就是让消费者的消费喜好跟着企业的设计思路走,由企业领导流行风向。但这两种情况下,企业都要首先预测消费流行趋势,如流行什么款式、什么颜色、什么宝石品种等,把握好流行风向,顾客才可能认同企业产品所代表的流行趋势,拥戴企业产品。预测是为了先行一步,走在流行时尚的前面。准确预测,先行一步,企业就会走在流行趋势的前面,成为流行趋势的引领者,否则,只有充当流行时尚的追随者,引领者和追随者所创造的价值是完全不同的。

2. 设计卖点,将卖点准确地传达给每一位顾客

企业的促销广告一定要有一个独特的卖点,靠卖点吸引顾客的眼球。要知道,平庸的促销广告只能消耗企业的资源,对商品的促销起不到太大的作用。特别是在信息高度发达、广告满天飞的时代,要引起消费者的注意,吸引消费者前来购买,促销广告必须设计独特的卖点。

什么是独特的卖点?简单地说,独特的卖点就是企业产品与其他产品的区别,且这种区别或差异正是企业定位消费者所需要的或感兴趣的。从顾客的角度来讲,看到企业的广告,会立刻引起他的兴趣或注意,从而产生购买欲望。

如何设计独特的卖点?这个问题已经超出了本章的讨论范围。但要强调

的是,卖点的设计最终是从顾客的需求出发,从消费者追求的利益出发,准确挖掘顾客的需求。让消费者切身感受到,这种产品值得购买,应该购买,这样的广告才能真正起作用。

3. 选对媒体,让促销更加有效

关注各种媒体上刊登的广告会发现,很多知名的国际大品牌,它们的广告很少出现在大众媒体上,而在少数高端杂志、高端体育赛事、高端人士聚会的场所却频繁出现。这充分说明做广告要选对媒体,顾客群体最可能出现在哪里,广告就应该投放在哪里。媒体的选择与企业的事业形态有很大关系,一个从事首饰镶嵌业务的企业,花再多的钱在电视上做广告也不会有太大的效果,因为客户是广大零售商,只要让他们了解企业的特色与工艺就行了。企业做促销广告时选择什么样的媒体,一定要根据目标客户选对媒体,否则,无异于浪费金钱。

4. 围绕特色,不断强化产品诉求

多数珠宝企业,企业规模还很小,企业特色尚未形成,做广告毫无章法,不仅不能起到促销的作用,也不利形成企业特色。正确的做法是首先确定企业的定位,在做促销广告时围绕定位的特色不断强化企业产品的诉求,以此来提升企业或产品的形象,让消费者对企业形成美好的记忆。如戴比尔斯的广告为"钻石恒久远,一颗永流传";周大福的广告为"经典、永恒",好记又上口,其实都是在强化一个主题。珠宝企业的广告一定要在色彩、诉求、主题和愿景上具有连贯性和一致性,因为只有一致性的东西才能强化客户的记忆,加深企业在社会公众心目中的形象。

5. 监控促销过程,及时调整促销策略

除了促销广告要精心策划外,对促销的过程要进行严格的监控,及时检验促销的效果,评价促销的实际效果与预期之间的距离,如果有偏差,就要分析原因,调整促销方案,力争每次促销都能取得最好的促销效果。

总之,珠宝促销要明确促销目的,是品牌推广还是产品促销,是追求长期利益还是追求短期利益。在此基础上,制定科学的促销方案,结合企业的定位不断强化同一个主题,让企业和产品特色在消费者心目中形成深刻的印象。

六、依靠银行,将企业做大做强

随着企业在正确经营决策的指导下有序地运营,企业就会步入正常的发展轨道,资本的积累也会使企业的实力不断增强。企业发展到了一定的阶段,就要考虑做大做强的问题,不做大,就会死或在生死的边缘徘徊。依靠自身的发展让企业壮大,可能是一个漫长的过程,必须借力发展,迅速在行业中站稳脚跟。向谁借呢?银行!企业要做大,必须依靠银行。

但是,出于借贷风险的考量,银行总是会"晴天送伞",也就是企业越是在不缺钱的时候,银行越是愿意向企业放贷,而当企业真正需要银行提供帮助的时候,银行又会来审核企业的经营状况、商业信用、资金投向、偿还能力等。所以,在日常经营中要做好四件事:第一,越是在不缺钱时,越要与银行交往;第二,在日常经营中就要建立良好的商业信用;第三,准备向银行借钱时,做好完备的财务规划;第四,准备好抵押物或有单位愿意提供担保。

1.越是在不缺钱时,越要与银行交往

企业融资是一种信用行为和信用关系,银行与企业之间是否有着良好的沟通和信任关系是融资能否成功的基础。所以,企业如果平常就与一两家银行保持良好的合作关系,需要融资时寻求他们的支持就会容易得多。比如说,企业的开户银行,将企业资金集中在保持合作关系的开户银行,日常经营中资金的流动情况他们都非常清楚。银行在结算日需要资金支持时,企业为他们提供必要的支持,有了这样的合作关系和商业信用,且银行也了解企业的经营情况,申请贷款就会容易得多。不要等到需要资金时再去找银行,不仅得到贷款的机会小,即使能够取得贷款,审批的时间也会非常长。所以,经营中越是不缺钱的时候,越要与银行打交道,让它们了解企业。

2.在日常经营中就要建立良好的商业信用

前面也谈到了商誉问题,它是对经营中的业务关系而言的。跟银行打交道,试图取得银行的贷款,商业信用更加重要。企业向银行申请贷款时,银行一定会调查企业过去的信用。企业信用与取得银行贷款的机会呈正比关系,对于信誉好、效益高的企业,银行更乐意提供支持,取得银行贷款并不是什么难事,相反,对于那些在倒闭边缘挣扎的企业试图通过银行贷款来挽救,银行怎么可能不考虑风险呢?所以,一个企业一定要在日常经营中注重建立自己

的商业信用,在珠宝行业和社会上没有致命的负面评价,在银行里也没有不良记录,这些为取得银行支持创造条件。另外,国有商业银行经营比较保守,对中小型企业的审批相对严格,民营银行政策相对灵活,获得贷款相对容易。

3. 准备向银行借钱时,做好完备的财务规划

企业的财务会计信息真实可靠是银行发放贷款的重要依据,国有商业银行对中小型企业贷款之所以谨慎,除了贷款总量少、信用不佳外,不规范的财务管理也是一个重要原因。试想,一个企业的财务账目做得漏洞百出,财务报表不规范、数据不真实,甚至出现虚账、假账等情况,如何让银行放心地将资金贷款给这样的企业呢?

所以,企业的日常管理就要规范自己的行为,财务报表要做得很完整,经营数据非常详实,财务规划做得非常有条理,企业的资金投向、资金流转、投资回报都在正常、合理的范围内,从财务报表上就可以看出企业的管理非常严谨,运作非常有序,经营业务有成长的空间,债务风险在可控的范围内,偿还贷款有保障。这样,银行才会有信心为企业放贷。所以,准备向银行贷款时,要通过财务报表向银行证明企业的运营情况,准备好妥善的财务规划,说明贷款的用途和投向,向银行证明还款有保障。

4. 准备好抵押物或有单位愿意提供担保

如果信用贷款道路行不通,另一个途径就是抵押贷款或有单位愿意为企业提供担保。企业可变现的固定资产、个人房产、有价证券等都可以作为抵押物。日常经营不需要资金时,最好通过抵押或商业信用向银行申请一个信用贷款额度,以供不时之需。当然,如果有单位愿意为企业提供担保,那是再好不过的贷款途径。

总之,企业运营期间注重理财十分重要,要以理财的观念对待每一项经营行为,开源节流,厉行节约,不断为企业积累财富,逐渐将企业做大做强。当然,要使企业快速发展,最好取得银行的支持。

第四节 企业发展时期的理财

当一个企业完成了资本的原始积累,经营活动步入正常的发展轨道,企业管理者就要从战略的高度思考企业未来的发展问题。随着资本的不断积累,

企业不可能原地踏步,尤其是家族式企业的管理者,将企业做大做强,为家族积累更大的财富是每个企业家的梦想。企业未来的发展有三条路可选:第一,走专业化道路,持续从事当前业务;第二,走多元化经营道路,将经营范围拓展到珠宝产业链的每一个节点;第三,全部或部分出售自己的事业,到其他行业去发展。

一、走专业化道路,持续从事当前业务

如果企业想在珠宝行业持续稳定地发展,首先就要思考在自己熟悉的领域去发展,做熟悉的业务,努力成为这个领域的专家,这就是常说的走专业特色之路。珠宝产业链每个节点上的业务都非常专业,需要专业的知识、专业的技术、专业的营销管理人员去从事生产和经营,才能做出特色,不要这也想做那也想做,认为赚钱的事都想去做,最后会把企业做得不伦不类,什么都做不好。

纵观在珠宝行业中取得成功的企业,无不是在某一专业业务的基础上发展起来的。在专业业务上形成特色,努力成为这项业务的专家,逐渐将企业做大做强。谢瑞麟是打金出身的,以精细优质的工艺见长,并在其后业务中倾尽全力突出其K金工艺的特色,成就了谢瑞麟珠宝品牌;周大生是做钻石业务的,借助连锁经营的商业模式,将周大生做成了中国最大的钻石零售商;百泰首饰是从事黄金加工业务的,运用现代生产技术和工艺,将百泰做成了"中国黄金制造第一家",成为中国最大的黄金首饰供应商。不专注一项业务,在各个领域都想去投资,无异于浪费金钱,最终走向经营的失败。2013年,黄金市场消费热情高涨,许多商家纷纷投资兴办黄金加工厂,建立黄金首饰批发展厅,结果,在不到一年的时间内,90%以上仓促上马的工厂和展厅倒闭关门。这是不专注做自己的核心业务或熟悉的业务,盲目投资失败的典型例子。在选好经营业务切入点的同时,从理财的角度还应做好以下几件事情。

1. 持续关注财务数据,合理安排资金

持续关注财务数据,就是从经营数据变化的角度出发,预测和发现市场的变化,合理安排资金投向。市场风向是不断变化的,中国珠宝市场从黄色消费到白色时尚再到市场多元化,从水晶时尚到彩色宝石时尚再到琥珀时尚,变化的节奏越来越快,这些变化都可以从经营数据上反映出来。只有准确预测市

场的发展趋势,顺应市场的变化,紧跟市场的发展潮流,才能在激烈的市场竞争中生存下来,发展下去,实现稳定的销售利润。

2. 通过管理降低成本,实现利润率最大化

经过系统的策划,企业的经营活动进入了正轨,但一个经营期间的财务报表显示,企业的毛利润非常可观,但净利润却少得可怜。很显然,这是经营费用过高造成的,比如说,过度的促销、过度的服务、过多的人力资源开支、过多的市场研究费用、过多的管理费用等。只要企业的产品销售在一个合理的利润范围内,企业没有赚钱或只有微薄的利润,一定是在经营成本上出了问题。企业要实现利润最大化,必须在每一项开支上精打细算,该花的钱必须花,不该花的钱坚决不花。从管理中争取利润是企业理财的一个重要思路。

3. 勇敢地关掉那些经营业绩不好的门店

企业通过经营积累了一定的资金以后,总是想着把自己的事业做大,一旦有了富余的资金就想着多开一个门店,可是几年的经营下来,发现门店增加了不少,利润却没有增加,一些门店资金投入不少,但利润低得可怜甚至亏损,但碍于面子,不赚钱的门店不得不硬撑下去,结果造成企业的投资没有收益,反而影响其他门店的经营。其实,办企业做生意,一定要考虑如何优化企业的资源,好钢用在刀刃上,绝对不能使资源闲置或投入到没有收益的地方。效益不好的门店为什么一定要去坚持呢？难道关掉一个门店就会影响企业的声誉吗？2016年,中国珠宝行业的发展遇到瓶颈时,享誉中国的珠宝品牌——周大福也关掉了很多门店。所以,企业管理者要向种果树的果农学习,定期修剪那些不结果的枝叶,留着它们,只会浪费果树的养分,影响其他枝叶的生长,只有毫不犹豫地修剪掉这些枝叶,才能为其他枝叶供应更充足的养分,才能收获更好的果实。

二、实行多元化经营

企业在某一领域经营到一定时期就会发现在这个领域已经无利可图了,就必须考虑向另一个领域拓展业务,这一经营行为叫做多元化经营。假若企业是从事珠宝零售业务的,刚开始时,店铺数量的多少可能与利润率大致呈正比关系,但随着店铺数量的增多,企业产品的市场占有率在提高,继续增加店铺,可能会发现企业的利润虽然有少量增加,但利润率在逐步下降,最后,利润

珠宝企业管理 ZHUBAO QIYE GUANLI

也会停止增长。这时,企业就应该考虑多元化经营问题了。

企业从事多元化经营,如何寻找经营领域和经营方向呢?

案例:深圳某珠宝首饰有限公司是张先生在 1994 年注册成立的专门从事钻石、红蓝宝石批发业务的公司。公司成立之初,由于张先生对珠宝行业不熟悉,经营效果并不理想。但张先生夫妇是能吃苦的人,他们背着宝石到各首饰镶嵌厂推销,即使经常遭到别人的冷眼,他们也毫不气馁,哪怕客人只要一粒宝石,他们却亲自送去。他们的诚心终于打动了客户,镶嵌厂纷纷为他们介绍客户,公司的经营业绩迅速增长,在不到三年的时间里,使一个夫妻经营的小公司成长为一个具有 50 多名业务员、年销售额过亿元的企业,公司在珠宝行业也名声大噪。

公司业务经过一个高速成长期后,张先生发现公司虽然有了稳定的经营业务,但业务量没有明显的增长。经过一番思考张先生决定从事多元化经营。一方面,自己兴办首饰镶嵌厂;另一方面,向零售行业渗透,形成珠宝生产、批发、销售一条龙的经营体系。半年之后,张先生有了自己的首饰镶嵌厂,也开设了几家珠宝零售店。可这时烦恼的事接踵而来:先是以前热情帮他们介绍客户的镶嵌厂不再为他们介绍客户了,上门推销,常常被拒之门外;接着是以前有着良好业务关系的客户不再来公司采购宝石了。公司的经营业务没有因为多元化经营而增长,销售业务反而大幅下降。在珠宝行业内,张先生陷入十分尴尬的境地。

对珠宝行业中运营良好的企业进行研究发现,多数企业都是在珠宝产业链的某一节点上从事经营业务。周大生是中国珠宝行业最大的钻石零售商,其加盟店经营的黄金饰品、翡翠饰品等均是由企业的合作伙伴作为供应商,周大生甚至没有自己的钻石镶嵌厂,没有自己的设计企业;周大福是中国最知名的珠宝品牌,拥有自己的首饰加工厂、产品设计部,但其产品只供给自己的品牌店。试想,假如某企业是一方面做着钻石批发业务,一方面做着钻石零售,在零售业与企业展开激烈市场竞争的钻石零售商怎么会继续批发钻石呢?

所以,企业从事多元化经营,最好是脱离珠宝行业,到其他行业去开拓自己的事业。但是,到其他行业去发展必须思考如下问题:第一,企业是否能够吸纳相应的专业人才,从事任何事业,都必须做到专业;第二,企业是否有足够的资金投入到新的业务中;第三,企业是否掌握了新业务领域的核心技术,具备了核心竞争能力;第四,企业是否具备在新的领域里坚持做好产品品质和管理品牌的能力;第五,企业是否在本产业链上能够取得各个节点支持的资源,并能维持良好正常的合作关系。如果不具备这些条件,最好不要轻举妄动。要知道,多元化经营就是一场赌博,成败在此一举,许多企业都是在多元化经营中走向失败的。

三、出售自己的事业

任何行业,都有其发展的高峰期,也有其成长的瓶颈期。一旦企业的发展遇到了瓶颈,或者企业管理者看到更好的、更适合企业发展的项目,就可以考虑出售自己的事业。商人的本质是为了赚钱,如果将企业卖出去会获得比继续经营下去更大的利润,卖掉企业又何乐而不为呢?

著名企业家、"汇源"品牌创始人朱新礼有句名言:企业要当儿子一样养,当猪一样卖!李嘉诚先生说他投资某个企业的时候,提前就要考虑以后怎么卖出去。从企业运作的角度上讲,这句话不无道理。企业需要当儿子养,用心养肥,让人看到它的价值,但是要当猪一样卖,卖一个好的价钱。

所以,企业在运营过程中就要注重培育其价值,产品是有价的,但是,无形资产是无价的。一个企业要出售自己的部分或全部事业,就要告诉别人它的价值是什么,有什么吸引优势。珠宝企业可以从哪些方面培养自己的优势呢?第一,从形象上培育,珠宝行业是一个专业性很强的行业,专业的形象才能取得消费者的信任;第二,从竞争优势上培育,在精确定位的基础上,提炼企业的独创性、差异性,让人明显感受到本企业与其他企业的不同;第三,从商誉上培育,注重产品质量和服务,在社会上形成良好的口碑,建立良好的商誉;第四,从品牌上培育,在知名度、信誉度、满意度、忠诚度四个"度"上进行全方位打造,形成在行业中有一定市场地位的品牌。

通过以上商业运作,把企业包装得漂漂亮亮,在必要时卖掉,实现企业的价值。

本章小结

本章主要说明了以下问题:第一,企业的经营情况都可以在财务上通过数据反映出来,财务状况是企业决策的重要依据;第二,企业管理者应该具备一定的财务知识,密切关注财务数据;第三,兴办企业必须注重理财,通过理财实现企业利润的最大化;第四,企业要做大做强,必须取得银行的支持,积累企业的信誉,保持与银行的良好关系十分必要;第五,理财是实现企业利润最大化的重要途径,筹资、融资、转化都是企业理财的重要方式。

1. 简述四大财务报表,说明其作用。
2. 简述财务分析中三种比率,说明三种比率分别代表什么含义?
3. 寻找一份某企业财务报表,分析其中各种比率,指出企业经营中存在的问题。
4. 企业从事多元化经营要注意哪些问题?

第十一章　客户关系管理

当今社会已经进入网络时代,在信息高度发达的今天,市场并不缺少产品,企业所缺乏的是客户。所以,企业常说"顾客就是上帝",因为企业的利润来源于顾客,没有客户的支持和拥戴,企业就成了无水之源、无米之炊。从这个意义上说,顾客不仅是上帝,还是企业的衣食父母,能否受到顾客的拥戴关乎企业能否继续生存下去。很多企业为了获取商业利益不择手段地欺骗顾客,如以假充真、以次充好,销售时甜言蜜语诱导顾客购买,销售结束形同路人,服务承诺时信誓旦旦,兑现服务时大打折扣等。企业的这些行为伤害的不止是顾客,其实也伤害了企业自身,产品质量无法保障,诚信制度无法落实,服务理念无法建立,那么,企业未来在哪里寻找自己的生存空间呢?所以,企业管理者一定要从企业未来发展的高度认识客户关系管理的意义,制定切实可行又深得顾客欢迎的客户关系管理的行动方案,使"顾客就是上帝"的承诺真正落地,建立适应企业发展的良好的主客关系。

第一节　概　述

客户关系管理(Customer Relationship Management,简写为CRM)最早产生于美国,由Gartner Group首先提出,20世纪90年代以后伴随着因特网和电子商务的大潮得到了迅速发展。一方面,CRM借助先进的信息技术和管理思想,通过对企业业务流程的重组来整合客户信息资源,并在企业内部实现客户信息和资源的共享,为改进客户价值、提高客户满意度、增加企业赢利能力以及保持客户的忠诚度,吸引更多的客户,最终实现企业利润最大化具有重要意义。另一方面,CRM应用系统通过对所收集的客户特征信息进行智能化分析,为企业的商业决策提供科学依据。这里先简单介绍CRM的概念、内涵及意义,为珠宝企业如何从事客户关系管理打下基础。

一、客户关系管理的概念和内涵

客户关系管理,从字义上看,是指企业用客户关系管理系统来管理与客户之间的关系,并通过客户关系管理系统来选择和管理有价值客户并与其建立良好关系的一种商业策略,以最大限度地帮助企业实现经营目标。这里所说的客户包括了过去购买过的商品或正在购买的商品消费者,以及还没有购买商品但今后可能产生购买行为的潜在消费者。

客户关系管理是一个不断加强与顾客交流,不断了解顾客需求,并不断对产品及服务进行改进和提高,以满足顾客需求的连续过程。其内含是企业利用信息技术(IT)和互联网技术实现对客户的整合营销,是以客户为核心的企业营销的技术实现和管理实现。

客户关系管理是企业为了提高核心竞争力,以客户为中心,通过改进对客户的服务水平,提高客户的满意度与忠诚度,进而提高企业赢利能力的一种管理理念;是通过开展系统化的理论研究,优化企业组织体系和业务流程,实施于企业的市场营销、销售、服务与技术支持等与客户相关的领域,旨在改善企业与客户之间关系的新型管理机制;也是企业通过技术投资,建立能收集、跟踪和分析客户信息的系统,是先进的信息技术、软硬件和优化的管理方法、解决方案的总和。

客户关系管理是一种策略,它按照客户的分类情况有效的组织企业资源,培养以客户为中心的经营行为以及实施以客户为中心的业务流程,并以此为手段来提高企业的赢利能力、利润以及客户满意度。

客户关系管理是企业在营销和服务业务范围内,对现实的和潜在的客户关系以及业务伙伴关系进行多渠道管理的一系列过程和技术。

通过以上分析,可以对客户关系管理的内涵归纳如下:

(1)客户关系管理是一种管理理念,是通过提高产品性能,增强客户服务,提高客户交换价值和客户满意度,与客户建立长期、稳定、相互信任的密切关系,为企业维系老客户、吸引新客户服务,提升企业的经济效益和竞争优势,进而提高企业的核心竞争力。

(2)客户关系管理是一种管理技术,是企业通过技术投资,建立能搜集、跟踪和分析客户信息的系统,创造并使用先进的信息技术、软硬件,以及优化的管理方法和解决方案,通过技术手段对客户数据的分析和管理。

（3）客户关系管理是一种企业管理机制。企业通过与客户不断地互动，提供信息和客户作交流，以便了解客户的需求并影响客户的行为，进而留住客户，减少企业争取客户的成本，增加企业的利润。

（4）客户关系管理是一种以客户为中心的经营策略。它以信息技术为手段，通过交流互动让客户了解企业及其产品，发掘客户的需求，增强对企业的信任度和忠诚度，达到建立终身客户的目的。

（5）客户关系管理是现代管理科学与先进信息技术结合的产物，是在企业树立"以客户为中心"的发展战略基础上，开展包括判断、选择、争取、发展和保持客户所实施的全部商业过程。

二、客户关系管理的内容

客户关系管理的内容非常庞杂。从客户资料（包括名称、地址、联系方法、联系人、联系人喜好等）、业务类别、交易金额、交易时间、交易地点、采购特点、特殊要求到对客户价值的评估、客户类别的划分、客户评价（购买能力评价、性格评价、购买潜力评价等）、客户关系的维护等方方面面。收集客户资料是从事客户关系管理的基础，提供客户满意的服务，将客户转化为终身客户是客户关系管理的核心。

对于销售人员来说，他们处在营销的第一线，直接与客户打交道，为客户提供各种服务，为了做好客户关系管理工作，他们除了要负责收集客户基本资料外，还要通过观察和与客户的交流互动中关注以下内容：

（1）判断客户是一次性客户、偶然客户还是经常性客户，这是评价客户能否转化为终身客户的基础。

（2）了解客户选择购买本企业产品的目的何在，客户之所以选择购买本企业产品，是出于哪方面的考虑？是喜欢产品的款式、相信产品质量还是相信品牌？这是了解本企业产品在客户心目中的地位和品牌在社会上的知名度的重要途径。

（3）通过电话回访或登门拜访了解客户使用本企业产品后的真实感受，对本企业的产品和服务还有哪些意见和改进的建议等，这是评价客户满意度的基础。还可以亲自倾听客户对企业产品和服务的看法，为改进产品和服务提供依据。

（4）评估客户对企业的现实价值与潜在价值，能否成为企业的 VIP 客户。

这是评价客户购买潜力、发掘客户最大价值的基础。

（5）掌握与客户有效沟通的方式方法（包括客户常用的沟通、联络习惯等），尤其是对有购买潜力的客户，掌握他们有效的联系和沟通方式，经常同他们保持联系和沟通，可以建立一种独特的情感，进而建立良好的主客关系。

（6）对客户关系管理中的重要内容进行及时更新，准确掌握客户的现状，对掌握客户的消费习惯、消费规律，发掘客户的需求是有好处的。

三、客户关系管理的核心思想

在一个自由市场的环境下，市场竞争的焦点已经从产品的竞争转向品牌的竞争、服务的竞争和客户的竞争，归根结底是客户的竞争。所以，与客户建立和保持一种长期的、良好的伙伴关系，掌握客户资源、赢得客户信任、分析客户需求，提供满意的客户服务等客户关系管理的核心思想建立和商业实践中的具体运用是企业提高市场占有率，获取最大利润的关键。客户关系管理的核心思想主要包括以下几个方面：

（1）客户是企业发展最重要的资源之一。正如前所述，当今的市场竞争表面上看起来是产品的竞争、品牌的竞争、服务的竞争，但归根结底是客户的竞争。没有客户，企业就没有了利润来源。所以，可以说，客户是企业发展的重要资源，谁拥有更多的客户，谁就有了较高的市场占有率，谁就能获得更高的利润，谁就拥有更大的发展空间。

（2）重视客户的个性化特征，实现一对一营销。在客户关系管理中，珠宝企业掌握了大量的客户资料信息，要对每位客户的资料做深入细致的分析，掌握他们的购买能力、审美倾向、购买时机等个人资料，尤其要关注那些购买能力强、需求档次高的客户，他们是企业利润的主要来源。客户的需求是多样的，追求的利益是不同的，要紧紧抓住他们的需求、喜好，实行一对一服务、一对一营销，满足他们的个性化需求，为企业创造更高的利润。

（3）客户关系管理是为了不断提高客户满意度和忠诚度。珠宝营销是为了发掘、发现并满足客户的需求，一旦顾客接受了企业产品，就会体验产品给自己带来的满足感，再比较产品的价格，如果一切在自己的预期之内或高于预期，则会对企业产生信任度和满意度，然后通过享受企业的服务，便会对企业产生忠诚度。企业"一切以客户为中心"服务理念就是让客户产生忠诚度和满意度，这样的客户将会成为企业的终身客户。他们在消费珠宝会对企业产生一种"依赖"感,一旦有了需求,就会想起该企业,还会为企业该介绍其他客户,做企业产品的义务宣传员,使企业的客户群体不断扩大。

(4)客户关系管理贯穿于市场营销的全过程。客户关系管理是一种旨在改善企业与客户之间关系的新型管理机制,不能将客户关系管理简单地看成与顾客建立良好的互动或买卖关系,它是通过加强与顾客交流,了解顾客需求,对产品或服务进行改进和提高以满足顾客需求的连续过程。它始于接触顾客、与顾客沟通、发掘顾客需求、达成交易、顾客追踪、享受服务,直至发现新的需求,这样一个循环过程,是企业为了提高核心竞争力,发掘顾客终身价值的战略性步骤。在市场营销的整个过程中注重客户关系管理,一方面可以逐步积累客户,另一方面可以有效地识别哪些是潜在客户,哪些是客户,哪些是购买潜力较大的客户,进而达到识别客户的目的。根据不同的客户选择不同的营销方式,提供不同的服务,有利于提高管理效率。

第二节 珠宝企业对客户关系管理的反思

不可否认的事实是,每个企业都具备一定的服务意识,愿意在一定范围内为客户提供服务,尽可能地使客户满意,从而获得客户的正面评价。但当服务与赢利联系在一起时,有些服务似乎就变味了。以下来具体分析在珠宝企业的客户关系管理中存在哪些误区,珠宝企业应该如何看待客户。

一、客户关系管理的误区

珠宝行业是一个非常特殊的行业,首先,珠宝首饰是装饰品,是消费者可有可无的商品,一旦受商家的鼓动就可能产生冲动消费,而当恢复理性后消费者又有种吃亏上当的感觉;其次,珠宝首饰是消费者不了解的商品,消费者不专业,在消费时对商家总是有一种心理距离;第三,商家为了追求利益,在客户关系管理中存在不正当的服务。这些因素常使珠宝企业的客户关系管理陷入各种误区,具体如下。

1. 营销近视症

营销近视症(marketing myopia)是著名的市场营销专家、美国哈佛大学管理学院西奥多·莱维特(Theodore Levitt)教授在1960年提出的一个理论,指的是企业把主要精力放在产品上或技术上,而不是放在市场或消费者的需要上,结果导致企业丧失市场,失去竞争力。中国珠宝行业的营销近视症主要表现在:第一,只注重当前商品的推销,不注重顾客的个性化需求,一旦当前商品不能满足顾客需求,就会失去当前客户;第二,只注重企业当前利益,努力实现短期销售目标,而不注重长远利益。一单生意成交就不再注重客户的追踪服务,导致企业没有客户积累,没有将客户关系管理的观念贯穿于营销的始终;第三,珠宝营销不注重宣传品牌特色,一味地推销当前产品,客户即使购买了某品牌的商品,也不会对本品牌形成深刻的印象或独特的情感,进而形成不了对品牌的忠诚度。

2. 消费误导

珠宝首饰非生活必需品,珠宝消费是非专业消费,消费者的购买决策在很大程度上取决于商家的引导。顾客购买珠宝之后,就会通过询问他人、咨询专家或与其他商家的商品比较等方式判断自己的购买决策是否正确。当消费者得到不同的声音或观点时,商家的引导便成为误导,消费者会对商家产生强烈的不满,再也不可能到此商家购买商品了。比如,一个专营 18K 金镶钻石首饰的品牌,当顾客向销售顾问咨询是 18K 金好还是 Pt900 好时,销售顾问会介绍 18K 金镶嵌首饰的优势和 Pt900 的劣势,鼓励顾客购买了 18K 金镶钻石首饰。而当顾客通过其他途径了解到真实情况后,就会认为销售顾问欺骗了他(她),这位顾客也就不可能成为本品牌的忠实消费者。类似的案例举不胜举,商家通过误导固然取得了短期的利益,但在崇尚维系顾客终身价值的客户关系管理的理念下,这种做法是不可取的。在这种情况下,销售顾问应该客观地分析 18K 金与 Pt900 各自的优势与不足,然后介绍本品牌如何以良好的售后服务弥补 18K 金首饰的不足(如 18K 金首饰容易变黄,本品牌商品可以随时进行免费翻新),在此基础上再为消费者提供购买建议,帮助消费者的选择。

3. 欺骗销售

由于消费者是非专业消费,对珠宝的质量和价格不了解,在交易过程中,当顾客在价格上提出不合理要求时,商家应该表示理解,并应该耐心地从工艺、品质品牌等方面让消费者正确地认识到商品的价值,决不能为了满足消费者对价格的要求而以次充好或隐瞒商品质量的真实情况,把不符合消费者质量要求的商品推荐给他们。如一位消费者在与商家的交流中表示,希望花两万元购买一件质量稍好一点的克拉钻,很显然,这个预算是不可能买到质量好的钻石。但商家的做法是为顾客推荐了一枚 M 色、P_3 净度、切工一般的钻石戒指,并告诉顾客,这粒钻石除了颜色稍黄外,其他质量都是非常好的,净度是五星级的(鉴定机构为了不在鉴定证书上显示钻石较差的净度级别,常在净度一栏中标识五个"*"号,表示忽略净度的评价,被不良商家解释为五星级)。顾客高兴地购买了钻石戒指,但当他请教行内专家得知真实情况后,毫不犹豫地找商家退货。

在珠宝销售中,利用顾客的不专业进行欺骗的情况在许多不知名的珠宝品牌中普遍存在。这种欺骗性销售不可能建立良好的品牌形象,更不可能将客户变成终身客户。如果商家与顾客做真诚的沟通,以诚信取得顾客的信任,从而建立起良好的主客关系,而一旦让顾客发现销售中存在欺骗行为,这种关系便荡然无存。

4. 过度服务

在珠宝营销中,许多商家(特别是小商家)在顾客面前展示出一种极度的不自信,表现为对顾客过于热情,为了留住顾客,与顾客达成交易,顾客的所有要求都尽量满足,通常把这种现象叫做过度服务。比如,对于不熟悉的顾客,他们可能对商家本来就有一种防范心理,如果商家过于热情,他们的防范心理会加重;在"购买有礼"的促销中,只要顾客提出要求,商家可以超出促销规则,毫无节制地为顾客提供礼品;在价格判断中,为了留住顾客,达成交易,只要不亏本,商家都尽可能在价格上满足顾客的要求。实际上,这些过度的服务是不利于建立相互信任的客户关系。

事实上,在商业活动中,价格的折让和营销服务都要制定一个原则,设置一定的"度"。服务是需要成本的,超出了这个原则或"度",不仅增加了服务成本,而且在提高顾客对商家的信任度方面也是不利的,同时,过度的服务实际上是商家对商品、对品牌不自信的表现。商家的服务不可能让所有的人都满意。

5. 责任推诿

珠宝首饰的佩戴是讲究场合的,如果不讲场合地佩戴,不管是工作还是应酬都把首饰佩戴在身上,是很容易出现质量问题的,比如,宝石脱落、贵金属首饰断裂等。客观地说,多数商家的上柜商品都是经过严格质检的,少数商品可能存在质量问题,但是,很多被消费者认为是质量问题而投诉商家的实际上是消费者自己在佩戴中因不注重保养而产生的,且一旦出现质量问题,其责任又很难认定,于是就出现了责任推诿,导致商家与客户的关系很难维持,如果涉及的金额过大,甚至要通过法律手段予以解决。

珠宝首饰售后中的商品质量问题,如果完全认定商家责任推诿也是不公平的,因为很多问题确实是消费者使用不当造成的。问题是在销售商品时销售顾问就要与客户就产品质量和售后服务问题做出周密的约定,厘清责任。什么情况下属于商品质量问题,什么情况下属于顾客使用不当造成的,尽量将责任界定清楚。如果确实属于商品质量问题,商家就要勇敢地承担;如果很难界定责任,在不用投入太多的服务成本的情况下,尽量为客户解决问题,争取客户的满意,决不能推卸责任。否则很难维持好一个良好的主客关系。

以上是珠宝企业客户关系管理中经常进入的误区,为了企业长远的利益,为了品牌在客户中树立独特的形象,为了企业产品在社会上形成良好的口碑,企业必须树立"以客户为中心"的服务理念,精心设计服务流程,避免进入这些误区,将客户关系管理的核心思想植入珠宝营销的每一个环节。

二、如何看待客户

没有一个企业的服务能让消费者永远满意,正如上所述,让所有客户满意的服务是过度服务,企业是要付出成本的。客户选择企业产品是对企业的信任,客户对商品质量提出质疑是因为他们不够专业,客户寻求多的服务是在保护自己的利益。近年来,消费者的自我保护意识在增强,因产品质量问题而投诉的案例屡见不鲜。根据湖北省工商局发布的消息,2017年上半年,湖北省共处理首饰类消费投诉1108起,投诉量同比增幅超过40%,且大多数投诉都是集中在黄金、铂金首饰的变形和钻石、宝石的脱落上。但是可以看出,多数客户的投诉无非是想解决问题,保护自身的利益不受伤害,故意刁难、钻空子的客户毕竟是少数。从另一个角度讲,客户的投诉是对企业的信任和监督。对客户投诉的问题做出必要的解释也会消除消费者对企业产品的质疑。没有客户的投诉,就没有针对产品质量问题与客户沟通的机会,就不知道产品有何缺陷,就不知道如何改进,就不知与竞争对手的差距。同时,企业和销售顾问也要反省自己的服务理念和行为。

1. 从消费者角度看待消费者

如果企业设身处地地从消费者的角度考虑,大多数消费者要求的无非是公平交易,取得与付出相对应的回报,信息的不对称使他们总是对企业怀有戒心,知识的不专业使他们对销售顾问产生更多的信赖。根据工业企业研究,消费者冒险率是生产者冒险率的两倍,生产者的冒险率主要集中在市场预测上,而消费者因为不专业,要承受花钱买受骗的风险。

消费者购买了企业的产品,并不代表客户对企业产生了信任度,有的消费者拥有了产品,也会研究资料,尽可能多地了解与产品有关的知识;然后,综合比较产品的质量、价格、品牌、服务等因素,最后与自己的心理预期相比较。如果低于预期,消费者就会对此品牌不满意;如果接近预期,消费者不会对该品牌有深刻的印象;如果高于预期,消费者就会对该品牌产生满意度并留下深刻的印象,会在相关群体中宣传品牌。所以,从消费者的角度去考虑,企业一定要与消费者合作,为他们提供高于预期的产品,这个品牌一定会得到消费者正面的评价,并逐步提升知名度。

2. 从企业的角度看待消费者

每个企业都明白,顾客是企业的衣食父母,是企业利润的来源。从这个角度来考虑,每个企业都会善待自己的衣食父母,以最大的诚意为他们提供满意的服务。但是,在现实中,企业又是怎么做的呢?利用宣传工具促销时,设置各种陷阱,名义上打折促销,实际上是虚假打折;利用信息的不对称,欺骗客户,甚至以假充真、以次充好;销售时承诺满满,销售后服务不能兑现;向客户发放贵宾卡,目的是为了向他们推荐新产品,而对以前购买的商品不闻不问。这样的企业如何能获得顾客的忠诚呢?如果企业是从长远发展战略的角度思考客户关系管理,就应该真正"以客户为中心、以客户满意为前提"规划企业的客户关系管理战略,建立正确的服务理念,将服务作为企业文化的一部分,在营销的每个环节都能让客户体验到这种文化。

3. 从员工的角度看待客户

珠宝销售顾问处在企业的第一线,他们直接与客户打交道,他们的形象代表了品牌形象,他们的承诺代表了企业的承诺,他们的销售业绩是客户的奉献,他们的前途固然是由企业的前途决定的,但没有客户的支持就没有他们的成长空间。因此,他们更应该对给予客户应有的热情和尊重,在销售的每个环节为客户提供细致周全的服务。注重推销,满足客户的现实需求,不注重宣传品牌、发掘客户的潜在需求;产品卖出去了,很少做客户跟踪,产品出了问题,尽量推卸责任；总是站在客户的对立面，不为客户着想，不了解客户的真实感受。作为销售顾问，决不能从眼前利益出发做好销售工作，而要从企业的整体利益出发，从品牌宣传开始、发掘并满足需求到售后服务，把企业的服务理念贯穿于整个过程之中。

企业寻求的是利润，销售顾问寻求的是业绩，客户寻求的是满意，如何提升品牌实现双赢是每个企业管理者值得思考的。

第三节　珠宝企业应该关注什么样的客户

一、客户价值分析

市场从来不是缺乏产品，而是缺乏接受产品的客户。如果因为客户关系管理不善而导致客户的流失，对公司来说，不是简单的流失一笔生意，更不是损失一点眼前利益，而是流失了这位客户给的终身价值（即客户终身购买为企业创造的价值），且因客户的口碑效应还可能在社会上对企业（品牌）带来更大的负面影响。所以客户关系管理强调要培育客户终身价值。从客户培育到成为企业的终身客户是一个长期的过程，其价值也是不同的（图11-1）。

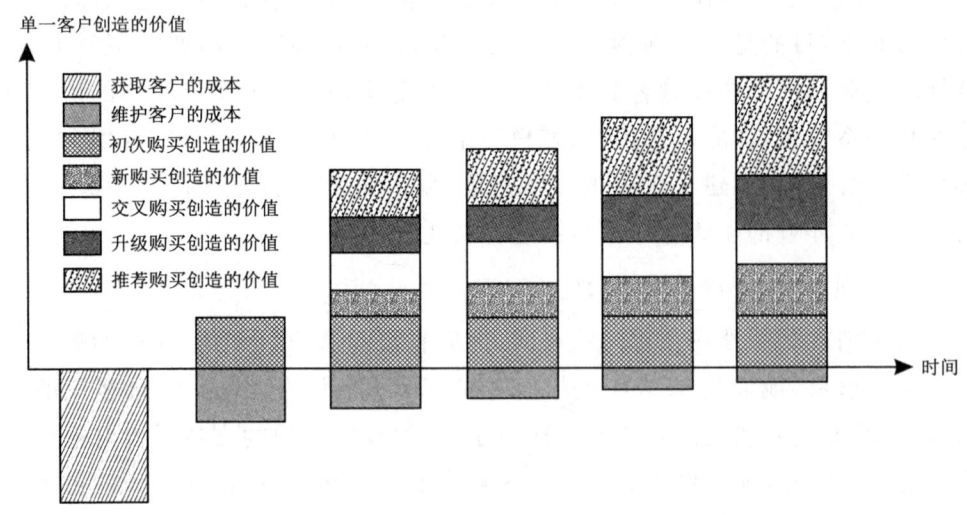

图11-1　客户终身价值分析图

企业拓展一位新客户首先需要投入。大量的资料显示,企业开发一位新客户的成本,远远超过留置一位老客户的成本。为了把新客户请进门来,几乎每个企业都得先行投入资金,如企业针对新客户展开的广告宣传;为了从竞争对手那里将客户争取过来,在同等价格的前提下需要向客户提供更多的礼品、更多的服务等,这一成本称之为转换成本。投入了转换成本,才能使客户转换为本企业客户,从而产生一个基础购买量。但这时客户是不稳定的,为了建立正常的主客关系,企业需要保持与客户的联系,为客户提供各种服务,经常拜访客户,可以为客户提供各种纪念礼品等,这一投入称之为维护客户的成本。随着企业与客户之间良好主客关系的建立,维护客户的成本会逐渐降低。

一个注重客户关系管理的企业会持续维护这种良好的主客关系,通过产品的体验和享受企业的服务,逐步对企业产生信任度、满意度和忠诚度,企业的回报会逐步上升,如客户再次购买首饰(新购买)时、需要购买其他首饰(交叉购买)时、需要购买更高档次的首饰(升级购买)时,都会首先选择到本企业来购买。更为重要的是,企业良好的信誉和服务会在客户的相关群体中口碑相传,形成良好的宣传效应,一旦相关群体中有了对珠宝首饰的需求,客户会推荐到企业购买(推荐购买),会持续不断地为企业创造价值。

很显然,企业一定不要做"一锤子"买卖,要建立良好的企业形象,通过宣传强化顾客对企业(品牌)的印象,让顾客了解企业及其产品,努力实现每一次成交机会,将潜在客户转换成现实客户。建立为客户服务的机制,将服务理念贯穿于珠宝营销的每一个环节,让客户只要有购买珠宝首饰的需要就会想起企业,将客户转换成终身客户,实现客户的终身价值。

总之,拥有一位对企业产品和服务满意的客户,其价值是无法用数量来计量的。客户从购买到满意,再从满意到忠诚,最后在相关群体中将企业的信誉以口碑相传,其中每个过程都会为企业带来利润。所以,满意客户的价值,不仅是他一次购买的金额,而且是他终身的客户感受价值,包括他自己以及对亲朋好友的影响。更何况,维护老客户远比争夺新客户的竞争更具有隐蔽性,更不易激起竞争者的反应,投入更低的维护成本。因此,使客户满意,对企业有极其重要的战略意义。

二、客户需求分析

任何企业都不可能满足所有客户的需求,因此,识别出哪些客户对企业最忠诚,哪些客户最能为企业带来利润,哪些客户最重视企业的产品和服务,哪些客户认为企业最能满足他们的需求,从而提供针对性的、个性化的服务,这对企业来说是必要的。

著名营销大师、现代营销管理学之父菲利普·科特勒曾经说过:企业最容易犯的一个错误就是认为最大的客户就是能为企业带来最大利润的客户。事实上,中型客户为企业所带来的投资回报率常常比最大的客户还要高。从科特勒的观点中可知,市场营销中应该关注那些能够为企业带来经常性回报的大众化客户。同时,意大利经济学家帕累托在研究19世纪英国人的财富和收益模式时,偶然注意到一种现象,即社会上20%的人占有80%的社会财富,财富在人口中的分配是不平衡的。这一现象被称为帕累托法则或二八定律、巴莱特定律。同时,人们还发现生活中存在许多不平衡的现象,二八定律成了这种不平等关系的简称。在研究客户与利润的关系时,研究者认为,当一家企业发现自己80%的利润来自于20%的客户时,就应该努力与20%的客户开展合作,这样做,不仅可以集中企业的优势资源,减少企业的工作量,而且可以使这些客户获得更高的满意度。

那么,珠宝营销中应该关注哪些客户呢?

我们知道,每一个企业(品牌)都有自己的市场定位,服务于围绕定位选择的目标顾客群体,这个顾客群体都是企业的服务对象。企业决不能勉强地为非目标顾客群体提供产品和服务,即使他们暂时购买了企业产品,也不会成为企业的终身客户,因为企业的服务不是为他们所追求的利益设计的,一旦他们追求的某种利益不能得到满足,就会背叛品牌,对品牌起着负面的宣传效果。所以,企业定位的目标客户群体是企业的主要关注对象。另外,根据帕累托法则,目标客户群体中,只有20%是高收入者,他们是企业利润的主要来源。企业应该将这些客户作为VIP客户重点关注,为他们提供更加细致的服务。

事实上,由于各地经济发展水平不同,不同的企业会有不同的定位,关注的客户群体是不同的。但中高收入者是企业普遍关注的对象。珠宝首饰是奢侈品,是满足人们心理需求的商品,中高收入者是珠宝首饰的主要购买对象,当然会更加受到珠宝企业的关注。

第四节 如何做好客户关系管理

客户关系管理的核心是如何在市场营销中为客户提供更好的服务,使销售服务贯穿于售前、售中和售后的每一个环节,实现发掘客户终身价值的目的。尤其是当今珠宝市场,产品同质化严重,市场竞争异常激烈,企业要想赢得竞争优势,在市场上站稳脚跟,就必须高度重视客户关系管理,将客户资源当作企业的重要资产来进行管理。那么,一个企业如何做好客户关系管理呢?

第一,要充分认识客户关系管理的重要意义。要实施客户关系管理,企业管理者要高度重视并给予支持,改变传统的管理观念,树立"以客户为中心"的经营观念,让员工认识到,品牌靠客户去拥戴,产品靠客户去宣传,利润靠客户去奉献,如果不注重客户关系管理,不为客户提供满意的服务,产品和品牌就不能获得客户的正面评价,企业就没有未来。企业要提高员工与客户的沟通能力,系统收集、整理、分析客户信息,并将此项工作作为员工绩效考评内容之一。

第二,建立规范的客户关系管理系统。信息化技术的高速发展,使复杂的客户关系管理变得简单,只要完整地向管理程序中输入客户资料,就可自动完成客户数据分析、图表生成客户评价、跟踪提示等。只要企业建立了规范的客户关系管理系统,就可以轻松地对企业的客户进行有效的管理。

第三,正确处理好现代技术与客户的关系。客户关系管理系统是一项现代信息技术管理工具,但缺失了人的配合,现代技术对客户关系管理仍显得无能为力。客户信息的处理是以人工准确输入客户信息为前提的。因此,企业一方面要培养一支熟练操作系统的员工队伍,另一方面要信息输入人员或客户评价人员站在客观、公正的立场上对客户做出客观的评价,确保在信息技术上能为客户关系的建立提供人力保障和客观的信息。

第四,将客户关系管理的理念渗透到营销的各个环节。客户关系管理的目的是通过建立良好的主客关系,提升客户的忠诚度,实现客户终身价值。企业需要从客户关系管理的理念出发形成一套战略思维,并渗透到营销的各个环节,产品的设计、价格制定、促销策略、服务的规范等都应体现"想客户之所想",提供给客户比竞争者更具吸引力的产品或服务,让客户享受满意的服务,从而提高客户的满意度和忠诚度,为企业创造更高的价值。

客户关系管理是企业利润的源泉,每个企业都希望与客户保持良好的、亲密的朋友关系,因为这关系着企业的生存与发展。对于企业来说,客户关系管理与信息技术的完美结合,能更好地帮助企业打造属于自己的忠诚客户群体。

一、客户关系管理的流程

珠宝企业从与客户达成交易的那一刻起,就标志着主客关系的正式建立,但对客户关系进行有效的管理,必须遵守如下流程:

1. 收集客户信息

客户之所以选择公司产品,一定是建立在某种信任度的基础上的。可以是对产品的信任,也可以是对品牌的信任、对销售顾问的信任等。在沟通交流的过程中,销售顾问要通过各种途径尽可能系统地收集客户资料,包括个人信息、购买偏好、购买能力、对企业(品牌)的忠诚度等,并客观地对客户进行评价。

2. 对客户进行分类

按照一定的标准对客户进行分类,这是有效的客户关系管理的基础和前提。通过客户分类信息的描述,可以清楚地知道哪些客户是重点维护对象,哪些客户是有很高忠诚度的,哪些客户要增加其"黏性"等。针对不同的客户采取有不同的策略,才能更好地让客户满意。

3. 适当做客户满意度调查

有效管理好客户关系的重要手段就是适当地做一些客户的满意度调查,了解客户对企业和个人的看法和态度,哪些地方做的比较好,哪些地方客户认为还有欠缺,这样可以让企业有改进的方向,同时也能让客户感觉到企业对他们的重视。

4. 经常地与客户保持联系

企业与客户之间需要感情的沟通,随着主客关系的建立,企业就要加强与客户之间的联系,当节假日到来时为他们致一声问候,当他们生日到来时为他们献上一份礼品,当首饰维护期限即将过期时给他们以提醒。保持与客户经常性的联系,不仅要做业务上的伙伴,也要做生活中的朋友。

5. 为客户做好服务

企业不仅要给客户好的产品,同时要给客户更好的服务,客户购买的不仅仅是产品,更多的是企业的服务。当客户来企业享受服务时,企业应该给予客户比购买产品时更高的热情,让客户留下深刻的印象。事实上,在服务上形成特色,将服务做到极致,同样是创造企业的核心竞争力。

6. 做好客户记录

管理客户关系的一个重要手段就是要做好客户记录,及时更新客户资料。可以建立一个 Excel 表格或者是用专业的客户管理系统,对分类好的客户每天都做好相应的记录,在客户资料管理上决不能出差错、闹笑话,给客户造成不好的印象。

7. 及时向客户报告企业业绩

一个对企业产生了信任度的客户,都希望看到企业的进步,希望企业越做越好,以事实证明自己的选择是正确的。所以,当企业取得了经营业绩、开发了新产品、在行业内取得了什么荣誉等,都要及时向客户传达,增加他们对企业的信心。同时向他们介绍企业的新产品,让客户在认可产品的同时能够感觉到新意和新奇,感受企业在业务创新和事业发展上的活力,这样能够使客户关系更加的稳固。

8. 挖掘客户身边的资源

如果企业的客户关系维持得好,让客户产生了满意度和忠诚度,不仅可以发掘顾客终身价值,而且,企业的信誉会在客户的相关群体中口口相传,老客户会成为企业或品牌的义务宣传员,且这种宣传要比企业自身的宣传效果好得多。所以,一个优秀的销售顾问不仅能维护住老客户,更重要的是能充分地发掘客户身边的资源,将客户身边的亲朋好友也变成自己的客户。

二、如何应对客户的投诉

应对客户投诉是客户关系管理中的一项重要内容。俗话说:好事不出门,坏事传千里。企业有了什么好事、值得庆祝的事,除了企业自己大力宣传外,没有人会帮企业宣传,而一旦企业出了什么问题,竞争对手首先就会帮企业宣传。客户投诉虽然是很常见的事,但一旦见诸报端,就会毁坏企业的声誉,动摇客户的信心,影响企业的经营业绩。管理者必须重视,尽可能避免出现客户投诉,并尽可能将客户投诉造成的影响降至最低程度。

第一,企业对投诉的客户要有正确的认识。多数人投诉的客户无非是要

珠宝企业管理 ZHUBAO QIYE GUANLI

保证自身利益不受损害,故意刁难、钻空子的客户毕竟是少数。客户投诉是企业产品质量和服务最好的反馈,它真实、可靠。如果没有客户的投诉,企业就不会知道哪里做得不好,与竞争对手有什么差距。处理客户投诉是企业改进产品质量、改进服务的有效途径。如果对客户的投诉处理得好,67%的客户会成为回头客,对企业的信任度和忠诚度也会得到提升。相反,如果处理得不好,他们就再也不会回来,还可能在社会上对企业的声誉造成一定的影响。

第二,在态度上要比销售时更加热情。珠宝销售顾问为了达成交易,在接待客户时往往会以热情的态度、细心的服务赢得客户的满意和信任,但遇到投诉的客户时,处理的方式可能就不那么友好了,其实这是错误的做法。企业要用更好的耐心、更热情的态度接待投诉的客户,让他们感受到企业的热情、真诚,以及愿意同他们合作、为他们解决问题的诚心。这样可以消除客户对企业不满的愤怒情绪和与企业对抗的心理,以平和的心态向企业反映问题,共同寻求解决问题的途径和办法。

第三,设立投诉和服务专区。客户投诉一般都是带着情绪来的,如果在营销场合处理客户投诉不当,可能会给企业带来不利的后果。比如说,由于客户情绪的冲动引起的争吵,对产品质量问题的负面评价等都会影响销售现场其他客户对企业的态度。所以,企业的售后服务最好能够做到这三点:一是设立服务热线,一旦产品出现问题,客户可以通过服务热线向企业反映,在服务热线中了初步了解投诉的内容,做好解决问题的预案,同时将客户的部分抱怨化解于热线沟通中;二是设立投诉和服务专区,将投诉客户与交易客户分离,使服务和投诉互不影响;三是指定专人接待投诉的客户,体现企业对投诉客户的重视,也可以积累处理投诉的经验。

第四,厘清责任。当然,在处理客户投诉时,企业一定要有担当精神,要勇于承担责任,要知道,多数客户投诉是抱着怨气的,只有企业承担了责任,才可能平息或化解客户的怨气。以珠宝市场中投诉较多的黄金、铂金首饰为例,诸如首饰变形、断裂等问题,很多情况下都是客户使用不当造成的,那么,企业处理这种投诉时能对客户横加指责吗?如果是这样,企业与客户会迅速形成对立,即使后续服务做得再好也不可能让客户完全满意。但并不是说不管出现什么问题,责任都是企业承担,而是说,处理客户投诉一定要先向客户表示歉意,是产品商品问题,企业一定要主动承担,是客户的责任,要艺术地、婉转地表达,绝不能站在客户的对立面,指责客户。再比如说,在处理钻石首饰的钻石脱落问题时，可以说："对不起，企业的销售顾问可能没给您讲清楚，像钻石这种贵重的首饰是不能在干活时佩戴的，出现这样的问题给您造成了麻烦，我们表示歉意，您看我们是否可以这样处理……"一方面，企业承担了责任，没有给客户以足够的提醒；另一方面，也暗示"钻石之所以脱落，是由于客户使用不当"，在客户认同后再商量解决问题的办法，结果就可能很圆满。在对企业利益影响不大的情况下，不要过于斤斤计较，在企业原则范围内尽量满足客户的要求，主动为客户解决问题。

三、如何提高客户满意度

很多珠宝企业都致力于做品牌，但是，一个企业要成就品牌梦想，除了要加强自身宣传提升知名度外，接下来要做的事情就是通过向客户提供货真价实的产品和享受优质的服务来提升企业在客户心目中的信誉度和满意度，有了这"三个度"做保障，客户的忠诚度就自然产生了，品牌也就自然形成了。所以，品牌的创造不是靠企业夸夸其谈的鼓噪，而是靠企业踏踏实实地修炼内功，这只是成就品牌的基础。而要成为广大消费者认同和接受的品牌，还要通过客户口口相传在社会公众心目中形成品牌印象，再通过体验形成品牌认同。品牌体验、口碑相传、品牌认同不断地循环放大，这就是品牌的形成过程。可以想像，客户的满意度对一个品牌是多么的重要！那么，如何才能提高客户的满意度呢？

第一，所有的宣传尽可能多做形象，少做不实的诱导。从事珠宝营销不可能不做宣传，不做宣传客户就不知道企业是做什么的，就不知道企业的经营特色，就不了解企业的产品质量，更不知道企业的经营理念。但是，一个企业的宣传要对得起消费者，最好不要做夸大性的宣传，也就是说，企业的宣传要接地气，要接近事实，而且要具有启发性和引导性，做形象宣传就要做出企业真正的形象，做促销广告就要给消费者实实在在的利益或好处，不要想方设法误导消费者。误导消费者的广告可能会取得一定的短期利益，但对于取得消费者的满意度是没有好处的。

第二，所有门店保持一致的营销策略，实行统一的售后服务。每个企业都有自己的定位，同一企业开发的门店也要与企业定位相适应。比如说在商场设立专柜，不同的商场定位是不同的，针对不同需要的客户群体。如果不加选择地设立专柜，就形成不了统一的营销策略，不能实行统一的售后服务，同一品牌不同的专柜出现不同的服务,所以,同一企业的门店只能选择与定位一致的商场。不管是商场内的专柜还是专卖店都要保持一致的营销策略,实行统一的售后服务。

第三,把好货品质量关,拒卖质量有问题的货品。企业在组织货品时,一定要严格把握货品质量关,产品质量要与企业的定位相一致或高于企业承诺的产品质量,决不能低于企业的产品质量定位。1996年,我国制定了《珠宝玉石国家标准》(GB/T 16553—1996),对各类珠宝玉石首饰的质量做了较好的等级规定,并在其后的修改中逐步完善,对规范我国的珠宝玉石首饰市场起到了一定的作用。但是,这也给了一些别有用心的商家可乘之机,他们利用珠宝玉石质量分级中的人为因素大打擦边球,如在钻石颜色分级中,颜色处于某一色级的边缘,由于分级环境或技术人员的因素可能会使钻石的颜色鉴定结论高一级或低一级。客户购买钻石首饰后多数会就近复检,如果复检结果比预期高,客户当然满意,反之,客户就会认为质量有问题。为了提高客户的满意度,企业决不能以打擦边球的心态对待企业的产品质量,严格掌控质量关。企业出售的产品只能高于或等同于企业承诺的质量,更要将假冒伪劣产品拒之门外。

第四,对的确有问题的货品要收回并建立补偿制度。珠宝首饰可能容易出现两类问题:一是质量问题;二是真假问题。对于一个致力于从事品牌经营、提高消费者满意度的企业来说,在产品的真假上不可能出现问题;质量问题比较复杂,概括地说可分为宝石的质量问题、镶嵌工艺问题、贵金属制造工艺问题和贵金属成色问题。不管属于哪种情况,多数质量问题可通过技术鉴定机构鉴定并厘清责任归属。如果属于卖方的责任则必须由卖方承担。对于产品质量问题,多数珠宝企业会对客户做出承诺,一周之内若出现产品质量问题可以免费退货或换货,在维修期内出现质量问题就存在责任界定问题了。如果属于商家的责任,企业应该主动向客户致歉并按责任界定对客户进行赔偿或提供附加服务作为补偿。从提高客户的满意度出发,在不严重影响企业利益的情况下,如果赔偿或补偿略高于客户的预期,有利于提高客户的满意度。

对于贵金属产品的成色问题,企业一定要严格把关,如果在某一批次产品中集中出现成色不足的问题,企业应该主动回收该批次已售出的产品或者通知客户复检,避免出现负面的社会效应。主动回收可能有问题的货品体现了企业对客户负责的态度,一定会得到客户的正面回应,必然会收获到客户的信任度和满意度。

第五,遵守企业的承诺。中国有句古话叫"一诺千金",它说明了承诺的庄重性和严肃性。企业对客户做出承诺,其目的是为了取信于客户,承诺的东西必须兑现才能赢得客户的信任。中国企业的商誉尚未完全建立,消费者对商家的承诺总是半信半疑,如果不能兑现承诺,商家的信誉肯定荡然无存。这就需要企业结合实际和经营理念细致策划,谨慎承诺,一旦做出承诺,就不能有半点折扣。许多珠宝企业在钻石销售中,为了增强消费者对钻石保值增值的信心,常常会做出若干年后原价回收的承诺,但当真正回收时,他们又会以各种借口(如扣除鉴定费、镶嵌加工费等)拒绝原价回收。很显然,这种承诺只会使满意度在客户心目中大打折扣。

第六,提升专业素养,使销售人员专业化。对多数消费者来说,珠宝首饰是神秘且具诱惑力的。一方面,他们充满强烈的好奇心,另一方面,他们又不具备珠宝的鉴别、鉴赏能力,生怕在消费中上当受骗,在购买珠宝首饰时,他们是十分注重销售人员的形象和专业素质的,在与客户沟通的过程中,一旦客户发现销售人员不专业,可能会立刻降低他们的购买冲动。所以,管理者一定要注重销售人员专业素养的培养和提升,努力实现销售人员的专业化,如说专业的话,做专业的事,以专业的服务赢得客户的尊重和满意。

本章小结

本章详细说明了如下问题。

(1)珠宝营销一定要理解客户关系管理对企业的意义:客户是上帝,客户是企业的衣食父母,企业的利润来源于客户,企业的产品要靠客户去宣传,企业的品牌要靠客户去拥戴,客户才是企业发展的真正推动力。

(2)客户是企业的重要资源,在珠宝营销中,只有与客户合作,为客户着想,才能受到客户的尊重和拥戴。

(3)服务是客户关系管理的核心,珠宝企业要建立系统的服务理念,设计精细的服务方案,并将服务方案落实到珠宝营销的每一个环节。

(4)客户关系管理中的服务要以客户满意为前提,通过优质的服务获得客户的忠诚度,挖掘客户的终身价值,这样企业才会越做越好。

思考题

1. 简述客户关系管理的内容和核心思想。
2. 珠宝企业的客户关系管理存在哪些误区?
3. 如何看待投诉的客户?如何处理客户的投诉?
4. 从挖掘客户终身价值的角度论述提高客户满意度的重要意义。

主要参考文献

包德清.珠宝市场营销学[M].2版.武汉:中国地质大学出版社,2013.
常桦,菲利普·科特勒:行销天下制胜的法则[M].北京:中国纺织出版社,2003.
凡禹.开店必读大全集[M].北京:企业管理出版社,2010.
刘卫华.成功营销7要素[M].北京:电子工业出版社,2007.
王永峰.激励员工的49个细节[M].北京:企业管理出版社,2006.
尹作为,陈翼,李笑路.珠宝企业经营与管理[M].武汉:中国地质大学出版社,2008.
余世维.突破中小企业管理的瓶颈[M].北京:东方出版社,2006.
钟伟.品牌营销策划与管理[M].北京:科学出版社,2009.
[美]阿尔·里斯文.定位——有史以来对美国营销影响最大的观念[M].谢伟山,等译.北京:机械工业出版社,2011.
[美]菲利普·科特勒.营销管理[M].11版.梅清豪,译.上海:上海人民出版社,2003.
[美]加里·德斯勒.人力资源管理[M].6版.刘昕,等译.北京:中国人民大学出版社,2003.
[美]威廉·宠德斯通.无价[M].闾佳,译.北京:华文出版社,2011.